내 날개 옷은 어디 갔지?

누구나 알지만 아무도 모르는 여자 이야기

내 날개 옷은 어디 갔지?

제1판 제1쇄 발행일 2009년 3월 14일
　　　　제7쇄 발행일 2014년 10월 9일

글쓴이 | 안미선
그린이 | 장차현실
기획 | 책도둑(김민호, 박정훈, 김위종, 박정식)
디자인 | 김효중
펴낸이 | 김은지
펴낸곳 | 철수와영희
등록번호 | 제319-2005-42호
주소 | 서울시 마포구 월드컵로 65, 302호(망원동, 양경회관)
전화 | (02)332-0815
팩스 | (02)6091-0815
전자우편 | chulsu815@hanmail.net

ISBN 978-89-93463-03-3　03330

철수와영희 출판사는 '어린이' 철수와 영희, '어른' 철수와 영희에게 도움 되는
책을 펴내기 위해 노력하고 있습니다.

누구나 알지만 아무도 모르는 여자 이야기

내 날개 옷은 어디 갔지?

글 · 안미선 | 그림 · 장차현실

철수와영희

누구나 알지만 아무도 모르는 여자 이야기

"나, 내 생활을 글로 써볼 거야."

아기를 포대기로 어설프게 업고 낑낑 걸어가며, 같은 아기 엄마였던 친구에게 말한 적이 있다. 쓸지 안 쓸지 확실하지 않았지만 말이라도 해놓고 싶었다. 집으로 돌아가는 어둑한 길이었다. "글을 쓸 거야. 진짜 내가 겪고 느낀 걸. 다른 여자들도 그렇게 살지만 말 안 하는 거, 그래서 아무도 모르는 이야기를 쓸 테야." 친구는 "그래, 꼭 써봐. 넌 할 수 있을 거야" 하고 격려해주었다. 그 말이 눈물나게 고마웠다. 그때부터 아기를 돌보고 집안일을 하면서 틈틈이 글을 쓰기 시작했다.

"왜 결혼하고 애 낳은 다음 겪는 일은 대놓고 말 안 하지? 어째서 결혼 전에 보지도 읽지도 못했을까?" 나의 불평에 친구가 해준 말이 떠오른다. "힘들 땐 너무 힘들어서 글 쓸 겨를이 없고, 힘든 게 지나가면 잊어버리고 또 그때그때의 문제가 다가오니까."

그 말이 맞다. 어떤 선배 엄마 말대로 힘들 땐 내 머리 위에만 먹구름이 있는 것 같다가 그 시간이 지나가면 그리운 추억만 남는 건지도 몰랐다. 하지만 나는 그날그날 있었던 개운치 않은 일을 굳이 시간을 쪼개어 써보았다. 결국 나도 자연스레 변해가겠지만 이전의 나와 지금 나의 간극을, 벼랑을 뛰어넘는 것처럼 까마득한 긴장과 낯섦을 써보는 것도 나름대로 의미가 있다고 생각했다. 그래서 생생하게 편지처럼 기록해두고 싶었다. 지금은 앞이 보이지 않는 내가, 미래에 변해 있을 나에게 보내는 편지처럼. 또, 잘 살아가는 것처럼 보이는 여자들에게 '난 실은 이랬다우, 당신은 어땠어요?' 묻는 편지처럼. 아직 어린 친구들에게 '우리 나라에서 여자로 산다는 거, 경험해보니 이런 것 같다'고 귀띔해주는 편지처럼.

자기가 보고 겪은 일을 그대로 글로 쓴다는 건 다이너마이트 같은 거다. 별것 아닌 것 같고 누구나 할 수 있지만, 사람들이 자신을 억압하지 않고 자기가 정말 겪은 일과 느낌을 솔직히 쓴다면 엄청나게 새로운 이야기가 쏟아질 것이다. 텔레비전에도 신문에도 책에도 나오지 않는 이야기들 말이다. 서로 사는 모습을 다 아는 것 같지만 사실은 거의 모른다. 각자의 삶이 고립되어 남들의 삶은 미디어에서 보여주는 대로 추측할 뿐이다. 여자들의 삶에 대해서도 그렇다. 나는 여자로 사니까, 우리 나라에서 여자로 태어나 겪은 일을 써본 것이다. 망설이기도 했다. 이런 것도 글이 될까, 이렇게 솔직하게 쓰면 남들이 뭐라고 하지 않을까, 나만 중뿔나게 이러는 거 아닐까, 눈치 보기도 했다. 하지만 잡지에 실린 내 글을 읽고 남자나 여자 독자가 "여자들이 이렇게 사는지 몰랐다"거나 "내가 하고 싶었던 말이다"라고 공감해줄 때 놀랍고 기뻤다. '내가 겪은 일을 진심으로 쓰니까 남들도 알아주는구나.' 그래서 나는 글쓰기 강좌 같은 데 가면 "자기가 가장 잘 아는 이야기를 쓰면 그게 가장 감동적이고 새로운 이야기가 될 수 있다"고 말한다. 내가 글을 쓰면서 얻은 건, 일단 속이 후련해지고 혼자가 아니라 누군가와 소통할 수 있고, 그 속에서 자신감을 조금씩 되찾을 수 있었다는 것이다. 말을 쌓아두었으면 다 병이 되었을 것이다. 하고 싶은 말을 못 하는 것보다 사람을 비참하고 작게 만드는 것은 없는 것 같다.

　이 책에 실린 대부분 생활글은 결혼을 하고 아기를 낳아 기른 첫 몇 년 동안 쓴 것이다. 가족끼리 옥신각신 많이들 싸우고 정신없다는 때에 쓴 것이다. 기쁜 일도 있었지만 우울한 때도 있었고 전에 없이 화를 내기도 하고 일없이 혼자 웃다가 울기도 했다. 때때로 글을 쓰는 것이 유일한 낙이었고 그때 가장 살아 있다는 기분이 들었다. 그러다 보니 이 무렵 쓴 내 글들은 비밀 이야기 비슷한 것이 되었다. 누구를 의식하고 썼다기보다 가족이고 친구고 누구에게도 할 수 없는 속 이야기를 썼다. 내 글이 남한테 쓸모가 있을까, 다 내 흉인데 뭐하러 민망하게 굳이 썼을까 맘에 걸리기도 했지만, 이게 결국 우리들의 비밀은 아닐까 싶어 글을 자꾸 세상에 내보였다. 내 느낌을 좀더 믿고 싶었고, 내 글이 나한테 그런 것처럼 남의 말 못 할 속도 좀 위로하면 좋겠다고 꿈꾸기도 했다. 나쁜 여자, 좋은 여자라는 구분이 아니라, 우리를 자유롭게 살지 못하게 하는 세상의 잘못된 틀도 짚어 말하고 싶었다.

　이 책에는 생활글과 함께 일하는 여성들을 인터뷰한 글이 같이 실려 있다. 비정규, 비공식 여성노동자로 정당한 대우를 받지 못하고 보이지 않게 일하는 여성들이다. 우리 나라에서 여성으로서 집 안팎에서 노동하며 산다는 것에 대해 그이들은 떳떳하고 겸손하게 이야기해주었다. 그리고 지금도 여전히 일하고, 때로 길 위에서 싸우며 살고 있다. 같은 시대를 사는 그이들의 말을 떠올리며 내 말을 빚기도 하고 그이들 생활에 내 생활을 겹쳐 보기도 했다. 나와 그들의 말이 서로 그랬던 것처럼 우리의 이야기가 독자들과 소통했으면 좋겠다.

　이 책에 실린 글은 대부분 월간 〈작은책〉과 격월간 〈삶이 보이는 창〉에 몇 년 동안 연재한 것이다. 일하는 사람들이 글을 써야 한다고, 많은 분들이 헌신적으로 지켜온 이 잡지들을 통해 나도 생활글 쓰기를 처음 만났고 계속 글을 써올 수 있었다. 책을 만들어준 〈철수와영희〉께 감사를 드리고, 공감과 이해로 그림을 그려준 장차현실 님께도 감사드린다. 인터뷰를 하도록 해주신 서울여성노조와 김태일 선배님께 감사드린다. 언제나 격려해주고 믿어준 친구들과 가족에게도 감사한다. 감사드릴 사람들이 또 있다. 책 속에 나오는 여자들은 나에게 자신의 삶을 나누어준 분들이지만, 때로는 글에서 이름을 다 밝힐 수 없었다. "내가 처음이 아니고 끝이 아니다"라는 속담이 있다고 한다. 나에게 삶과 이야기를 물려준 여성들과 앞으로 이야기를 만들고 삶을 꾸려갈 여성들에게 부족하나마 내 글을 드리고 싶다.

2009년 봄, 안미선

삶을 바꾸고
세상을 바꾸는 글쓰기

안건모(월간 〈작은책〉 발행인)

안미선 씨를 언제 처음 알았는지 잘 기억이 나지 않는다. 오래 전에 〈작은책〉 글쓰기 모임에서 만나지 않았나 싶다.

추천의 글을 쓰면서 지난 〈작은책〉을 뒤져 봤다. 2003년 4월호에 '산업재해노동자협의회 편집 일꾼'이라는 직책으로 쓴, '내가 만든 책'이라는 글이 안미선 씨 첫 글이었다. 그때 그 글을 보면서 안미선 씨가 출판사에서 일할 때 자판을 두드리느라 손목을 무리하게 써 경견완장애가 생겨 산업재해를 당한 사람이라는 걸 알았다.

1년 뒤 2004년 5월부터 안미선 씨는 〈작은책〉 편집위원이 되었다. 그리고 2005년 9월에 내가 〈작은책〉 발행을 맡은 뒤 2007년 1월에 '여성의 일과 삶'이라는 꼭지를 만들고 안미선 씨에게 그 꼭지에 글을 연재해달라고 부탁했다. 처음에 망설였던 안미선 씨는 '아기 낳는 날'부터 술술 풀어놓기 시작했다. 술술 풀어놓았다는 건 내가 느낀 거지 안미선 씨는 한편 한편 정말 힘들게 썼을 것이다.

안미선 씨는 '자기가 겪은 일을 그대로 글로 쓴다는 건 다이너마이트' 같다고 했다. 나 또한 살아가는 이야기를 써본 적이 있지만 안미선 씨 글을 보면서 여성이 겪는 이야기를 쓰는 것은 남자가 쓰는 것과는 또 다른 차이가 있다고 느꼈다. 여자가 자기를 억압하지 않고 속내를 털어놓는 것이 얼마나 힘든지 알 수 있었다.

안미선 씨는, 여자가 '집사람'이 되는 과정을 그린다. 하지만 자기만의 경험으로 풀지 않는다. 어느 누구도 예외가 없다. '처음엔 평등 부부를 부르짖다가 임신하고 출산하면서 저절로 발이 묶이고 자연스레 육아와 집일을 도맡게' 된다. 또 "나가서 할 일이 없다, 일이 있어도 대접이 형편없다, 그럴싸한 일이 있어도 미래가 없다" 이 말을 어느 여자가 부인하랴. 자기는 그렇게 살지 않았다고 할 수 있는 사람이 몇이나 될까.

안미선 씨는 여자가 집사람이 되는 것은 '사회의 각본에 따른 것'이라고 말한다. 자본과 사회가 '집에 있는 여자는 아름답도다, 젖 물리는 여자는 더 아름답도다' 하고 남자들을 부추긴다고 한다. 그 결과, 여자가 애초 집에 둥지 틀 생각이 없으면 별종으로 취급받거나 단죄를 받게 된다.

그런 집사람들이 이제는 일어서고 있다. "누가 나보고 집사람이래, 집에서 하는 일이 우습냐"고 세상 사람들에게 당당히 소리친다. '이 봐요, 내 이름은 집사람이 아니야, 나도 버젓이 이름 석 자 있소, 옛날부터 일해 왔고 지금도 일하고 있소. 아름답다 숭고하다 소리 따윈 집

워 치워요, 허드렛일 시킨다는 되먹잖은 생각 따윈 집어 치워요’

　이 책은 ‘누구나 알지만 아무도 모르는 여자 이야기’ 다. 아니 더 정확히 하면 ‘여자도 모르고 남자는 더더욱 새까맣게 모르는 이야기’ 다. 여자가 아이를 낳은 뒤로는 아기가 아파도 엄마 탓, 집안이 안 되도 엄마 탓, 밖에서 안 풀려도 집에 있는 엄마 탓이라는 ‘엄마 표’가 떡 붙어버린다는 사실, 그래서 머리는 당당하려 해도 몸이 먼저 굽어지고 누가 자기를 욕하기라도 하면 대거리 전에 뭐를 잘못했나 두리번대기부터 한다는 사실은 남자는 짐작조차 못하는 이야기다. 여자는? 어머, 그래. 맞아. 나도 그랬어! 하고 새삼 느낄 수 있는 이야기다.

　안미선 씨는 성 상담 교사로서, 산재를 당했던 노동자로서, 여성 노동자 글쓰기 강사로서, 아이 엄마로서, 가정주부로서, 말 많고 탈 많은 서민들이 사는 아파트 주민으로서 글을 썼다. 이 책은 또래 여자들과는 같이 아픔을 공감하고 청소년들에게는 ‘대한민국에서 여자로 산다는 거, 이런 것 같다’고 알려준다.

　남자와 여자를 불문하고 “삶을 바꾸고 세상을 바꾸는 글쓰기”란 이런 것이다 하는 걸 보여 준다.

차례

4부 여성의 일과 삶

1부

아기 낳는 날

여자들의 이야기, 특히 결혼한 여자들의 이야기는 수다가 되나 보다. 서로 같은 처지므로 온갖 쌓인 감정을 떠들썩하게 풀어낼 수 있지만 여자들이 수다를 하는 이유는 그 이야기가 남지 않기 때문이 아닐까. 남지 않으므로, 기록되지 않고 평가받지 않고 난쇠되지 잃는 것이다. 그래서 또한 거듭 같은 삶이 반복된다. 친구와 나는 이야기했다. "왜 결혼하고 아기를 낳고 나서 여성이 어떤 일을 겪게 되는지 아무도 있는 대로 말해주지 않았을까? 왜 학교에서도 책에서도 사실대로 일러주지 않았을까?"

아기
낳는 날

오늘은 아기를 낳는 날이다.

예정일보다 하루가 지났지만 좀 늦게 나오는가 보다고 기다리던 차였다. 하지만 병원에 가니 당장 입원해서 유도분만을 하라고 한다. "지금요? 꼭 입원해야 하나요?" "양수가 반으로 줄었어요. 앞으로 이렇게 계속 줄면 태아가 사망할 수도 있어요." 의사의 대꾸에 말문이 막혔다. 알겠다고 했지만 정말 그럴까? 의구심이 들었다.

이때까지 수도 없이 한 초음파 검사와 기형아 검사, 당뇨 검사, 입체 초음파 검사들, 아기가 기형인지 확인한다며 강요하다시피 한 검사들에 넌더리가 났다. "기형이면 태어날 수도 없는 거냐?" 남편이 한마디 할 정도로, 아기가 정상아인지 확인해대는 절차들이 부담스러웠고 의료보험도 안 되는데다, 병원이 돈 되는 것이라면 각다귀처럼 덤빈다 싶기도 했다.

외국에서 아기를 낳은 친구들 얘기를 들어보면 임신해서 한 번만 초음파를 찍고 그 이상은 불필요하다고 의사가 말린다던데, 아기 낳는 모양새도 그 나라 습성을 따르는 게다. 조산소에서 가족과 함께 낳으면 가장 좋다는 말도 들었지만 수혈 문제 때문에 종합병원에서 낳게 되었다. 임신 내내 지금까지 줄곧 '위험할 수 있어요, 위험해요' 하고 협박만 들은 것 같다. 어쨌거나 건강하게 아기를 낳아야 한다. 아기와 내가 힘을 합쳐서 몸에 길을 내고 잘 만나자고 마음먹었다.

간호사가 건네주는 환자복을 받고 슬리퍼로 갈아 신었다. 침대에 누우니 분만을 준비한다며 아랫도리 털을 사각사각 깎는다. 하얀 천장만 눈에 보인다. 소독약 냄새 나는 공기, 서늘한 맨다리, 벗은 아래로 손을 쑥 넣어 "산모, 아직 멀었어요. 자궁이 10센티미터는 열려야 해요" 하는 낯선 목소리, 차가운 침대시트, 주위는 너무 고요하다.

유도분만제를 넣은 링거 바늘을 손등에 꽂고 배에는 두 개의 띠를 둘렀다. 태아의 상태를 보기 위한 거라는데 위의 띠는 자궁 수축 측정용이고 아래 띠는 태아 심박동 수를 측정한다고 했다. 띠에 연결된 머리맡 장치에서는 그래프가 계속 그려져 나왔다. 몸에 붙은 것들 때문에 일어나기 부자연스럽다. 오줌도 침대 위에서 변기에 쪼그려 누고 남편이 때마다 비워주었다. "완전히 환자네." 남편이 혀를 차고 나는 어쩐지 민망하다. 누워 있는 게 더 불편해 앉아 있었더니, 간호사가 부리나케 들어왔다. 그래프 기울기가 갑자기 달라졌다면서 확인하러 왔다고 했다. 그렇게 밖에서 그래프를 보다가 이상하다 싶으면 들어왔다.

조금씩 배가 뭉치고 아파오는데 깜박깜박 혼곤히 잠들었다. “어? 아직도 많이 안 열렸네. 오후 7시까지 안 되면 제왕절개 수술 들어가요.” 인턴의 말이었다. 얼른 시계를 보았다. 입원하고 하룻밤 자고 아침부터 촉진제를 맞았는데 오후 7시까지 낳아야 하는 것이다. “나 수술 싫어, 자연분만 할 거야.” “그래, 당신 할 수 있어.” 남편이 끄덕였지만 그이도 속으로 초조할 게다.

“애 낳을 때는 똥 누는 것처럼 하면 돼. 아파도 못 참을 정도는 아니야.” 친구들의 말을 떠올렸다. 진통은 조금씩 더 세게 온다. 내가 끙끙거리며 머리를 쥐어뜯고 침대 턱에 매달리니 남편은 자기를 붙잡고 호흡을 하라고 했다. 배가 아파오면 “하나, 둘, 셋, 넷…….” 숫자를 세어주고 안 아플 때 후우, 숨을 내쉬라고 하면서 같이 숨쉬기를 해주었다. 나는 남편과 눈을 맞추고 아플 때는 ‘다섯까지만 세면 돼, 그러면 안 아파져’ 생각하고 안 아플 때는 ‘이제 셋부터 아파질 거야’, 준비하며 진통을 견뎠다. 고통이 지속되는 게 아니라 끝이 있어서 참을 수 있었다.

남자 인턴이 들어왔다. 말없이 다리 사이에 손을 집어넣어서 또 내진을 하는구나 했는데 별안간 숨이 콱 막혀왔다. 참으려 해도 “으, 으…….” 깨문 입술 사이로 신음이 났다. 피할 수 없어 몸을 내놓고 있는데 눈물이 흘러내렸다. 누워 먼지 낀 창밖 하늘을 보며 ‘참아, 지나갈 거야’, 하고 그 시간을 견뎠는데 ‘강간을 당하는 기분이 이런 거겠구나’ 싶다. 뜨거운 것이 몸에서 좌르륵 흘러나왔다. “아팠을 거예요. 양수를 터뜨렸어요.” 인턴이 말했다. 미리 한마디라도 해주지……. 침대는 피와 양수로 얼룩지고, 다음에 인턴들이 들어올 때마다 나는 도망가고 싶어 침대를 기어다녔다.

배가 갑자기 쾅쾅 아파와 이제 숨쉬기도 안 되고 어쩔 줄 몰랐다. 간호사가 들어와 평평해지는 태아 심박동 그래프를 가리켰다. "봐요, 엄마는 숨이라도 쉴 수 있지만 아기는 숨도 못 쉬잖아요. 엄마가 숨 쉬어야 아기한테도 가는 거예요." 소리 지르면 힘만 소모되니 호흡하라고 했다. 남편은 "여보, 우리 아기한테 숨을 보내자. 그래, 다시 올라갔어. 좀더, 좀더. 그래, 잘 하고 있어" 하고 손을 잡고 땀 흘리며 격려한다. 소리 지를 경황도 없던 나는 눈을 부릅뜨고 그래프가 오르내리는 것만 보며 아기에게 보낸다 하고 숨만 쉬었다. 양수도 사라지고 탯줄에만 매달려 살길 찾아 안간힘을 쓰고 있을 아기가 눈앞에 그려졌다. 그래도 너무 아프면 통증을 잊으려고 환자복에 있는 십자무늬만 뚫어지게 보았다. 나머지 풍경은 다 흔들리며 물에 잠겨 일렁이는 것 같고, 시간은 순식간에 지나고 있었다.

그러다 침대 옆에 있는 종이박스를 보았다. '감염성 폐기물' 글씨가 쓰인 저 상자 속으로, 열 달 동안 아기를 감싸주었던 것들이, 태반이 던져질 것이다. 병원에서 아기를 낳은 여자들의 태반이 화장품이나 의약품의 재료로 멋대로 팔려왔다는 사실이 떠올랐다. 열 달 동안 나와 아기가 보듬고 마음을 나누었던 시간은 이렇게 갑자기 끝나가고 있었다. 몸을 떠나 팔려버리는 태반처럼, 나와 너를 연결해주었다고 감사할 겨를 없이, 기다림의 기억 없이, 아기와 나는 출산을 목표점으로 정신없이 쫓기고 있었다.

　“이제 됐어!” 10센티미터가 열렸다며 인턴들이 “세팅 준비”를 외치고, 초록색 수술복을 입은 의사가 비로소 나타나 회음부를 자르고 아기를 받았다. ‘아, 이제 끝났구나, 해냈구나.’ 고맙게 잘 태어나준 아기를 보고 나는 눈을 감았다. 오후 6시 52분이었다.

놀이터
엄마들

내가 사는 아파트 앞 놀이터에는 엄마들이 곧잘 모여 있다. 엄마들은 포대기를 둘렀거나 유모차를 밀거나 노는 아이들을 지켜보며 벤치에 앉아 있다. 아는 엄마가 지나가면 손짓해 불러선, 비닐에 싸온 과자나 과일조각을 내밀고 보온병에서 차를 따라주기도 한다. 집에 갇혀 줄곧 아이와 씨름하다가 이렇게 잠시 나오는 게 나들이인 셈이다. 나도 아기가 막무가내로 울 땐 포대기에 둘러업고 무작정 놀이터로 달려갔다.

"어이구, 엄마 힘들게 왜 꼭 업혀 다녀."

웃는 얼굴로 맞아주면 절로 안심이 되고 대화할 사람이 있다는 게 다행스러웠다. 한 아파트에 사니까 어찌보면 모두 한집에 사는 셈이다. 애보기며 장보기며 나름대로 살림하는 법을 나누며 도란거리다가,

슬그머니 나이도 물어본다. 사회에서 만난 것도 아니고 아기 엄마라는 걸 빼고는 아무 공통점이 없으니까 나이로 자리매김을 하려는 것이다. 하지만 우리 가운데 결혼 전 직장생활 안 한 엄마는 없다.

"무슨 일 하셨어요?"

"내가 한 일? 화려했어."

지나간 일 뭐하러 묻냐는 듯 멋쩍어하면서 얘기가 자락자락 풀려나왔다.

"졸업하고 계속 벌고 살았지. 결혼하고도, 애 낳기 전까진 배불러서도 다녔네."

"나도, 나도."

출판사 디자인 일을 했다거나 학습지 교사로 아이들을 가르쳤다거나 경마장에서 경리일을 보았다거나 골프장 캐디였다거나 텔레마케터였다거나, 야간에 회계일을 보았다거나 한마디씩 하는데 참 여러 사람이 모였구나 싶다.

"나 이래 봬도 실장이었어. 내 밑에 네 명이 있었는데." 어떤 엄마는 으스대기도 하고 "골프장에 오는 부자들 얼마나 우스운 줄 알아. 비위 맞춰주면 끝인데 완전히 애야, 애." 코웃음 치기도 하고 "나, 팀장 제의도 받았는데 회원수 늘리라고 아랫사람 들들 볶는 일은 못하겠다고 거절했어." 당당히 옛 기억을 떠올리기도 하는데, 어쩐지 그때를 그리워하는 것 같다.

"다시 일하면 좋겠네요."

"아휴, 미선 씨가 일하면서 살림을 안 해봐서 그래. 난 이제 못 해.

오란 데도 없고. 이제 나이도 먹고 밑에서 치고 올라오고 또 일하면 야근이다 뭐다 다 해야 되는데 그럼 누가 집에서 애를 보냐?”

실장이었다며 눈을 반짝이던 엄마가 머리를 내저었다. 옛날에 퇴근하고 여럿이서 따끈한 정종 먹을 때가 제일 생각난다더니 그만 목소리에 힘이 빠진다.

“몸도 엉망이고. 컴퓨터로 하는 일이 몸 버려.”

외주로 출판사 책들을 디자인했는데, 오래 하다 보니 손목이며 어깨가 결딴이 나서 아기 낳고는 더 아파 죽겠다는 소리를 한다. 잠자코 있던 옆의 엄마도 출산 직전까지 밤샘일을 해서 아기가 태어날 때 겨우 2킬로그램을 넘었다고 한마디 덧붙이고, 한 엄마는 오랫동안 경리로 일한 곳에서 출산 휴가 직전 해고당했는데, 근로자가 아니라며 노동부에서도 나 몰라라 했다는 이야기를 덤덤하게 한다. 캐디였던 엄마가, 자기는 골프장에서 옆 동료가 공에 맞아 혼수상태인 걸 봤다고, 공에 맞으면 쪽팔려서 말도 못하는데 벌이를 하려면 그게 제일 낫다고, 그런데 아기 봐줄 사람이 없으니 어떡하냐고 울상을 짓는다. 남 얘기 같지 않다. 나도 출판사에서 편집일하다 손목에 염증이 생겨 산재승인 받던 기억이랑, 출산 후 그만두어야 했던 계약직 일자리와 얇은 월급봉투를 떠올렸다.

“임산부 야근은 금지되어 있는데.”“어, 손목 아픈 그거 직업병인데, 치료는 어떻게 했어요?”“다치면 산재인데, 캐디는 노동자가 아니라는 거지…….” 속이 상해 내가 덧붙이는 말에 엄마들이 그냥 웃고 만다.

“아휴, 누가 몰라서 안 하나. 안 되니까 못 하지.”

"그러니까 여자 벌이 쥐벌이야. 고생은 고생대로 하고 얼마 벌지도 못해."

"맞아요."

나도 뭐 더 할 말이 없다. 나가서 푼돈 버느니 돈 들여 맡기지 않고 집에서 키우는 게 낫겠다고 나부터 그냥 눌러앉아 있지 않느냐 말이다. 엄마들은 남편한테도 식구한테도 말 못 하고 쌓인 게 많다. 동병상련이니까 서로 맘 놓고 속을 풀어낸다.

"같이 돈을 벌어도 남편 돈은 저금하고 내 돈은 생활비로 썼는데 고마워하기는커녕 남은 것도 없어. 어이구."

"연애할 땐 공주고 결혼하면 시녀지. 그러니까 누가 결혼하려 해."

"이런 줄 알았으면 애 안 낳았어. 내 생활이란 게 없잖아."

"…… 그래, 미선 씨는 일할 거야?"

문득 한 엄마가 물어왔다.

"글쎄요."

아기를 추슬러 안고 말끝을 흐렸다.

결혼하고 가장 힘들 때는 내가 그림자 같다고 여겨질 때였다. 주말, 식구들이 텔레비전을 보는 옆에서 집안일을 하며 혼자 바쁘게 움직이다가, 내가 일을 하는지 마는지, 내가 있는지 없는지, 식구들에게 보이지 않는다고 느낄 때가 그랬다. 만날 수 있는 사람은 가족뿐이고 가족이 나에게 무관심할 때 나는 세상에 없는 사람 같았다. 어떨 땐 내가 무력하다 싶고 자신감이 없어지면서 내 처지가 홀몸일 때와 다르다는 걸 뼈저리게 느낄 때가 있다.

“아이고, 말 안 하면 병나. 꼼꼼하면 우울해진다니까. 여자는 그저 마당두꺼비 같아야지. 할 일이 오죽 많아.”

“그래, 마트 같은 데 가도 한 달에 70만 원은 안 받겠어.”

엄마들이 식은 차를 다시 종이컵에 따라주고 아기를 대신 안아주기도 했다.

“다시 일을 하기는 해야 하는데 무슨 일을 하지.”

“그래, 남편이 은근히 바라기도 하고. 일없이 마실이나 다니는 여자 취급한다니까. 쯧, 혼자 벌어 살기도 어렵고. 애 크면 더 돈 들잖아.”

“아기 보는 일 어때? 요즘 베이비시터 있잖아. 우리 애 보는 건 할 수 있으니까…….”

“그거 어떻게 하면 되지?”

엄마들이 머리를 맞대고 진지하게 궁리를 한다. 날은 어둑해지고 쌀쌀한데 집에 들어갈 생각은 않고 팔짱 끼고 어깨를 웅크렸다. 나도 귀를 기울인다. 무슨 일을 할 수 있을까. 오던 길 지워지고 가는 길 보이지 않는 이 시간에, 아이들은 자라고 우리들은 몸을 더 낮춰 세상으로 나가기를 그려본다.

깨끗한
집

엄마가 우리집에 오는 것이 언제부터인가 달갑지 않다. 결혼한 딸네집에 올라오면 첫마디부터 잔소리다.

"여기 집 꼬라지 봐라. 오늘 청소 했나 안 했나. 이 먼지 구덩이 속에서 애 키운다고."

엄마는 부랴부랴 팔을 걷어붙이고 쓸고 닦기 시작한다. 세탁기는 쉴 새 없이 윙윙 돌아가고 냉장고 묵은 반찬이 끄집어내지고 욕실 바닥까지 요란하게 닦인다. 잔소리는 그치지 않는다.

"집에 일단 들어오면 설거지부터 딱 되어 있어야지. 얼마나 지저분해 보이냐." "애랑 뒹굴뒹굴 놀면서 하루 종일 집에서 뭐 했노, 누가 볼까 겁난다." "딴 거 없다. 집이 깨끗해봐라, 여자가 남자한테 큰소리 땅땅 치지."

치마꼬리를 허리춤에 올리고 바쁘게 돌아치는 엄마는 먼지 닦은 걸레를 내 눈앞에 흔들어댄다. 심지어 베개를 손가락질하며 모욕적인 말도 서슴지 않는다.

"이거 언제 빨았노. 이렇게 냄새 나는데 남편이 그래도 좋다고 끌안고 자더나. 여자 추접한 거는 눈 뜨고 못 봐준다." "엄마!" 내가 소리치거나 말거나 엄마는 쓰레기통, 숟가락통까지 열어보며 다그친다. 30년 넘게 전업주부였던 엄마 눈에는 결혼한 지 1년 된 딸의 살림이 눈에 안 차는 것 투성이다.

동동거리며 일하는 엄마를 나는 이러지도 저러지도 못하고 본다. 나도 할 말이 있다. 잠시도 가만 있지 않고 뛰어가고 엎어지고 엎지르고 박아대는 아기와 씨름하느라고 정신이 없다고 말하고 싶다. 나도 일이 보인다고, 젖 먹이면서도 휘 둘러보면 옷가지며 장난감이 널브러진 바닥이며 다시 정리해야 하는 서랍장이며 닦아야 할 책꽂이며 넘치는 쓰레기통이며 물 주어야 하는 화초며 빨랫감이며 미칠 지경으로 일이 보인다고 항변하고 싶다. 아기 보며 집안일 하면서 때론 똥 눌 새가 없어 변비가 되고 씻지도 못해 종일 찝찝하고 제대로 앉아 먹지도 못한다고 대거리하고 싶다. 그러나 그 말들은 엄마 생각에 단지 핑계다.

"남자가 하루 종일 밖에서 일하고 왔으면 여자 할 일이 뭐겠노. 집 하나 얼음알같이 반들반들하게 해놓고 마음 놓고 푹 쉬게 하는 거지. 먹고놀면서 그것도 못해."

먹고논다니. 내가 제일 듣기 싫어하는 말이다. 언젠가 남편이 내가 설거지를 제대로 안 했다며 "살림하기 싫으면 하지 마. 내가 할게. 당신 일하고 싶어하니까 당신이 나가 돈 벌어." 하고 말한 것을 두고두고 잊을 수 없다. 백일 된 아기를 안고 꼼짝달싹할 수 없는데, 그 말을 들으니 대꾸도 못하고 눈물만 줄줄 흘리면서, '나는 아무것도 못하고 설거지 하나 못하니 죽고 싶다'는 생각이 들었다.

그래서 엄마에게 되물었다.

"엄마는 먹고노나? 하루 종일 일하잖아."

"돈으로 안 치이니까 노는 거지."

엄마는 멋쩍게 웃으며 말씀하신다. "책 볼 시간 있으면 잠이나 한숨 자든지 청소하든지 해라." 잔소리가 조금 누그러졌다.

결혼하면 엄마와 딸은 친구가 된다고 한다. 대학 간다고 공부만 시키고 공주같이 키웠던 딸이 이제 가족들 뒤치다꺼리 하는 엄마가 되었다는 걸 엄마는 잘 안다. 그래서 가르쳐주고 싶어한다. 이불을 어떻게 빨고, 집은 어떻게 청소하고, 장은 어디서 싸게 보고, 반찬은 무얼 하고, 아기는 어떻게 돌보고, 남편 기분은 어떻게 맞춰야 하는지…….

나도 엄마가 일하는지 몰랐다. 고향집에서 엄마는, 아버지가 누워 텔레비전 보고 있거나 남동생이 컴퓨터 오락 하거나 내가 책을 읽는 사이, 청소하고 김치를 담그고 낑낑대며 장을 보고 부엌에서 도마질을 했다. 그러다 문득, 엎드려 기면서 거실을 닦다가 고개를 쳐들고 고함을 질렀다. "종 세워놨나! 내가 이 집 종이가!" 우리는 대꾸도 인사도 없이 엄마를 부려먹었다. 엄마는 짬짬이 성당에서 무료급식소 일 같은 봉사일을 하셨는데 집에 오면 오히려 맥없어 하셨다. "봉사하면 사람들이 고마운 줄이나 알지. 집에서는 그런 말 한마디도 없어."

그런데도 엄마는 나보고 엄마처럼 살라고 한다. 그게 제일 편하다고. "무시당하잖아." 하고 대학생 때 엄마한테 반박하니까, 엄마는 그때도 걸레질하다 화를 버럭 내며 말했다. "무시당하면 어때!" '밥만 안 굶으면 되지' 하는 게 엄마의 생각이었다. 남편들이 아무리 공무원이고 교사고 잘나가도 엄마들이 밖에 나가면 노점 과일 장사 같은 거밖에 할 게 없다고 했다. 내가 일이 하고 싶다고 하면 "니가 남편 버는 거만큼 벌 수 있어? 여자한테 누가 그만큼 준대? 못 벌면 가만 있어." 하고 짓궂게 말해 내 자존심을 콱 밟아놓는다.

그래서 엄마는 쓸데없는 생각 말고 밥 안 먹여주는 자존심 같은 건 일찌감치 팽개치고, 엄마처럼 살림하며 살라고 했다. 그렇게 엄마가 하는 걸 따라하며, 처음에 살림살이는 억지로라도 배우고 해야 하는 일이었다. 엄마가 가고 난 후에 엄마의 눈이 내 안에 들어와서 '집 꼴이 이게 뭐냐.' 혼자 한심해한다. 이웃집에 가보면 살림들이 제자리에 깔끔하게 정돈되어 있어, 나는 집에서 뭐 하나 열등감이 생기고, 남들이 놀러와서 설거지가 되었니, 분리수거를 안 했니 평가하는 소리에 곤두서게 된다. 집에 틀어박혀 청소하고 아기를 돌보는 일이 내 하루 일 전부이기 때문에, 신경을 쓰게 된다. 놀고먹는 존재가 아니라는, 나도 하는 일이 있다는 걸 기를 쓰고 입증하고픈 심정이 되는 것이다. 그러다가 엄마의 목소리는 이제 아주 내 목소리가 되어, 설거지가 되어 있고 냉장고가 정리되어 있고 바닥이 깨끗해야 나까지 정리된 듯한 기분이 들기 시작한다. 마음이 어지러울 때는 집이라도 깨끗해야 나도 정리되는 것 같아, 기를 쓰고 청소를 한다. 아기는 쉴 새 없이 어지르고 나는 되지도 않는 청소를 한다고 용을 쓴다. 9층 아파트, 전엔 새나 지나다녔을 이 허공에 뜬 공간을 끝없이 닦고 쓸어댄다. 남편은 야근에 지쳐 들어와 자기 바쁜데, 그 옆에서 내가 오늘 한 일을 봐달라고, 인정과 대화에 굶주려 서성인다.

다음날 아침이 지나면 집은 다시 거짓말처럼 어질러져 있다. 벽에 기대 앉아 우두커니 바라보고만 있다. 어디부터 또 손을 댈까. 아기는 자기만 보아달라고 소리를 지르다가 옆에서 머리를 바닥에 박아댄다. 집이 나에게도 쉬는 곳이었던 때가 있었는데, 나는 집을 나가서 쉬고 싶다고 간절히 바라게 되는 것이다.

내
날개 옷은
어디 갔지?

장마다. 아기를 업고 창밖에 내리는 비를 우두커니 바라본다. 빗줄기에 둘러싸여 혼자 아파트 안에 갇혀 있는 것 같다. 남편은 금방 출근했다. 날마다 야근하는 남편은 어제도 11시 넘어 집에 들어왔다가 잠만 자고 졸음을 떨치지 못한 얼굴로 출근했다. 내가 아기 보다가 먼저 잠들어버릴 땐 그나마 남편 얼굴도 못 볼 때가 있다.

고개를 돌리니 눈에 들어오는 모든 것이 일이다. 쌓인 설거지감, 벗어놓은 옷들, 흐트러진 기저귀, 바닥의 머리카락들……. 하다못해 화초 하나도 눈을 즐겁게 하는 것이 아니라 물을 주어야 하는 일감이다. '여자는 손이 부지런해야 한다'던 친정 엄마 말이 생각난다. '여자는, 여자는' 소리가 듣기 싫었는데 자꾸 엄마가 했던 말들이 떠오른다. 엄마는 몸이 아파 누워 있다가도 '내가 안 움직이면 일이 안 된다'고 벌떡 일어났다. 정말 내가 안 움직이면 우리 집은 금세 엉망이 되어버린다. '집은 쉼이다' 면서 남자가 느긋하게 깍지를 끼고 누워 있는 광고도 있지만 주부에게 그것은 그림의 개떡 같은 소리다. 집은 일터다. 집 밖에 나가야 한숨 돌릴까. 집은 곳곳을 치워달라고 손봐달라고 소리 없이 외쳐댄다. 더 기가 막힌 것은 해도 해도 끝이 없고 해도 해도 제자리고, 해도 표 안 나고 안 하면 금방 욕먹는 데다, 쎄 빠지게 해도 '집에서 논다' 하고 남들이 싸잡아 낮춰 보는 요상스런 일이란 것이다.

칭얼대는 아기를 얼러 재우고, 그 짬에 밥을 국에 말아 바닥에 놓고 후루룩 먹었다. 아기 보면서 끼니 챙겨 먹는 것도 큰일이다. 꽃 놓고 수 놓고 할 겨를이 없어 그냥 감자나 무 같은 것에 국간장만 넣고 끓여 종일 밥을 말아먹는다. 허겁지겁 먹는데 아기가 울 때는 아무리 자식이라지만 화가 불끈 치민다. 내가 죄인도 아닌데, 밥 먹고 화장실 가고 목욕하는 기본인 것도 맘 놓고 못 하고 조마조마해야 하니까. 남편이 느긋하게 샤워하는 물소리가 부러울 때도 있다. 아기가 태어나자 내 시간이 사라졌다. 잠깐 나가려 해도, 천천히 밥술이라도 뜨려 해도 아기를 다른 이에게 부탁하거나 남들 편의에 따라야 한다.

"내 날개 옷은 어디 갔지?" 아기 키우는 내 친구는 미장원에 가려고 몇 달을 벼르다 겨우 남편이 아기를 봐주어 집 밖에 나오면서 그렇게 중얼거렸단다. "어떻게 다들 그렇게 사나 몰라." 애 키우고 살림하고 남편 눈치 보고 할 일은 다 하면서 자기 한 시간 얻기가 구차한 주부. 나무꾼이 숨겨둔 날개 옷을 찾는다면 집을 박차고 다시 훨훨 날아가고 싶지 않을까.

어쨌든 일단 청소부터 해야 한다. 아기가 빨고 핥으니까 바닥의 머리카락이며 먼지를 닦아내고, 책상 다리나 장롱 아랫부분, 문지방도 닦고, 끈적이는 딸랑이며 장난감도 씻는다. 이불을 털고 얇은 요를 바닥에 깐다. 설거지를 하려고 그릇을 집어드는데 아기가 울기 시작했다. '아이구!' 얼른 뛰어가 젖을 물렸다. 조금 울 때 달래야지 놔두면 걷잡을 수 없다.

아기가 젖 먹을 땐 눈을 마주치고 웃어주라고 병원에서 일러주었지만, 젖 먹이면서 '얼른 재우고 일해야지' 싶고 지쳐서 나도 딱 눈 감고 자고 싶고 때로 '내 인생 어디 갔지' 하며 우울에 빠지기 일쑤지 어떻게 그렇게 고상을 떨 수 있단 말인가. 꿀꺽꿀꺽 사레들릴 듯 먹던 녀석은 마지막으로 젖꼭지를 꽉 깨물고 나서는 볼일 다 봤다는 듯 고개를 반대편으로 휙 돌리고 잔다. '악! 이 녀석이.' 뒤통수를 내려다보니 우습다. 살그머니 기어 나와 다시 가만가만 설거지를 한다. 어수선한 냉장고 둘레를 치우고 음식 찌꺼기를 모은다. 상을 치우고 밥을 안치고 걸레를 빤다. 이제 빨래를 해야 한다. 삶기도 해야 하는데, 빨래를 어디에 널면 마를까. 문득 우두커니 서 있는다.

창밖에 내려다보이는, 색색의 우산을 쓰고 걸어가는 사람들이 부럽다. 나도 그 틈에서 같이 우산을 쓰고 걸어갔으면 좋겠다. 버스도 타고 싶다. 잠시라도 오롯이 혼자가 되고 싶고, 연락 끊긴 친구들을 만나 마구 떠들고 싶다. 그냥 정처 없이 맘껏 쏘다니면 좋겠다. 아니, 그런 건 다 그만두고 누군가 한 사람이라도 집에 찾아와 주었으면……. 조용하기만 한 집에 혼자 있으려니 어쩐지 무섭다. 하루 종일 틀어놓는 라디오에서 나오는 아나운서 목소리가 반갑고 고마울 지경이다.

애를 업고 복도에 나갔다. 경아 할머니가 경아를 업고 서성이며 아래를 내려다보고 있다. 아들과 며느리는 직장에 나가고, 아기 봐주러 시골서 올라왔다는 경아 할머니는 종일 저렇게 돌도 안 된 경아를 업고 복도를 서성인다. 유모차에 편하게 태우시라 해도 운전할 줄 모른다며 손녀를 줄창 업고 있다. 포대기가 덥다며 직접 짠 흰 삼베를 찢어 묶어 포대기로 쓰시는데 어쩐지 지치고 궁색한 행색이다. 가무잡잡하고 깡마른 할머니가 나를 보더니 반가워했다.

"나왔어? 문 열어놓고 있지, 어디 간 줄 알았네." "예, 점심은 드셨어요?" "애 잘 때 얼른 먹었지. 밥 먹었어? 젖 먹이는 사람은 양분을 다 빨리니까 잘 먹어야 돼." 할머니는 옛날에 애 업고 삼베 짜던 이야기며, 당신 젖은 납작한 대접젖에다 물젖이라 배 곯렸다는 이야기를 한다.

"할머니, 자식 다 키웠는데 다시 아기 보시려니 힘드시겠어요." "힘들지. 그래도 뭐 어떡해. 다들 벌어먹고 살려면……." 말끝을 흐리다 한마디 하신다. "이래 맡겨놓고 밖에서 일하는 게 편하지. 집에서 살림하고 애 보고 그러면 반 무당 되지." 나는 할머니 옆에서 같은 모양새로 서성인다. 나도 애를 봐주는 할머니 같은 사람이 있었으면 좋겠다 싶다가, 종일 업고 복도를 왔다 갔다 하는 할머니를 보니 힘든 건 다 똑같은데 같은 여자한테 떠넘기지 말아야겠다 싶기도 하다.

아파트 아래 보이는 구립 어린이집에 찾아간 적이 있다. 아기를 몇 살부터 봐주냐고 물으니 돌은 넘겨야 된다고 했다. "아무래도 큰 애들을 우선으로 뽑게 되죠. 작은 애들은 손이 많이 가니까. 어머니들도 어린애가 울고 그러면 맡겼다가도 다시 데려가세요” 하고 그쪽에서 말하는데 귀에 거슬렸다. ‘두 살부터 봐주면 봐주는 거지 우선으로 받는다는 건 또 뭐냐.’ 우리 애가 몇 살이냐고 묻길래, ‘백일 지났다’고 하니 웃는다. 또 부아가 나서 ‘백일 지난 애는 맡기면 안 되나, 여자는 백일 지나 일하면 안 되나’ 하고 꿍얼거렸다. 남들처럼 사회생활 하던 여자가 결혼해서 아기 낳았다는 까닭으로 집에 꽉 박혀 만나는 사람도 다른 일도 없이, 종일 집안일에 애보기에 혼자 미친 여자처럼 돌아치며 몇 년 동안 반 무당으로 사는 게 할 짓이 못 된다.

이렇게 집안일을 떠안고 돈까지 벌러 다닌다면 완전히 슈퍼우먼이구나, 부담스럽기도 하고 도대체 무슨 일을 다시 해 돈도 벌고 보람도 좀 찾을까, 막막하기도 하고 언제까지 붙박여 아기만 봐야 하나, 한숨도 쉬었다가 또 맡길 데는 어디란 말이냐, 멍해지기도 한다. 날은 저물고 남편은 오지 않고 아무도 모르는 내 하루는 또 이렇게 간다.

골병

손목이 아파서 병원에 갔다. 욱신거리길래 '지나면 괜찮겠지' 하고 평소처럼 일했더니 나중에는 바늘로 찌르는 것처럼 따끔거리다가 이불을 갤 때도 얼얼하고, 잘 때나 일어날 때 일없이 아파왔다. 문득 겁이 났다. '올 것이 왔구나.' 굳이 옛일을 떠올리지 않아도, 어깻죽지에 침을 맞거나 손목 인대가 늘어났다며 병원에 달포씩 다닌 이웃 엄마들을 본 터였다.

의사에게 양쪽 손목을 내밀었다. 맨손목이다. 피가 나거나 뼈가 부러지지 않았지만 아픈 내 손목을 의사는 그냥 내려다보고만 있다. "보통 근육에 문제가 생기면 그런데, 사진 찍을까요?" 성의 없이 말하는 것 같다. "선생님 보시기엔 어때요? 뼈에 이상이 있을 것 같나요?" "그런 것 같지 않은데……." "그럼 안 찍을래요. 물리치료 해야 하나요?”

 “그런데 주부시잖아요.”“예.”“날마다 못 오실 거 아니에요?” 그렇
다. 주부는 자기몸 아프다고 병원에 때맞춰 꼬박꼬박 나오기가 힘들다.
 “어쩌시겠어요? 그냥 가실래요?”“오늘 물리치료 받고 갈 거예요.”
“이건 치료보다 생활습관이 더 중요해요. 무거운 거 들지 말고 손목을
되도록 안 써야 되요.” 의사가 마지막으로 덧붙였다. 나도 안다. 하지
만 그게 말처럼 되지 않는다.
 물리치료실에 가서 사방이 커튼으로 막힌 좁은 침대에 누웠다. 병원
흰 불빛, 간호사가 손목에 젤을 바르고 고무 흡입기를 붙이고 “아프지
않으세요?” 묻는데 곧이어 찌릿찌릿한 전류가 느껴졌다. 왜 다시 아
파졌을까. 아이 겨드랑이에 양손을 넣어 들어올리다 보니 무리가 간
것 같다. 말 안 통하는 아이랑 실랑이하려니 힘을 쓰게 되고 잡고 당기
고 어르고 들어올린 탓이다. 집안일이란 게 또 손 안 가는 구석이 없
다. 누워 있으니 이런저런 생각이 끝없이 떠오른다.
 “회사에서 아프면 사장한테 요구하지. 아니, 사장한테 도장 맞고 공
단에 요구하지. 그런데 아기 보고 살림하다 아프면 누구한테 말해야
하지?” 간밤에 남편과 나누던 우스갯소리다. “아기한테?” 그냥 웃고
말았지만 속으로 이건 아닌데, 싶었다. 아프다던 어머니 생각도 난다.
어머니는 무릎이 아프고 굽히기 힘들다더니 병원에서 수술을 하라고
연락이 왔단다. 청소기를 이번에야 자식들이 선물해드렸는데, 아버지
는 우리들이 돈 쓴다며 보내지 않아도 된다고 전화로 이르셨다. 그 옆
에서 어머니가 소리쳤다. “당신이 언제 청소기 한번 사줘 봤어! 내 무

룹이 왜 아픈데, 맨날 엎드려 무릎으로 기다니면서 청소하다가 이 모양이 됐는데, 언제 걱정 한번 했어!" "어허, 이 사람 갑자기 왜 이러나." 종일 청소하고 멀리서 낑낑대며 양손 가득 장 봐오고 택배 없는 시절, 서울에 있는 자식들이 먹을 쌀이며 김치까지 메고 날랐다. '모두가 부려먹으려고 안달인' 어머니가 아프다고 하면 아버지는 대뜸 "병원가" 하고 한마디할 뿐이었다. "당신이 아프면 어떻게 되겠어. 밥은 누가 하고 애들은 누가 보고……." 어머니는 나한테 누누이 일렀다. "나중에 골병 드니까 지금 몸 아껴가며 일해라. 걸레질은 꼭 밀대로 하고. 아프면 누가 알아주냐. 나는 하도 바쁘니 감기할 새도 없더라."

아파트 앞 노점에서 일하던 아줌마가 아프다던 소리도 떠오른다. 떡볶이와 토스트와 국수를 파는데, 언제나 다정하고 정겹게 말을 걸어주는 아줌마다. "나도 아이가 달을 못 채우고 나와서 늘 팔에 안고 먹이느라 손목이 아팠어요. 근데 그게 싹 안 나아요. 지금 여기서 일할 때도 손목하고 팔꿈치에 보호대를 끼고 하는데, 물일 하니까 늘 끼기도 어렵고, 그게 그렇게 계속 아파요. 아기 엄마도 약국에 가서 보호대 꼭 사서 껴요. 이제 시작인데 몸을 아껴야 해요."

집에 있는 여자들과, 집안일을 더해 밖에서도 일해야 하는 많은 여자들이 아프다. 하지만 많은 사람들은 아플 거라고 여기지 않고 일한다고 여기지 않고 그것이 사회에서 보장해주어야 할 몫이라고는 더더군다나 생각하지 않는다. 여자들은 대체로 떨어지고 절단되고 피 흘려 아픈 것이 아니라 같은 자리에서 같은 모양으로 줄곧 일해서 인대가 늘어지고 근육이 곪는다. 집 안팎에서 여자들에게 주어지는 일이 그런 일이다. 여자들이 앓는 병이 그런 병이다.

　양손에 치료기를 붙이고 옴짝달싹 못하고 누워 있으니 기분이 자꾸 가라앉는다. 다시 이렇게 치료받고 싶지 않았다. 결혼 전에 다닌 직장에서 컴퓨터 자판을 치는 일을 하다가 손목이 아팠더랬다. 그때도 반년이 넘도록 이 모양으로 물리치료를 받았는데. 누구한테 말도 못하고 한손으로 아픈 손목을 늘 싸쥐고 다녔다. 손목은 물혹이 생긴 것처럼 가장자리가 둥그렇게 부풀다가 붉어지고 손바닥까지 퍼렇게 부어오르다 팔꿈치까지 통증이 올라왔다. 나중엔 손이 덜덜 떨려서 수저질을 할 수도 물건을 맘 놓고 집을 수도 없었다. 일을 그만두면서 그때는 평생 이렇게 되나 싶어 겁이 무척 났다. 날마다 반복되는 치료와 통증에 지쳐 아무 생각 없이 누워 있으면 고요한 병실에서 시냇물 소리가 들리는 것 같았다. 그 귀울음 같은 소리를 듣고 있으면 반갑고 고향으로 돌아가고 싶었다. 회사는 사람 몸을 써버렸다. 지우개를 써버리듯 사람의 몸을 나중일은 나 몰라라 하고 써서 버렸다. 내가 산업재해노동자협회에 가입했을 때 "어디를 다친 거예요?" 하고 아무렇지 않은 겉모습을 훑어본 사람도 있고, "제조업에서 다친 남자 산재 노동자가 아니라 근골격 질환으로 여자가 회원으로 들어온 모습을 보니 새롭다"는 사람도 있었다. 그때 일하는 여자들이 많이 아프다는 걸 처음 알았다. 그네들 목소리는 아픈 노동자들 중에서도 가려져 있다는 걸 알게 되었다. 그래도 나는 산재신청을 해 승인을 받으면서 '내 잘못이 아니야. 일하다 다친 거야' 인정을 받은 셈이라 이유 없는 주눅과 자책에서 벗어날 수 있었다.

주부로 살다가 다시 아파지는 손목, 더 아프면 안 돼, 옛날처럼 못
쓸 지경이 되면 안 되지 하고 속을 졸인다. 야쿠르트 배달하던 아줌마
며 봉제일하던 아줌마며 텔레마케터 친구며 프리랜서 웹디자이너며
인터뷰한다고 만났던 이들이 하나하나 떠올랐다. 집안일과 바깥일을
도맡아 같이 해야 했던 이들이 말끝에 어깨가 아프고 목줄기가 뒤틀리
고 손목이 따갑고 무릎이 굳어서 잠을 뒤척인다며, 그래도 일하다 아
픈 거라고 도통 누가 알아주지도 인정해주지도 않으니 혼자 파스 붙이
고 찜질하고 견딘다고들 했다.

더 생각하지 말아야지. 물리치료는 오늘만 받는 거야, 그리고 아프
지 말자, 아프지 말자, 나는 되뇌었다.

엄마 타령

엄마 노릇을 하다 쓰러지고 말았다. 한 달 정도 고향에서 쉬는데 아무말도 하고 싶지도 듣고 싶지도 않았다. 글을 쓰거나 책을 읽으면 머리가 아주 아팠다. 아이가 매달리면 받아주다가 문득 참을 수 없게 되면 소리를 지르거나 밀쳐냈다. 다른 사람이 된다는 건 참 힘든 일 같다. 누구 말대로 전에는 엔진을 달고 나는 비행기였다면 이제는 유연하게 바람을 타고 날아야 한다는데, 내가 바뀌지 않았다.

아기가 먹기 전에 먹을 수 없고 자기 전에 잘 수 없고, 무엇보다 내 시간과 공간이 사라져서 언제나 가족의 시선에 노출되고, 필요에 호출되는 것이 힘겨웠다. 모두가 잠든 밤, 부엌 어둑한 불빛 아래 앉아 책장을 넘기며 잠시 현실을 떠나려 애쓰다가 우두커니 문쪽을 보면서 혼자 밖을 나서는 모습을 상상하기도 했다. 보고 싶은 사람들에게 전화하거나 메일을 보내다가 이내 전화를 끊고 발송을 취소하기도 했다. '힘들고 외로워요.' 이 바쁜 세상에 누가 누구를 위로할까. 모두들 자기 자리에서 먹고살기 힘겹고 남과 나눌 말도 많지 않다. 거기에다 여전히 바쁘게 살아가는 사람들에게 나는, 육아와 가사에 매여 시간 낼 수 없고 일 처리 속도도 떨어진 탓에 쓸모없을 거라는 지레짐작이 더해졌다. 파트로 일하라고 제안해온 단체에, "남편 쉬는 날이 바뀌어서 내 출근일도 바꾸어야겠다"고 했더니 "그럼 당신이 일할 게 없다"는 답을 들은 후였다. 이전에는 적은 돈을 받아도 오래 일해도 문제될 것 없고 세상에 대한 희망으로 가득 차 있었는데, 아기를 낳고 살림을 꾸리면서 전업주부로 지내는 해가 거듭할수록 내가 뭘 할 수 있을까 싶어졌다. 남편에게 살림 타박이라도 들으면 더 주눅들고 하루 종일 하는 일은 집안청소와 밥하는 것뿐인데, 내가 왜 남 눈치를 보고 허둥허둥 날마다 집안일만 해야 하는지 억울했다. 결혼한 친구들은 각각 자기 집에 틀어박혀 혼자서 가족감당을 하느라 여념이 없고, 결혼 안 한 친구들은 여행이며 연애를 꿈꾸는데 이건 나와 딴판의 이야기였다. 그만큼 결혼은 이때까지 살아온 삶과 완전히 다른 삶을 요구했다.

만만한 게 엄마였다. 아기가 아파도 엄마 탓, 집안이 안 되도 엄마 탓, 밖에서 안 풀려도 집에 있는 엄마 탓, 동네북처럼 엄마한테 화풀이를 하고 엄마한테 '금 나와라 뚝딱, 은 나와라 뚝딱' 이었다. 기가 막힌 일이었다. 엄마는 도대체 날 때부터 엄마인지, 아기 낳고 엄마 되면 당연히 이거도 해야 하고 저거도 할 줄 알아야 하고, 우리 엄마처럼 해야 하고 옆집 엄마처럼 해야 하고, 엄마표가 떡 붙어버리는데 이걸 떼지도 못하고 끽소리도 못하고 어떻게든 억척같이 감당하려고 동분서주 버둥버둥 생고생을 한다. 엄마란 것은 모름지기 가족 위해 몸뚱이 헌신하고 자기 위해선 한푼 한 시간 쓰지 못하고 죽자사자 자식 성공이 내 성공이요 가문의 영광이 내 영광이라. 그러니 그 엄마 노릇을 누가 완전히 해낼 수 있겠는가. 그래서 이제 죄책감에 빠져든다. 뼈 빠지게 일해도 살림 타박 한소리에 어째 비실비실 쪽을 못 쓰고 자식 하나 안 되면 가족 눈총 한몸에 받고 뒤돌아서서 '그래 내 잘못이야, 내 잘못이야' 제 가슴 탕탕 치는 것이다. 이게 대대로 내려오는 그놈의 여자 노릇이다. 머리는 당당하려 해도 몸이 먼저 굽어지고 누가 나를 욕하면 대거리 전에 뭘 잘못했나 두리번대기부터 하는 것이다.

그래서 많은 여자들이, 살림 못한다고 엄마 노릇 못한다고 남편 무시한다고 말도 안 되는 이유로 매를 맞고도 얼른 맞서거나 뛰쳐나가지 못한다. 매를 맞지 않는 엄마들도 항상 가족에게 자기 삶을 얻어맞고 산다. 가족은 엄마의 무임금 무인정 노동에 기생하면서 편안히 쉬고 각자의 삶을 꾸려간다. 엄마의 자존심은 엄마 사랑해, 여보 사랑해, 당신뿐이야, 엄마뿐이야, 그 말 한마디가 쥐락펴락하는데, 여보 소리도 엄마 소리로 들리다가 그나마 그 소리도 아예 안 들리면 여보도 엄마도 아닌 여자들은 가라앉는다. 산후우울증이니 주부우울증이니 죽었니 살았니 하는 뉴스가 한창인데 이웃 할머니는 나한테 자기 친척 며느리도 아파트에서 떨어져 죽었다는 심란한 소리를 주억주억 해쌓는다. "그게 그렇대. 이렇게 내려다보면 그냥 뛰어내리고 싶고 물가를 지나면 들어가버리고 싶고 안에서 부르는 것 같고 그런다대.” 우울증에 빠져 삶과 죽음을 하루에도 몇 번씩 오락가락하는 그 많은 여자들은 보이지 않는 곳에서 무슨 생각을 하고 있을까. 다른 사람이 되어야 한다는 것, 이때까지 자기를 완전 등지고 엄마로 살아가라는, 그것도 집 안에 홀로 갇혀 말 나눌 사람 없이 무시당하고 잊혀지기 일쑤인데, 육아와 간병, 가족이라는 짐을 몽땅 떠맡으라니 혼자 미치는 게 아닐까.

몸도 마음도 다 써버리고 쓰러진 날이었다. 응급실에서, ‘이제 난 자유야, 애기 안 봐도 되고 집에 안 가도 돼’ 생각하니 너무 즐거워서 나도 모르게 어린애처럼 노래를 흥얼거렸다. 무얼 하고 싶으냐는 의사의 물음에 “집에 가기 싫어요…….” 애원하듯이 말하면서 눈물이 흐르는데 ‘아, 참 편하고 좋다. 이제 내가 하고 싶은 거 하고 가고 싶은 데 가고 남 신경 안 써도 된다.’ 마음은 훨훨 자유로웠다. 그 동안 억지로 잡아둔 마음은 목걸이 끈이 끊어져 사방으로 흩어진 구슬처럼 멋대로 뿔뿔이였다. 스트레스가 심해서 생긴 일시적인 장애라고 했다. 머리 시티도 찍고 피검사도 하고 엑스레이도 찍었지만 몸에 아무 이상이 없다고 했다. 마음이 문제였다. 의사는 “여자분들은 이럴 때 있잖아요” 하며 문제 없으니 그냥 퇴원하라고 했다.

지금은 한밤이다. 먹고 싶은 것, 보고 싶은 사람, 가고 싶은 곳 들이 처음엔 많았는데 이제는 그런 것도 사라졌다. 잘 웃고 잘 떠들고 일 벌이기 좋아하던 결혼 전 나는 어디로 갔을까. 불과 몇 년 남짓인데 아주 오랜 시간이 흐른 것 같다. 강퍅하고 지친 마음에 떠오른 것은 오래 잊고 있던 기도다. 그래, 기도한 지가 참 오래 되었구나. 내 힘으로 다 할

수 없는데. 삶의 마디마디 용서하지 못하고 헤어진 것들을 떠올리며
빈다. 용기와 지혜를 주세요. 엄마도 잘 못해도 괜찮지요. 화내도 되지
요. 미안해해도 되지요. 다시 웃어도 되지요. 요구해도 되지요. 싫다고
해도 되지요. 다르게 살겠다고 말해도 되지요. 다르게 살 수 있는 힘
을, 세상의 말이 아니라 자기를 지킬 수 있는 힘을 주세요, 하고 나는
손을 모으고 앉아 있다.

피임
이야기

아파트 계단참에서 청소하는 아줌마가 나를 보더니 "큰일 한다매" 하며 찡긋거리고 웃는다. "예?" 얼떨떨해서 되물었더니 "둘째 가졌다며." 뒤이어 인사해온다. "어, 아닌데요." 어찌된 영문인지 이런 소문이 쫙 퍼져 있다. 애 키우며 살이 찐데다가 두툼한 겨울옷을 입어서 그렇게 보이나 보다. 이웃들도 참 극성맞다. 처녀 때는 결혼 언제 하냐고 물어대다가 결혼하니 애는 언제 낳냐 닦달이고 애 낳으니 아우는 언제 봐 하고 아우성이다. 웃고마는 게 상책이다.

추운 날 낙엽 떨어지는 벤치에 한 엄마가 노상 웅크려 앉아 있었다. 일주일 넘게 그러고 있어 인사만 하고 지나치다 안부를 물어보니 "나 임신 했어" 가만히 일러준다. "어? 그래……." 축하해야 하는지 어떤지 눈치를 살폈다. "남편하고는 하나면 됐다고 그랬는데, 어쩌다 생겼

네. 고민했어. 아기도 속에서 많이 조마조마했을 거야. 어른들한테 말
씀 안 드리고 어쩔까 고민하다가, 병원 갔는데 초음파 보니까 또 (수술)
못 하겠더라. 그냥 낳기로 했어." 피식 웃는데 얼굴이 부스스하다.

어쨌든 아기를 낳아 기르겠다고 정하고 나중에라도 기쁘게 받아들
일 수 있다면 다행이다. 아기 하나 더 낳아 기른다는 게 쉽게 마음먹을
일은 아니다. 몇 년 동안 꼼짝달싹 못하고 기르고 나중에도 뒷감당할
일을 생각해보면 더욱 그렇다. 엄마 미래는 아기 미래랑 엉켜서 엎치
락뒤치락한다. 마음에 정말 없다면 피임을 잘해야 한다.

예전에 청소년문화행사 피임 바로알기 코너에서 사람들한테 피임하
는 방법을 알려주고 있었다. 콘돔, 페미돔, 피임약 같은 것들을 보여주
고 사용법을 가르쳐주는 자리였다. 열심히 듣는 학생이 있는가 하면
"어머, 징그러워." 지나쳐버리는 아가씨도 있었다. 그런데 젊은 연인
이 지나갈 때는, 여자가 "어? 저게 뭐지?" 하고 피임에 호기심을 종종
보였다. 그러면 남자가 "됐어, 내가 다 알아." 하고 끌어당겨 가버린
다. 여자 친구가 피임법을 알고 싶어 하는 것을 웬일인지 꺼려하면서
못 보게 한다. '되긴 뭐가 돼, 니가 알아서 다 한다고?'

남자들은 적극적으로 피임을 하지도 않으면서 여자가 알아서 피임하
겠지 생각하거나, 여자가 피임하자고 하면 귀찮아하거나 언짢게 굴다
가 여자가 임신했다면 알아서 처리하라고 발뺌하는 경우가 많다. "애
기 생기면 어떡해?" "지우지 뭐." 무관심하게 내뱉는 경우조차 있다.

쉼터에 가서 피임법을 이야기했더니 "그건 결혼하고 나서 배우면
되죠."하고 거부감을 보이는 친구들도 있었다. 미혼모 경우는 당장 배

가 불러 쉬쉬하며 힘겨운 시간을 보내는데도 피임을 그렇게 생각한다. 섹스보다 피임이 더 야한 얘기로 들리는 걸까? 결혼하고서도 여자들이 잘 모르는 게 피임이다. 아니, 몰라서 못하는 게 아니다. 기껏 콘돔을 보여주고 사용법도 알려주면 "콘돔 쓰자고 어떻게 말해요." 볼멘소리가 나온다. "그러면 의심해요, 다른 남자 있냐고." "분위기 깨잖아요." "끼면 감이 안 좋다고 안 하겠대요." "오빠가 다 알아서 한대요." 다시 설명하고 있으면 여자애들은 모두 한곳에 눈이 가있다. 가지고 간 것들 가운데 살정제다. 관계하기 전에 질 안에 넣어 임신을 예방하는 것이다. 청소년들은 조심스럽게 물어온다. "이거 하면 임신 안 돼요?" 신기해하며 기대에 찬 그 눈빛이 어쩐지 짠하다.

남자에게 콘돔을 쓰게 하는 게 그렇게 어려운 일인 것이다. 차라리 혼자서 피임하고 싶어하는 것이다. 하기는 어른이 된 여자들도 피임을 요구하는 걸 어려워하는데 오죽할까. 하지만 살정제는 피임률이 떨어지는 편이라서 안전하지 않다. 그러면 아이들은 실망한다. "선생님, 업소에 있을 때요, 저보고 살이 쪄서 임신도 못할 거라고 손님들이 그랬어요. 정말 그럴까요?" "선생님, 배 때리면 아기가 떨어진다는데 그래요?" "저는 하고 나면 더러운 생각이 들어서 질 속을 박박 씻어내요. 그래도 임신 돼요?" "임신했는데 관계하면 또 임신 돼요?" "저는 피임약을 한꺼번에 다 먹었어요. 그럼 임신 안 되나요?" 친구들이 자기가 아는 걸 물어올 땐 말문이 막힐 때가 있다. 아무한테 말 안하고 자기들만 알고 있는, 위험천만한 지식들이다. 내가 쉼터 간사로 일할 때 한 아이가 임신을 했다. 낳지 않을 거면 빨리 수술해야 할 상황이었는데, 오빠가 돈을 부쳐줄 거라며 차일피일 기다리다가 결국 혼자서 중절수술을 하게 되었다. 아무도 모르게 쉼터에 돌아온 아이가 그날 밤에 이불을 뒤집어쓰고 땀 흘리며 백지장처럼 얼굴이 하얗게 되어 나한테 수첩 달력을 펴서 내밀었다. 자기 배란 주기를 알려달라는 것이다. 끙끙 앓으며 피임을 하겠다고 생각해낸 것이 달력에 동그라미를 치는 것이었다. 오한이 들어 덜덜 떨면서 나를 쳐다보던 그 모습을 지금도 잊을 수 없다.

원하지 않는 임신이 되었을 때 어떻게 해야 할지 나도 잘 모른다. 줄곧 듣고 지켜본 일이면서도 무섭고 조심스럽다. 그러니까 더더욱 선택을 해야 하는 상황에 놓이지 않게 피임을 잘해야지 싶다.

이웃 엄마들에게 물어본다. 어떻게들 피임을 하시냐고. "피임약 먹어", "콘돔 써", 내가 하고 다닌 이야기인데 다 새로 듣는 말들 같다. 피임약을 줄곧 먹으며 남편이 성관계를 요구할 때를 준비한다 하기도 하고, 자궁에 루프를 몇 년째 끼고 있다 하고, 병원에서 난관을 잘라 묶는 배꼽수술을 해버렸다 하고, 아예 관계를 안 하고 산다고 웃음 섞인 대답도 돌아온다. 콘돔을 쓴다는 이도 있고, 애 몇 낳고 남편이 정관수술 했다는 대답도 있다. 안 하려고 하다가 애를 또 낳으니까 그 길로 달려가 수술을 하더란다.

피임약을 먹어보았더니 머리가 어지러웠다. 병원에 가서 루프를 시술할까 생각도 해보았다. 남편보고 콘돔을 쓰라고 요구도 한다. "생기면 낳지 뭐." 어떨 때 남편은 이렇든저렇든 문제 될 게 없다는 투다. 주시는 대로 다 낳던 우리 할머니들을 생각한다. 둘도 많다며 자식이

셋만 되도 불이익을 주는 바람에 피임법은 잘 모르고, 중절을 하던 우리 엄마들을 생각한다. '나는 한 번 했는데 그게 평생 죄 밑이다야.' 피임이 뭔지는 알고 있는 우리 또래들이 있다. 사랑은 아름답기만 한 것이고 성관계는 무슨 세상 바깥에 있는 짜릿한 경험처럼 부풀려지지만 세상이 피임을 허락한 지는 오래지 않고, 여자들이 피임을 안 지는 얼마 되지 않는다. 나는 다르다고 생각했는데 결혼을 해보니 입때껏 보아온 엄마들처럼 나도 모르게 뭐든지 지레 주눅들고 자책하고 그런다. 성관계든 피임이든 내가 원하는 것을 떳떳하게 말하려면 좀더 있어야 할지도 모르겠다.

어떤 수술

나와 친구 현아(가명)는 겁먹은 표정으로 병원에 들어섰다. 접수 창구 간호사 앞에 선 현아는 말을 제대로 못했다. 수술하러 왔다니까 간호사가 몇 주 됐는지 물었다. 쉰 목소리로 웅얼거리는 현아 대신 "이달 초에 알았으니까 대충 4주쯤 됐겠다, 그치?" 하고 말해주었다. 대기실에는 엄마들이 몇 명 앉아 있었다. 현아는 눈을 마주치지 않으려고, 의사 경력이 써 붙여진 유리판만 뚫어지게 보았다.

진찰실에 같이 들어갔다. 호리호리하고 눈이 큰 여의사는 친절하고도 사무적으로 고개를 끄덕이며 진찰대에 올라가 보라 했다. 나는 의사 등 뒤에 섰다. 가슴이 두근거리는데 초음파 사진이 보였다. 태아 자리를 파악하느라 의사가 가로 세로 길이를 재고, 물혹도 있다며 위치를 살폈다. 검고 둥근, 웅크린 태아가 머리부터 발끝까지 재어지는 것이 생생히 보인다. 이제 곧 없어질 목숨을 눈으로 본 것이 충격이었다.

"생각보다 임신한 기간이 더 길어서 자궁문을 열고 수술해야겠어요."

의사는 매끄러운 소리로 알려준다. 그러겠다고 하니 의사가 현아 질 깊숙이 약물을 투입했다. "조금만 참아요, 자, 자, 금방 끝나요. 잘하고 있어요." 기운을 북돋는 다정한 소리가 들리고, 현아는 아무 말 없이 다리를 벌리고 누워 있다. 아플 거다.

'현아야, 나 여기 있어.'

속으로 말하며 서 있었다. 자궁문이 열릴 때까지 기다려야 한다기에 현아와 나는 진찰실에 딸린 조그만 방에 들어갔다. 회복실인지 가정집 아기방처럼 꾸며놓은 밝은 방이다. 현아를 가만히 눕혔다. 지난 일들을 털어놓는 현아 눈에 증오심이 비치고 입술 한쪽이 일그러진다.

"나한테 잘해준 사람이라, 나는 언제나 내가 너무 야박했다고 생각했는데, 그 사람은 등을 돌리니까 끝이더라고……. 어떻게 사람 관계가 그럴 수 있지……."

떠난 남자 친구 이야기를 들으며 나는 딴 생각을 자꾸 했다. 점심엔 뭘 먹이지, 곰탕이 좋을까, 그건 비위 상할까, 이 주변에서 먹이고 가는 게 좋을까, 갈 때 택시는 잡을 수 있을까, 택시부터 잡아놓을까.

한 시간쯤 지나니 간호사가 들어왔다. 현아에게 전신마취 주사를 놓았다. 나보고 나가라고 했다. 간호사들이 잠깐 뒤 "준비 다 됐습니다" 하고 의사를 불렀다. 의사가 입을 꼭 다물고 진찰실에서 종종걸음으로 나왔다. 나는 손을 모으고 일어나 절을 했다. 그리고 대기실 의자에 앉았다. 엄마랑 같이 온 꼬마들이 깔깔거리며 뛰어다녔다. "애들아, 조용히 해. 안에 아픈 사람이 있잖아.” 아이들에게 이르자, 아기 엄마들이 나를 흘끔거리는 것 같다. 닫힌 수술실 문에서 눈을 떼지 못했다. 의사가 실수 없이 수술 잘해야 할 텐데.

의사가 나왔다. 다가서는 내게 “잘됐어요” 하고 고개를 끄덕였다. 간호사가 회복제로 링거를 권하길래 얼마냐 물었더니 5만 원, 8만 원, 또 얼마 부르면서 비쌀수록 좋은 약이라길래 중간 값 링거를 하겠다고 했다.

허락을 받고 다시 방에 들어갔다. 아랫도리가 두툼한 현아가 눈이 흐리멍덩하게 풀린 채 막 마취에서 깨어나고 있었다. 물씬한 약 냄새와 바싹 마른 입, 가눠지지 않는 몸……. 이제 억지로 웃지도, 증오심을 드러내지도 못하는 무력한 현아 모습에 마음이 먹먹했다.

“수술 언제 해?”

현아가 입술을 달싹였다. 무슨 말인지 모르겠다.

“안 실려가겠다고…….”

“응?”

“병원에서 차가 와서 안 실려가겠다고 막 몸부림쳤는데……. 수술 안 받는다고, 안 실려가겠다고…….”

현아 입에서 진한 소독약 냄새가 풍겨 왔다.

“수술 끝났어, 현아야. 수술 다 했어.”

“언제 했어? 벌써 했어?”

“…….”

“마취를 해도 꿈꿀 수 있어?”

마취 상태에서도 꿈을 꿀 수 있나 보다. 물끄러미 나를 올려다보던 현아의 눈이 젖었다. 아무 말 없이 누워 있던 현아는, 사실은 수술을 안 받겠다고 몸부림치고 있었나 보다. 간호사가 링거를 꽂고 나가자 현아는 퀭한 눈을 감았다 떴다.

"나, 아기 줘."

"아기는 이제 없어."

"여기서는 쓸데없잖아, 가서 내 아기 달라 그래."

애원하듯 부탁하는 말에 섬뜩하기도 하고 기가 막혀서 말을 잃었다.

"…… 아기 갖고 뭐 하려고?"

"내가 갖고 있을 거야. 내가 계속 가지고 있을래."

"여기서 수술하면서 버렸을 거야."

"어디에?"

"글쎄, 수술하면서 여기서 처리했겠지……."

"하수구에 버려? 그걸 그냥?"

현아는 달라고 보채다가 입을 다문다. 낙태된 태아라도 가져가겠다는 마음이 내게 사무쳐 왔다. 현아는 링거를 맞으며 혼곤히 잠들었다. 나는 묵묵히 옆을 지키며 있었다. 이해할 수 없는 일이다. 이제 아기는 없다. 일어난 일인데도 이해할 수 없는 일이었다.

링거 약 방울이 다 떨어지자 현아는 어서 나가자고 했다. 약을 일주일치 받았다. 현아는 꿋꿋하게 혼자 계단을 내려왔다. 햇볕이 따스하고 맑은 한낮이었다.

밤에 혼자 잠들 때 내 눈앞에, 초음파에 잡힌 태아의 모습이 떠올랐다. 그렇게 생생한 모습으로 있던 목숨이, 그대로 두었으면 사람이 되었을 목숨이 순식간에 사라졌다는 걸 믿을 수 없었다. 현아가 있는 동안 눌러두었던 감정이 그 친구가 떠나자 뒤늦게 걷잡을 수 없이 나를 흔들었다.

나는 현아처럼 낙태한 여자들 이야기를 많이 들었다. 살면서 한 번도 남에게 말하지 않은 이야기들이다. 막내 자식을 낙태한 한 늙은 아주머니는 지금도 길거리에서 자기를 닮은 아이를 보면 막내가 아닌가 하고 나이를 짚어본단다. 세상에 와도 온 줄 모르고 가도 간 줄 모르는 목숨을 남몰래 그렇게 평생 마음속에서 키우는 것이다.

어린이집
가는 날

아파트 앞에 있는 어린이집에 찾아가보았다. 구립 어린이집
인데 마침 3세반에 자리가 남아 있다고 했다. 아이들 열
명에 선생님 둘, 엄마들이 아기들은 잘 보내지 않아 자리가 남은 거라
는데, 우리 아기는 돌 지난 지 얼마 안 되었으니 가장 어린 셈이었다.
창으로 들여다본 다람쥐반 안은 환하고 선생님들도 친절해 보였지만
그냥 돌아섰다. 떨어져 서럽게 울어댈 아기 모습이 눈앞에 그려지고
자주 아플까봐 걱정이 되었다. 아기는 엄마 품이 가장 좋다고들 하던
데…….

18개월 된 아기를 다시 업고 갔다. 이제는 정말 보내자 했다. 나에
게도 따로 시간과 공간이 절실히 필요했다. 당장 무얼 할 수 있는 건
아니지만, 방 안에 갇혀 버럭 화내고 속으로 욕해대고 서운한 말을 곱

씹고 원망을 키우는 시간이 싫었다. 나 혼자 밥을 먹고 생각하고 사람들을 만나 이야기하는 시간이 목말랐다.

동사무소에 보육료 지원 신청을 했다. 얼마 후 전화해서 승인 여부를 묻자 직원이 딱딱하게 되묻기부터 한다. "일하시려는 거예요?" 딱히 구해진 일은 없었지만 '일을 해야 돈을 주나?' 망설이다가 "예⋯⋯." 하고 대답했다. "무슨 일 하시려고요?" 말문이 막힌다. 아직 돈을 벌 생각까진 못했다. 아침 아홉시 반부터 오후 세시 반 사이에 할 수 있는 일이 뭘까. "아직 구하진 못했는데요. 차츰 알아보려고요." "얼마나 버실 건데요?" "저, 그걸 지금 알 수는 없는데요." "그래도 예상되는 수입이 얼마예요?" 직원은 더 꼬치꼬치 캐물어 오는데 나는 어쩐지 움츠러들며 더듬더듬한다. 직원이 마지막으로 쐐기 박는 소리를 했다. "애가 너무 어려서 아직 어린이집 보낼 나이가 아니잖아요. 그러면 엄마가 일을 해야 되는 상황이라는 건데, 얼마 벌지 알려주지 않으면 나중에 다 조사해서 이미 받은 것도 환수할 수 있으니까 솔직하게 말해요." 이런 소리까지 들어야 하나 모욕감이 일면서 치사스러웠다. 어리다는 기준이 뭐냐, 왜 보낼 나이가 아니라는 거냐, 하지도 않은 일의 보수를 어떻게 말하라는 거냐, 돈을 안 벌면 엄마가 애 보낼 이유는 없다는 거냐, 대거리하고 싶었다. 5층위니까 6만 원을 지원한다고 끝에야 일러준다.

어린이집에서 입학원서를 받아왔다. 제출할 서류에 건강검진서가 있었다. 번거로웠지만 이참에 해보는 것도 좋겠다 싶어 동네 소아과에 갔다. 중년의 남자 의사는 내놓은 검진표를 보고 "뭐 이런 형식적인 걸 해오래?" 하면서 검사도 않고 건성으로 다 체크한다. 그리고 "애 어린이집에 보내려고? 돈 벌려고?" 반말했다. 앞에는 커피잔이 놓여 있다. "많이 벌어?" 화가 났지만 애를 진찰하는 의사니까 막 할 수 없고 얼버무렸더니 이제 아예 훈계조다. "그냥 집에서 애 보지. 얼마 번다고, 그 돈 얼마 안 되는 거 벌어 화장한다 뭐 한다 나간다고 꾸미다 보면 다 쓸 걸. 직장 다녀본 여자들 집에 안 있으려고 해. 보내면 애가 만날 아프기 시작하는데. 중이염이고 뭐고 다 옮아올걸." 따위 소리를 해댄다. 어이가 없고 기분이 나쁜데 애는 배에 청진기를 댄 채 울어대지 정신이 없었다. 애가 아플 거라는 소리가 협박처럼 들렸다. 우는 애를 안고 일어서자 의사가 "문제는, 돈이야!"하고 외친다. 뒤돌아서는데 속에서 뜨거운 게 치민다. 개새끼. 지가 의사면 의사지, 뭘 안다고 능글능글 반말로 씨부렁거리냐. 지가 젖 먹여 애 길러봤어? 지가 애 땜에 뜬눈으로 간호해봤어?

그러면서 이상한 것이, 남 말마따나 돈도 못 벌고 뭐 하자고 억지로 보내려는가 싶기도 했다. "애를 왜 맡겨. 프로그램도 엉망이고 애 정서상 안 좋아. 애는 엄마가 봐야지." 아파트 엄마들도 말들을 보태고 어른들도 걱정스러워했다. 그래서 아침에 어린이집 가방을 유모차 아래 숨겨들고 몸을 움츠리고 이웃도 모르게 잔뜩 잰걸음으로 나왔다.

아기는 나와 떨어지자 목을 놓아 운다. 내가 나가니까 기겁을 하며 문쪽으로 따라나왔다. 자지러지는 소리에 마음이 아팠지만 "잘 놀고 있어. 엄마 다시 올게, 엄마 없다, 엄마 있다." 손짓 발짓 하며 몇 번 어르고 다시 안아주고 나갔다. 보면 더 울까봐 창 아래로 허리를 숙이고 까치발로 걸어갔다. 그리고 계단참에서 교실 쪽으로 고개를 돌리고 한참 서 있었다. 아기 울음소리인가, 계속 우는 걸까, 그냥 데려올까, 어쩔까 망설이다가 터벅터벅 내려왔다. 모진 엄마라는 자책감이 들었다.

평소처럼 장 볼 거리와 집 치울 걱정을 먼저 하다가 고개를 흔들고 과감히 도서관에 갔다. 책을 읽기도 하고 청탁받은 원고를 쓰기도 했다. 다시 홀몸이 되었다는 게 꿈같이 신기하고 기쁘다. 혼자 버스를 타는 것도 도서관에 앉아 있는 것도 아기 걱정 없이 글만 쓰는 것도 그랬다. 그런데 찾으러 가보니 다른 아이들 낮잠 자는 시간에 구석에서 혼자 다리를 뻗고 앉아 계속 목놓아 울고 있었다. 엄마 따라간다고 이마를 박아 퍼렇게 혹이 나 있고 목이 쉬어 있었다. 갑자기 마음이 써늘해진다. 너무 힘들게 하는 건 아닐까. 좀더 기다려야 하는 걸까. 놀이터에 갔더니 다른 엄마가 한마디 했다. "그러다 애 죽이겠다." "그렇게 가슴 아픈 말을……." "나 같으면 안 맡겨. 차라리 내가 아프고 말지." 유유히 유모차를 끌고 가는데 그 말들이 너무 가슴 아팠다. 잘못한 거 없는데도 용기를 내야 했다.

일주일이 지나자 아이는 적응을 했다. 어느 날부터 웃고 손 흔들고, 내가 아쉬울 정도로 뒤도 안 돌아보고 친구들 틈으로 들어갔다. 아이도 집 밖에 자기 생활공간이 생긴 것이다. "더 밝아졌네." 이웃들은 아이가 낯가림도 안 하고 춤도 곧잘 추는 걸 보고 말했다. 어린이집에서 잘 먹고 잘 잔다고 했다. 걱정과 다르게 더 자주 아픈 것도 아니었다. 잘 보냈다는 생각이 들었다. 아이들은 아침에 맨 먼저 국기에 대한 경례를 하고 애국가도 부른다. 돌 지난 것들에게 뭐 하는가 싶기도 하고,

날마다 과자가 간식으로 나와서 아토피가 더 걱정되기도 하지만 지금
으로선 어쩔 수 없는 부분이다. 그나마 구할 수 있는 어린이집이 있다
는 게 감사하게 여겨진다. 처음의 걱정과 설레임이 지나면서 내 시간
속에도 기쁘고 즐겁고 지루하고 쓸쓸한 감정들이 자라나고 지나갔다.
나도 집과 육아에 매어 있던 마음이 조금씩 다른 공간을 찾으면서, 이
제 뭐가 될 것 같아 들뜨다가 다시 보이는 것 없어 막막하기도 하다.
한나절을 보내고 나를 만나 반기는 아이의 시간에도 내가 모를 신나고
재미나고 심심하고 지루한 순간들이 있을 것이다. 그 모든 것을 내가
떠맡아야 하는 것은 아니었다. 아이와 내가 떨어져서 갖는 시간이 이
렇게 각자를 키워주고, 서로를 반가움으로 늘 맞이했으면 하고 바랄
뿐이다.

왕따

놀이터에서 정하(가명) 엄마를 보았다. 정하는 감기에 걸려 목에 손수건을 두르고 깨작깨작 흙장난을 하고 엄마는 무릎에 턱을 괸 채 앉아 있다가, 나를 보더니 활짝 웃는다. "어디 갔었어? 나 심심했는데……." 땡볕인데 그늘 없는 놀이터에 나와 한나절 있었으니 얼마나 무료했을까 싶다. "계속 여기 있었어?" "그럼 내가 갈 데가 어디 있어. 집에 있으면 답답해서 나오는 게 나아."

정하 엄마는 '왕따'다. 처음 만났을 때 그이는 나를 길에 세워놓고 한참을 물었다. "누구랑 친해요?" "누구 엄마 잘 알아요?" 같은 질문을 거듭한 후에야 자기 이야기를 조심스럽게 꺼냈다. 그러니까 그건 자기 이야기를 소문낼 사람인지, 자기한테 못되게 구는 사람과 한패거리인지 확인하는 사전 질문이었던 거다. 아파트 같은 동 아줌마들이 똘똘 뭉쳐 자기를 왕따시킨다 했다. 전에는 같이 어울려 내남없이 드나들었는데 이제는 자기들끼리만 모여서 왁자지껄하게 음식 냄새 피우고 떠들면서 아는 척도 않는다 했다. 꼭 옆집에 모여서 대놓고 왕따를 시키니 죽을 맛이란다. "자라면서 학교 다닐 때도 안 당하던 왕따를 지금 당하다니……." 이유를 들어보니 어이가 없다. "여기는 다같이 어울려 놀거든. 집집마다 돌아가면서 삼겹살 파티 하는데 나는 못한 거지. 애도 제일 어리고 힘도 들고 해서. 그런데 내가 얻어먹기만 하고 한턱 안 낸다고 따돌리는 거야." 정하 엄마는 자격증을 따려 공부를 계속하고 있다. 애기 낳고 젖 먹이면서 학교 다니고 새벽까지 숙제하느라 목구멍이 다 헐어 벌침 맞고 약을 먹으면서 버틴다고 했다. 그 고달픈 때에 공부를 계속 하다니 대단하다 싶은데, 공부도 미운털이 박힌 이유라 한다. "내가 별나게 군대. 내 얼굴이 하얀 것도 싫고, 공부한다고 시간 없다 티 내면서 잘난 척하는 것도 싫대." 정하 엄마가 지친 얼굴로 나를 똑바로 보며 묻는다. "그럼, 애 키우고 살림하고 학교 다니고 내가 어떻게 자기들처럼 똑같이 할 수 있겠어?"

사람들이 잔인할 때가 있다. 다르다는 이유만으로 따돌리는 건 뭐냐 싶었다. 엄마들끼리 동무를 한다는 게 쉬운 것 같으면서도 이상하게 어렵다. 엄마들도 만나면 서로 차이를 둔다. 나이든 육아경력이든 살림요령이든. 초짜 엄마한테 무턱대고 반말을 하기도 하고 아이들 발육상태를 비교하며 열등감 때문에 미운소리를 뱉기도 하고 아파트 시세며 학교 정보에 밝은 엄마가 우두머리가 되기도 하고 우 감탄하며 몰려들다가 자기들처럼 물정에 밝고 빠릿빠릿하지 않은 엄마는 사람 자체까지 깎아내리기도 한다. 세상 사람들이 그렇듯, 자기한테 도움이 되거나 같은 급이 아니면 만날 필요가 없다는 식이다. 아기를 키우다 모르는 점을 내가 옆집 엄마한테 물었을 때 떨떠름하게 돌아온 대답이 이랬다. "자기는 공부 안 하고 다른 사람들한테 정보만 빼 들으려는 사람이 있어, 애 잘 때 공부 좀 해" 나는 그때 깜짝 놀랐다. 육아도 정보구나, 무슨 시험 정보, 취업 정보처럼 쉬쉬하면서 손닿는 껏 자기 밑에 쌓아놓는 정보로 치는구나 싶어 다시는 묻지 않았다. 지나면서 들여다보니 그 엄마는 돌 지난 아이한테 영어노래가 나오는 장난감을 틀어주면서 "이제부터 준비해야지" 하고 이건 뭐, 뭐 하면서 이름을 가르치고 있었다. 놀이터에 갔다가 "우리 애는 지가 하고 싶다면 고등학생 때쯤 유학 보낼 거야" 하고 두런거리는 젖먹이 엄마들을 만나 주변에 얼쩡대기만 하다 그냥 돌아온 적도 있었다. 그러니까 공부를 한답시고 살림도 육아도 엉망으로 보이는 정하 엄마나 나같이 매일 불평만 하는 얼치기 엄마는 애초에 그이들 관심 밖인 것이다.

놀이터에서 노는 아이 하나를 지목하며 "재는 철이 바뀌었는데 반팔을 입었네." "재네 엄마가 일하러 다닌데." "엄마가 일하러 다니면 애들이 표가 나." 하는 말을 아무렇지 않게 한다. 어느 집엔 애들 혼자 저녁도 안 먹고 엄마를 기다리고 있다면서 불쌍하다고 그 엄마까지 은근히 흉본다. 그러니까 일하는 엄마랑 집에 있는 엄마는 만날 일이 없다.

그런데 정하 엄마는 자꾸 속상해한다. 누구랑 누구 엄마는 매일 붙어 다니고, 자기는 거들떠도 안 보고, 누구 엄마는 벌써 둘째 가졌고, 자기도 늦기 전에 둘째도 가져야 하는데 하면서 흉인지 한숨인지 온통 신경이 그쪽에 가 있다. 끝없이 비교하고 원망하는 소리를 듣다 보니 나도 피곤해진다. 정하 엄마는 훌쩍인다. "우리 애가, 애들 버글버글 모인 옆집을 멀거니 보고 있는 거야. 부르지도 않는데 놀고 싶어서, 애가 무슨 죄가 있다고. 벌써 애가 이런 걸 겪어야 하나, 나 그냥 삼겹살 한판 대접하고 다시 옛날로 돌아갈까." 밤새 그 생각에 뒤척였다 하다가 또 이제 와서 자존심을 굽힐 수 없다며 고개를 흔들었다.

아마 그 사람들도 그러지 않을까. 정하 엄마한테 우르르 그렇게 하지만, 유모차 앞에서 살 빼야 한다고 줄넘기를 몇천 번씩 하고 다투어 메이크업 강좌에 나가고 교회에 같이 나가 울고 기도하고 하면서 항상 남편과 이웃과 자식의 평가를 의식하고 비교한다. 남들이 다 그렇게 사니까, 남들처럼은 살아야 하니까, 서로 왕따 안 되려고 아등바등 불안한 건 아마 다 마찬가질 거다. 난방이 안 되는 이 열일곱 평 주공아파트에 사는 엄마들도 서로 더 잘사는 것처럼 보이려고 경쟁을 한다. 세상 사람 관계가 모두 우열을 다투고 내리누르거나 무시당하거나 하는 거라지만, 고립되어 살림이나 육아로만 자기 가치를 인정받고 증명해야 하는 엄마들 사이는 더 외롭고 치열하다. 나는 왕따 친구니까 왕따 비슷하게 되어 인사해도 못 본 척 지나가는 엄마들도 늘면서 영문도 모르고 덩달아 불편한 마음도 늘어갔다.

정하 엄마는 계속 원망하고 하소연하고 있다. 답답하다. 나도 모르게 버럭 소리를 질러버렸다. "정하 엄마, 왕따시켜. 어쩌겠어. 정하 엄마가 그 사람들 왕따시켜!"

다른 수 있나. 그냥 비교하지 말고 살아야지. 남들 기준에 살림도 못

하고 아이도 못 키우고 붙임성도 없는 답답한 엄마가 되어 집도 못 넓
히고 조기교육도 못 해도 아무렇지 않게 맘 하나 단단히 붙들어서 휘
둘리지 말고 다르게 살아가야지.

어떤 날

일요일이다. 시댁에서 부모님들이 오시기로 한 날이다. 남편은 자고 있다. 주말에 자는 남편을 깨우기는 어렵다. 남편이 일어나지 않아서가 아니라 내가 망설여지기 때문이다. 남편은 일주일 내 야근을 한다. 자정이 다 되어 오거나 새벽에 들어올 때도 있다. 그래서 주말에 정신없이 곯아떨어지는 남편의 잠은 늦잠이라기보다 살려고 충전하는 잠같이 곤하게 느껴져서 무얼 요구하기 어렵다. 남편이 아침에 말없이 출근한 뒤 욕실에 가보면 수건은 남편이 쏟은 코피로 얼룩져 있다. 대야도 핏물이고 치약 뚜껑에도 빨갛게 피가 고여 있다. 그걸 보면 가슴이 철렁한다. 이래도 괜찮을까 싶다. 사람 몸이 쇠도 아니고 이렇게 내내 혹사해도 되는 걸까, 겁이 나는 것이다. 남편은 "빨리 집에 가서 아기랑 놀아야지, 어서어서 일 배우자" 하고 처음 야근할 때 낙서해놓았다가 해도해도 일이 끝이 없으니까 한숨을 쉰다. "제일 예쁠 때라는데 애 볼 시간도 없고, 이러다 나중에 억울해서 어떡하지." 회사 일이라는 게 돈으로 환산될 뿐 행복을 가져다주는 것은 아니라는 걸 우리는 안다. 남편은 저번 직장에서 나오게 되었을 때 집에 전화를 걸었다. "우리 이제 아기랑 놀러가자, 공원에도 가고 봄에 같이……." 나는 그 가라앉은 첫마디만 떠올리면 지금도 마음이 아린다.

야근으로, 때로는 회식으로, 또 스트레스를 풀 친구들과의 술약속으로 남편은 밤에 나타나는 사람이 되고, 그러자 나는 온전히 '집사람'이 된다. 함께 나눌 수 없는 육아와 가사를 오롯이 떠맡게 된다. 여자라서 집에서 애 키우고 살림하라는 말도 싫지만 나밖에 할 사람이 없다. 날마다 똑같이 어질러진 방을 치우고 닦고 밥을 짓고 설거지를 하고 빨래를 한다. 번번이 돌아오는 일이 징그러워 달아나고 싶을 때도 있지만 꾸역꾸역 해대다. 어떨 때는 밖에서 사람들을 만나 집이 아닌 다른 이야기, 추상적인 사회문제에 대해 토론도 하고 누가 내 이름을 불러주는 소리가 듣고 싶다.

하지만 나는 형편이 나은 편이다. 주말에는 남편이 있으니. 학원 강사라는 옆집 아기 아빠는 새벽녘에 들어오고 남대문에서 장사를 한다는 아래층 아기 아빠는 일주일에 한 번이나 제대로 얼굴 본단다. 남편이 지방으로 돈 벌러 가서 한 달에 한 번 만난다는 아기 엄마도 있다. 아파트에는 종일 여자들만 있다. 가끔씩 대상 없는 화풀이로 애한테 소리를 버럭 지른다. 혼자 집안일과 아기를 돌보는 것이 힘들다 말할

라치면 "그럼 내가 회사를 그만둘까?"하고 협박 비슷한 대꾸가 돌아
온다. 돈이 필요한 것이고 돈을 벌려면 이 모든 것을 감내해야 한다는
것이다. 그래, 할 수 없지, 다 그렇게 사는데 하다가도 어떤 때는 이게
아닌데, 이렇게 살고 싶진 않았는데, 뭐가 잘못된 건가 골똘해진다. 집
주인은 전셋값을 천이고 이천이고 올리겠다고 전화를 해대고 몇 년 동
안 서로 얼굴 한번 제대로 못보고 애달프게 모은 돈으로 집세 메우기
조차 힘들 때, 버텨도 버텨도 제자리 쳇바퀴라고 괜히 눈물이 핑 돌기
도 한다.

　시부모님이 오셨다. 일을 하시는 분들이라 모처럼 마음먹고 오신 것
이다. 남편은 인사만 하고 작은방에 들어가 자고 나는 이제 더 바빠진
다. 부모님께 차를 대접하고 과일도 깎고 아이를 부추겨 인사도 하고
말도 하게 한다. 처음 썰렁한 자리에 말도 붙이고 집안 안부도 묻고
아버님 베개도 내드리고 겉옷은 걸고 먹은 상은 치운다. 아이가 재롱
을 부리기 시작하고 분위기가 풀리면 눈치껏 물러나서 점심준비를 한
다. 먼 길 오신 분들 대접할 거리를 찾느라고 서두른다. 밥은 제대로
됐는지 국은 간이 맞는지 살펴보고 냉장고에서 장 본 거리를 꺼내놓는
다. 간간이 안방에서 들리는 물음에 장단도 맞추어야 하고 손은 손대
로 계속 놀리며 때로 실없는 우스갯소리도 한다. 남편은 자고 있다. 이
해한다. 하지만 대접이 소홀할까 허둥대다 보면 자고 있는 남편이 속
편하게 느껴질 때도 있다. 자기 부몬데, 싶기도 하고 상황을 뒤바꿔보
곤 혼자 약올라 하기도 한다. 남편 없는 자리를 눈감아주는 부모님의
모습이 '아들은 돈 버니까, 힘드니까' 두둔해주는 것같이 여겨지기도

하고 어쩌면 나도 아니고 남편도 아니고 손주 하나 보러 온 것 같아 그 지극한 자식 사랑이 어쩐지 불편해지기도 하는 것이다. 애가 울면 "누가, 누가!" 하고 손바닥으로 바닥을 치면서 싸고돌거나, "애가 왜 감기 들었냐!" 지레 호통을 치기도 한다. 아기에 대해서는 누구나 엄마에게 큰소리를 친다. 말이 안 되는 소린데도 엄마들은 또 먼저 죄책감부터 느낀다. 나는 갈치를 굽고 고기를 볶고 나물을 무친다. 때에 맞추려고 시간을 연신 확인한다. 큰상을 펴고 반찬을 나르고 밥, 국을 놓은 다음 장이며 물 따위 자잘한 것을 챙긴다. "음, 잘 먹으마." 수저질이 오가는 사이 부족한 반찬을 더 가져오고 아이가 먹는 것을 챙기고 늦지 않게 내 밥도 먹어야 한다. 앉는둥 마는둥 시중들다가 말도 행동도 자꾸 그르친다. 대꾸 없는 말을 살갑게 붙이는 내가, 즐거운 척하는 내가 스스로 우습기도 하다. 아이가 울기 시작한다. 모두들 쩔쩔맨다. 낮잠 잘 시간이 지난 것이다. 두 분은 잠이 와서 보채는 애를 달랜다. 그 뒤로 혼자 상을 들고 나가는데 허리가 휘청한다. 치우고 나니 이제 설거지가 산더미다. 갑자기 피곤해진다.

어쩔 수 없다. 주말엔 가족과 함께 있어야 하고 그래서 가사와 육아에 파묻히게 되고 내 시간은 누가 나눠주지 않으면 없는 것이 된다. 내 시간은 마지막이다. 남편의 잠과 집에까지 가져온 일과 약속과 결혼식 같은 것 다음에, 가족 행사와 챙겨야 할 대소사 다음에, 아이의 병과 기분 다음에, 집안일과 또⋯⋯. 어떨 때는 신데렐라 같다. 할 일만 다 하면 무도회에 가도 된다고 덧없는 약속 받고선, 이것만 다하면 이것만 다하면 하고픈 것 하겠다고 혼자 다급해진.

남편이 일어났을 때는 부모님도 다 가고 내가 설거지도 다 해치우고 방 청소를 마치고 아이도 막 재운 후였다. 아무 일도 없었던 듯 조용하고 말끔한 집, 어쩐지 억울하다. 그 북새통을 봤어야 하는데 싶다. "에이, 시간 늦었잖아." 남편의 첫마디다. 일어나자마자 시계를 보더니 오늘 회사로 가서 마칠 일이 있었는데 너무 자버려서 늦었다는 것이다. 짜증내는 말마디가 야속하다. '혼자서 힘들었지, 고생했어', 한마디 해줘야 하는 거 아니야, 싶다. 배 지나간 자리처럼 일한 흔적 없이 그대로인 집안 모습이 맥빠진다. 나도 이렇게 하루가 가버리는 것이 안타깝다. 문 밖에 살짝 나와 바깥 찬 공기를 들이켰다. 오늘 처음 나왔구나. 어떤 날이 있다. 내가 가진 것 못지않게 가지지 못한 것이 몹시 그리운 날이.

남편과
나

남편은 바쁘다. 결혼하고 나서 남편은 줄곧 바빴다. 평일에는 자정께에 들어오는 날이 허다하고 주말에는 일을 하러 또 회사로 간다. 대부분 부부가 그렇듯 남편은 집이 어떻게 돌아가는지 모르고 나는 남편 없이 종일 견디는 데 익숙해져 있다. 때로는 이게 가정인가 싶다. 남편도 문득 혼잣말한다. '우리가 부부인가?' 얼굴도 제대로 못 보고 서로 어떻게 사는지 애는 어떻게 자라는지 대화조차 나누지 못하는 우리가 부부인가, 하고 묻는다.

결혼하고 출산을 앞두고 내가 계약직이었던 직장을 그만두자 남편은 단체쪽 일을 그만두고 학원강사를 시작했다. 곧 아이가 태어나고 가장이 된다는 것에 남편은 짓눌렸다. 나도 전업주부 역할에 적응하기 어려웠다. '어, 내가 왜 집에만 있지? 왜 집안일을 점점 다 떠맡고 있는 거야? 나 이러려고 결혼한 거 아닌데. 엄마처럼 살고 있잖아!' 하루에도 몇 번씩 막막해하느라 임신기간이 다 갔다. 남편은 남편대로 불안하다. 배부른 아내를 혼자 두니까 걱정스럽고, 각박한 학원일에 적응하느라 바쁘고, 돈을 버는 데 압박감을 느끼고, 이렇게 살고 싶지 않았다고 불안해하느라 표정이 늘 굳어 있다. 학원에서는 시도 때도 없이 전화질이다. 같이 잠들라치면 갑자기 전화해서 내일 강의를 하라거나, 일요일에 점심이라도 먹을라치면 당장 나와서 보강하라거나 따위 독촉을 해댄다. 일요일 오후, 힘들어하는 남편을 학원에 보내고 나는 빈집에 들어가기 싫어 밤까지 서성인다. 집에 들어온 남편은 당연히 지쳐 있다. 종일 기다린 내가 반색을 하고 맞이하는 것도, 있었던 일을 시시콜콜히 이야기하는 것도, 반응을 기대하며 쳐다보는 것도 모두 피곤할 따름이다. 강의에 시달리다 집에 오면 말 한마디도 하기 싫다 했다.

"이런 게 결혼생활인지 몰랐어." 둘 다 외친다. 우리의 삶은 평행선을 달린다. 아이를 낳고 나서, 나는 아이를 키우느라 남편은 돈을 벌어 대느라 정신없다. 나는 남편의 일상을 남편은 나의 일상을 모른다. 서로의 삶을 부러워하고 서로 자신을 이해하지 못한다고 원망한다. 서로 자신의 엄마 같지 않고 아빠 같지 않다고 공격하면서 자신이 엄마가, 아빠가 되었다는 것을 받아들이지 못하다가, 결국 자기 엄마처럼 아빠처럼 살아간다. 머리에 든 것보다 본 대로 살아간다.

우리의 소원은 주말에 쉬면서 소풍도 가고 밥이라도 한상에 앉아 마음 놓고 같이 먹어보는 것이다. 남편은 직장을 옮겼다. 한숨 돌렸다.

이제 이야기를 나눌 수 있고, 요리도 같이 할 수 있고, 아이도 함께 어를 수 있을 거라고, 텔레비전에 자주 나오는, 세상에 흔한 것 같은, 그러나 주위에서 본 적 없는 그런 가정을 꿈꾼다. 웬걸, '빛 좋은 개살구'라고 회사를 옮겨도 남편은 넘치는 일에 야근을 거듭하고 다시 자정을 넘겨 들어온다. 말이 주 5일이지 일에 쫓겨 주말에도 알아서 대가 없이 출근해야 한다. 이건 누구한테 따져야 하나. 아이가 있고 집에도 할 일이 천지라는 걸 아무도 모른다.

몇 년 동안 푹 쉬어보지 못한 남편은 번번이 코피를 쏟는다. 회사에서 연봉을 고정해놓고 인센티브 제도라며 팀원끼리 성과급제로 경쟁시킨다 했다. 남편은 아등바등 죽기살기로 일한다. 저녁에 퇴근하려면 팀장이 그런단다. "왜 지금 가?" 애가 아프다고 하면 팀장은 그런다. "네가 의사야?" 남편은 견디고 또 견딘다. 아프다 말 않고 참고 견뎌 월급을 가져다주는 것, 그것이 그가 가족을 사랑하는 방식이다. 우리는 둘 다 말을 않게 된다. 원망과 불안과 분노가 안에 쌓여 폭발하기 직전이 된다. 그래서 아이에게 소리를 지르기 시작한다. 애가 뺨을 때리면 나도 비명을 지르며 아이의 뺨을 때린다. 남편은 고함을 지르면서 접시를 깨버린다. "나도 참고 있는데 당신이 왜 소리를 질러!" "당신 지금 뭐 하는 짓이야!" 둘 다 엉겨붙어 악을 쓴다. 둘 다 집이 끔찍하다. 집을 유지하기 위해 숨죽여 사는 삶이 비참하다. 우리는 부부도 아무것도 아니다.

그러나 다음날이면 다시 출근을 하고 깨진 유리조각을 치우고 아이를 먹이며 또 쳇바퀴 돌 듯 꾸역꾸역 사는 것이다. 멍하니 창밖을 보기도 한다. 나갈 수 없는 사람처럼, 세상의 꽃도 하늘도, 아름다운 것은 죄다 멀리 있는 것 같다. 우리는 화해하고 다시 각자 비밀을 가지고 이제는 다 말하지 않고 기대를 더 접으며 세상에서 혼자라고 느끼며 살아간다. 그래서 더욱 쓰리도록 외로워진다.

남편과 촛불집회에 갔다. 나는 남편이 그렇게 목청 높여 외치는 것을 처음 본 것 같다. 남들과 똑같은 구호를 외치고 있었지만 터져나오는 그의 소리가 다르게 들렸다. 남편은 화를 내고 있었다. 옆에 손잡고 우두커니 서 있는 내가 어쩐지 불안하도록 남편은 박차고 나와 외치고 있었다. 이렇게 살고 싶지 않아! 시키는 대로 하고, 싫어도 말 못 하고 아무것도 아닌 것처럼 살고 싶지 않아! 나도 사람이란 말이야! 남편은 몸부림치며 외치는 것 같았다. 이렇게라도 하지 않으면 숨이 막혀 죽을 것 같은 것이다. 행복하지 않으니까, 바보 취급 받으며 하라는 대로 살아도 너무 괴롭기만 하니까 그는 날이 밝도록 거리에서 외치고 있었다. 나도 따라 구호를 외치면서 속이 좀 트이는 것 같았다. 세상이 정해놓은 대로 살지 않아도 될 것 같았다. 다르게 살 수도 있을 것도 같았다.

남편은 놀이터에서 잠시 쉬었다 가자고 했다. 나한테 노래를 하나 불러주었다. "그대를 향한 마음이 깊어질수록 꿈처럼 느껴져 싫습니다. 생활은 추락하기 시작하여 끝없는 두 길을 달리고 덫에 걸린 세월은 깨어날 기미를 보이지 않아요……."(수니의 노래 〈그대에게〉에서) 나직한 노랫소리를 들으며 나는 등 돌리고 있던 마음이 차츰 다가서는 느낌을 받았다.

밤에 들어온 남편이 술잔을 앞에 두고 문득 말한다. "나 오늘 회사 그만뒀어." 내 눈치를 살핀다. 나는 뜻밖이었지만 예상했던 것이라 덤덤하게 들었다. "억지로 일하고 싶지 않아. 이렇게 살고 싶지 않아." 이제 생활비며 우리가 어떻게 지내게 될지 한편 걱정도 된다. 남편은 서둘러 나를 위로한다. "여보, 너무 걱정하지 마. 다른 데 알아볼 수도 있고, 오히려 더 좋은 기회가 될 수도 있고……." 그러자 남편과 보낼 수 있는 시간에 기대가 생기기도 한다. "나, 다르게 살고 싶어" 남편이 나를 바로 보는데, 그 말을 듣자 괜히 눈물이 난다. "나도, 다르게 살고 싶어." 우리는 일단 건배한다. 그리고 간만에 활짝 웃었다. 기죽지 말고 행복하게 살자. 세상이 가장 두려워하는 것, 우리가 가장 원하는 게 그거니까.

아무 데도
없는
엄마

옆집 할머니는 우리 엄마가 와 있을 때면 문앞을 기웃거린다. 엄마는 딸내미가 살림하는 것이 눈에 안 차 설거지를 하고 바닥을 쓸고 닦고 냉장고를 대청소한다. 가스렌지 위에는 국이 보글보글 끓고 밥하는 소리도 쉭쉭 들린다. 다른 할머니들은 나한테 엄마 고생시킨다고 눈을 흘기기도 하는데 옆집 할머니는 애처럼 마냥 부러워하는 눈치였다. "좋겠다, 엄마 와서 좋겠다." "우리 엄마 해, 나한테도 엄마 해." 하시는 말씀이 이상하다. 자기한테 딸뻘인 우리 엄마보고 엄마 하라고 한다. 혼자 사는 할머니는 먹는 것도 잠자리도 보잘것없어서 누가 자기를 엄마처럼 돌봐주기를 바란다. 누군가의 품에서 쉴 수 있는 아이가 되고 싶어한다. 할머니는 열세 살 때 아버지가 돌아가시고 어머니는 재가했다고 했다. 맏딸이었던 할머니는 딸린 동생 네 명을 데리고 살다가 열아홉엔가 동생들을 다 데리고 시집갔다. 그 조건 때문에 나이 많은 남자와 결혼해야 했는데 남자가 돈을 제대로 안 벌어서 식모살이를 하면서 혼자 힘으로 가정을 꾸려갔다고 했다. 남의 집에서 음식을 얻어와 그걸로 국 끓여 먹고 부르는 데 있으면 쉬지 않고 달려가 일해서 자기 자식들과 동생들을 모두 길러내어 출가시켰다. 그런데 지금은 아무도 찾아오지 않는다. 평생 엄마로 한 몸뚱이 내주고 살았는데 누구도 기억해주지 않는다고 했다. 그래서 일흔이 넘은 할머니는 엄마를 찾는다. 자기 엄마 해달라고 우리 엄마를 붙잡고 조른다.

우리 엄마도 덩달아 외할머니 생각에 눈시울이 젖는다. 외할머니가 못 배우고 다른 엄마들처럼 돈도 못 벌어 자기 공부도 못 시켜줬다고 많이 원망하며 살았다고 한다. 하지만 엄마도 엄마가 보고 싶다고, 엄마가 해준 음식이 먹고 싶고 "밥 한 끼 굶으면 평생 못 찾아 먹는다"고 잔소리하던 엄마가 살아 있었으면 좋겠다고 했다. 내가 기억하기에 외할머니는 온종일 일만 하는 사람이었다. 바느질하고 밥하고 빨래하고 걸레질하고 자식이나 손자 앞에서 말 못 하는 사람처럼 일만 했다. 우리가 자랄 때 엄마가 그랬던 것처럼.

여동생은 임신하고 나서 문득 나보고 그런다. "우리가 자랄 때 엄마는 없었던 거 같아. 엄마 기억이 안 나." 자식 수발에 평생을 바친 엄마는 억울하기 짝이 없을 소리다. 사실 그랬다. 아빠는 언제나 공부하라고 다그치면서, 이렇게 해라, 저렇게 해라, 쫓아다니며 잔소리했지만 엄마는 우리에게 아무 말이 없었다. 교육에 대해서도, 진로에 대해서도, 고민에 대해서도 묻거나 대답해주지 않았다. 동생은 버럭 외친다. "우리가 속으로 힘들어 죽겠는데, 엄마는 성당에 가서 기도만 했어! 우리랑 아무 상관없는 하느님한테 가서." 엄마는 그런다. 그때 내가 할 수 있는 게 아무것도 없었다고. 발언권도 없고 돈도 없고 애들 이렇게 키우는 게 아닌데 싶어도 아빠가 밀어붙이는데 말도 안 통하고, 그러니까 '몸이 막 아팠다'고 했다. 퇴직한 아빠에게 엄마는 가끔 으르렁거린다. "당신, 자식들 앞에서 나를 깔아뭉갰어. 옛날에도 그랬어." 내가 엄마를 변명하면 동생은 딱 잘라 말한다. "난 엄마 같은 엄마는 되지 않을 거야." "어떻게?" "아닌 것도 참고 넘어가고 말도 못하고 그런 비겁한 사람은 안 될 거야." 이제 만나면 부딪힌다. 엄마는 내가 해준 게 얼만데 고마워할 줄도 모른다고 원망하고, 자식은 다른 엄마가 엄마보다 낫다고 공격한다.

다른 엄마가 있을까?

나도 결혼하고 나서 엄마가 그리웠다. 뭐든지 일일이 챙겨주고 끼니를 굶을까 몸이 아플까 노심초사하던 모습이 문득 그리웠다. 남 시중 들 일 많은 주부로 살다 보니 누가 돌봐줬으면 싶을 때가 있다. 나를 돌보아줄 사람은 엄마밖에 없는 것 같다. 하지만 그건 꿈일 뿐이다. 젖먹이 때나 그랬을까, 나한테 잘해주고 모든 걸 챙겨주는 엄마는 머릿속에나 남아 있지 세상에는 없다. 지금 만나면 아직도 어린애 취급하면서 손아귀에 쥐려드는 엄마의 집착에 넌더리를 내거나, 나처럼 자기 세계에 갇혀 전업주부 역할을 완벽하게 하려고 안간힘 쓰는 엄마의 노력에 안쓰러워지거나, 말끝마다 남의 평가와 인정을 받으려고 애쓰는 모습이 내 모습 같아 싫을 때도 있다. 막상 엄마가 되고 보니 좋은 엄마란 것은 가랑이 찢어지도록 저 멀리 있다. 욱하면 애를 때리고 싶고 휭 하니 나가버리고 싶고, 그냥 다 엎고 싶어도 꾹 참고 애면글면하면서 나는 어렴풋이 이해했다. 엄마라는 이름 속에 숨겨진 들끓는 감정을, 숨죽이는 욕망과 이름 없는 고통을, 불합리한 현실 속에서 감내해야 되는 여자들의 좁은 선택을. 우리 모두가 바라는 완벽하고 착한 엄마는 아무데도 없다는 것을 비로소 하나둘씩 알게 된다.

친구는 눈물을 글썽이며 말한다. 엄마한테 맞고 컸다고, 아침에 눈을 떠서 캄캄해질 때까지 맞은 적도 있다고, 욕하고 때리는 엄마가 무서워 나중에 커서도 사람들 대하기가 어려웠다고. "그때 왜 날 때렸어?" 물었더니 "살기가 너무 힘들었다"고 고백하던 엄마, 무엇인지 모르지만 외롭게 견뎌야 하는 상황이 힘겨워 아이에게 분풀이하고 고함을 지르던 엄마. 또 어떤 친구는 우리 엄마를 부러워하며 말한다. "우리 엄마는 보통 엄마들하고 달라. 자기 것만 챙기고 우리한테 계속 돈 가져가고. 아마 우리 엄마같이 이기적인 엄마는 세상에 없을 거야."

세상에 있는 엄마는 이렇다. 먹고살 길이 막막해 스스로의 생존도 절박한 엄마가 있고, 배우지 못하고 돈도 없어 자식한테 늘 죄스러운 엄마가 있고, 엄마를 닮지 않으려고 이리 뛰고 저리 뛰다 엄마처럼 살아가는 엄마가 있고, 엄마가 평생 그리워 마음은 훌쩍이는 아이 그대로인 엄마가 있고, 분노와 무력감을 자식한테 매질로 풀어내는 엄마가 있고, 가족보다는 하느님, 부처님께 울며 매달리는 엄마가 있고, 평생 속을 파주고 나서는 껍데기로 버려지는 엄마가 있고, 자신의 결핍을 보상하려고 자식을 움켜쥐고는 그것이 행복이라 강요하는 엄마가 있고, 자신이 엄마인지, 엄마 자격이 있는 사람인지 하루에도 수천 번 흔들리는 엄마가 있을 뿐이다. 내 이름과 엄마 이름 사이에서 갈팡질팡하고, 참아야 하는 것과 하고 싶은 것 사이에서 망설이고, '이건 아니야'와 '할 수 없지' 사이에서 눈을 감아버리고, 또 한없이 의지하고 싶은 마음과 새끼 거느린 어른이라는 다짐 속에서 하루하루를 보내는 것이다. 세상의 엄마들은 엄마라는 기억을 머리에 이고 엄마를 부정하면서 또 평생 그리워하면서 그렇게 제각기 엄마의 길을 간다.

세 친구

나한테는 오래된 친구가 둘 있다. 나이로 치면 언니지만 같
은 회사를 다니면서 친구처럼 지낸 이들이다. 민정(가명)
언니는 대학생 때부터 알던 선배였고, 선화(가명) 언니는 회사에서 민정
언니 단짝이라 나도 같이 어울렸다. 학습지를 만드는 회사에서 우리는
종일 교정지와 씨름했다. 점심을 같이 먹고, 쉴 짬에 헌책방에 들랑거
리며 싼값에 책 샀다고 자랑하고, 저녁에는 종종 함께 맥주를 마셨다.
이십대가 그렇듯 지루하고 갑갑한 직장일, 풀리지 않는 연애, 알 수 없
는 미래 따위를 고민했다. 밤을 꼴딱 새워 얘기하다 아침에 그대로 출
근한 적도 있다. 점심에 짬뽕을 시켜놓고 더 말할 기운 없이 앉아 있다
가 서로 눈이 마주치면 또 하하 웃었다. 우리는 서로가 탈출구였다.
'귀농'을 먼저 말한 사람은 민정 언니였다. 서울을 뜨고 싶다고, 노동

의 대가로 돈을 받고 끝인 게 싫다고, 지구를 지키는 독수리 오형제나 되고 싶다고 하더니, 지방에 내려가 농사를 지을 거라고 했다. 끄덕였지만 '그게 쉬울까?' 나는 자신이 없었다. 직업병으로 손목이 아프다고, 농사일을 해본 적 없다고, 서울에서 자유를 만끽하고 싶다고 둘러댔다. 나와 달리 선화 언니는 귀농 이야기에 솔깃했다. 하지만 선화 언니는 나보다 더 귀농에 안 맞아 보였다. 졸업하고 입때껏 사무직 일만 한데다 누구보다 착실하고 평범하게 살아온 언니가 뜬금없이 다 접고 귀농할 거 같지 않았다. 민정 언니는 내 손을 잡고 환경 관련 집회에 나갔고, 선화 언니랑 생태 강의도 들으러 갔다. 두 친구는 지금 땅을 일구며 산다. 솔직히 나는 그이들이 진짜 귀농을 할 줄은 몰랐다.

두 사람은 이따금 나를 꼬드긴다. '거기서 너 혼자 뭐 하니?' '빨리 내려와라' '사람마다 다 다른 거지, 자기한테 좋은 게 남한테도 좋을라고.' 맘에 여유가 없을 때는 입을 비쭉한다. 가까이 산다는 두 친구가 부럽고 도시 생활에 짜증이 나다가 '왜 나는 못 가나' 싶어 마음이 흔들린다. 내가 친구들에게 늘어놓는 얘기는 똑같다. 철따라 전세금이며 아이 교육을 걱정한다. 따져보면 '돈 없다, 돈 더 있어야 한다, 마음이 바쁘다' 하는 소리다. 민정 언니가 진지하게 말해준다. "너 돈 많아. 지금 바로 농촌에 내려와도 잘 살 수 있다. 계속 서울에 붙어 살려니까 숨가쁘지만 물러나보면 뜻밖에 다른 삶이 있을 수도 있어." 다른 삶, 십년 전에 우리는 그걸 많이 꿈꿨다. 결혼하고 생활이 변하고 책임은 늘어나면서 '나'는 뭘까, 내 일은 뭘까 고민하다 보면 답답할 때가 있다. 서울생활이 사람을 그렇게 만든다고, 이제 시골쥐가 되었다는 친구들이 입을 모은다. 민정 언니는 고향에 내려가서 텃밭을 가꾸면서 아이를 키우고 남편은 지방 신문사에서 일한다. 나는 또 핑계를 댄다. "나는 언니랑 달라, 사람들과 어울려 살 자신도 없고, 내려가도 딱히 직장도 없고, 아이한테 뭐가 좋은 건지도 모르겠고." 언니는 아이를 자전거에 태우고 논둑을 달려갔다. 잔잔하고 평화로운 그 모습이 꿈처럼 보였다. 느리게 가는 시간과 빈 마당에 쏟아지던 빗줄기가 그리웠다. 시골생활의 고립감을 두려워하면서 한편 당당하고 품위 있게 변한 친구들의 모습을 닮고 싶어한다. 시곗바늘에 얽매인 게 아니라 자기 손으로 삶을 꾸려가는 당당함이다. 그래서 고되어도 힘들어도 자신의 일을 해나간다. "감자 심고 있었다, 너 감자 좋아했잖아. 일하다 보니 생각도 많이 달라지더라. 너도 내려오면 좋을 텐데."

'서울쥐'라고 별명 붙은 내 고민은 이렇다. '전세금 올려주기 힘들잖아, 애 학교 가기 전에 정착을 해야지, 집을 사려면 맞벌이를 해야 돼, 젊을 때 돈 벌어야지, 어디 싸게 나온 집 없나, 이제 은행에서 빚 내기도 어렵다는데.' 마음의 외로움 같은 거, 말 나눌 짬 없는 가족이나 대가 없는 가사노동이나 자신이 무가치한 느낌 같은 건 이제 눌러 버릴 것들이다. 아이는 자란다. 나들이할 때 "차 조심해, 위험해!" 나는 외쳐대고 아이는 횡단보도를 건너며 "살려주세요" 손을 든다. 어른들이 도시의 갇힌 공간에서 쇼핑으로 술자리로 기분 전환하듯, 아이들은 한 시간에 얼마 하는 인위적인 실내 놀이 공간에서 좋다고 뛰논다. 탁한 공기 때문에 아이 얼굴에 아토피가 도져 울긋불긋한데 긁어대며 끝까지 기를 쓰고 노는 모습을 보면 안쓰럽다. 사고 쓰고 버리는 것이 어른들의 생활이듯 아이들의 시간도 놀이도 그렇다. 사고 쓰는 것이 더 이상 위로가 되지 않을 때가 있다. 돈으로 맞바꾸려고 고됨과 모욕과 외로움을 참은 시간이 밥이 돼서 목구멍으로 들어온다. 좀더 소외감 없이 먹고살 수는 없을까. 선화 언니가 택배를 보냈다. 박스를 여니 굵직굵직한 양파가 보인다. 농약 안 치고 일일이 손으로 김을 매어 기른 금빛 양파. 서른 중반, 모두가 말리는데 혼자 귀농한 언니가 기른 양파다. 괜히 눈물이 핑 돈다. "내려가면 뭐가 달라지나?" 떼를 쓰듯 언니에게 묻는다. "다르지, 눈에 보이는 게 다르니 생각하는 거도 달라지지." "어떻게?" 나는 또 그런다. 집이 있어야 하고, 아이 옷도 잘 입히고 싶고, 남한테 인사치레도 하고 싶고, 내 일도 찾고 싶고 그런데 돈이 안 되고 그런 얘기다. 문득, 내가 본 대로 산다는 것을 느낀다. 결혼하고 아이 낳고 생활하면서, 많이 벌고 많이 쓰라는 세상의 각본을 무턱대고 따라가며 남들과 비교하기 바쁘구나 싶다.

선화 언니는 아이에게 제도교육을 시키지 않을 참이다. 마을 사람들이 꾸려가는 대안교육을 받게 할 요량인데, 지금은 탁아문제를 함께 해결하려고 고민한다. 민정 언니는 집 바로 옆에 있는 분교에 아이를 보내는데 1학년에 자기 아이 하나밖에 없어 고민한다. 문제가 있으면 학교에 가서 다른 학부모들과 함께 해결하려고 애쓴다. 호시탐탐 분교를 폐교시키려는 지역의 개발 이권과 유지들의 완고함에 맞선다. '지역문제는 서울과 참 다르다'고 하면서 그것이 자기가 뿌리내린 곳의 일이기 때문에 스스로 앞장선다고 했다. 우리는 친구였지만 이따금 거는 전화만큼 참 다르게 산다. 도시에서 아이를 키우는 것과 농촌에서 아

이를 키우는 게 같은 문제도 아니다. 나는 어쩐지 막다른 골목에 온 느
낌일 때, 무얼 해도 흥이 나지 않을 때, 도시의 손바닥 안에 갇혀 맴도
는 나를 본다. 나의 문제는 내가 사는 곳의 문제일 수 있다고 짚어본
다. 어쩔 수 없다고 단념하다 보니 불편한 공범자가 되는 기분이다. 그
럴 때는 내 사랑하는 사람들이 모두 내려간 땅에 가고 싶어진다. 안 될
게 뭐람, 마음의 울타리를 넘고 그곳에서 나도 친구들과 함께 씨뿌리
고 기르고 거두며 살고 싶어진다.

2부

'좋다'와 '싫다'의 사이

참 이상하다. 그렇게 일을 하고 싶어했는데 혼자가 되자 텅 빈 것 같고 허깨비가 된 기분이다. 짧은 관계, 겉만 스치는 만남들, 마음에 없는 대화들, 그런 것들이 속을 고프게 해 아이가 더 보고 싶고 길에서 아기들을 보면 눈을 못 떼겠고 아기 엄마들이 부럽기만 하다. 이제 말 배우는 아이랑 전화해서 한마디라도 들으면 괜스레 눈물이 나고 빨리 일을 다 하고 아기를 데려와야지 싶어 마음이 더 바빠진다.

행복한
시간

가끔, 고등학교에 다니던 시절 교복을 입고 학교 뒷산에 우두커니 서 있었을 때가 생각난다. 크고 작은 집이며 구불구불한 길 따위가 옹기종기 모인 시내가 한눈에 내려다보였다. 사방이 산으로 둘러싸여 영주 시내는 가라앉은 것처럼, 세상과 차단되어 숨어 있는 것처럼 보였다. 산 너머로 아무것도 보이지 않아서, '다른 세상은 없는 것 같아' 중얼거리곤 했다. 어쩐지 답답했고 그보다는 두려웠다. 영영 저 산 밖으로 나가지 못하고 발 묶이게 될까봐 초조했다. 의무와 명령과 간섭이 있는 이곳에서 떠나고 싶었고, 공부를 해서 서울에 있는 학교에 가는 것이 유일한 미래처럼 느껴졌다. '이런 촌구석에서 썩을래?' 어른들이 다그치며 나에게 바라는 것도 공부를 해서 떠나라는 것이었다. 지금도 그렇지만 그때도 어른들은 말했다. 지금 참으면 앞으로 인생 탄탄대로라고. 몇 년만 참으면 대학 가서 놀 거 다 놀고 즐길 거 다 즐긴다고, 이 시간을 못 견디면 인생의 낙오자가 될 거라고.

그래서 나는 공부가 정 하기 싫어지고 만사 귀찮아지면 뒷산에 올라갔고, 이곳을 탈출하고 싶다는 욕구에 불붙어 더 열심히 공부했다. 그래서 대가도 치러야 했다. 특별히 친한 친구도, 마음을 나눌 가족도 없고, 무엇보다 스스로 하고 싶은 것이 없었다. 언제나 소화할 수 없을 만큼 꾸역꾸역 외우고 또 외우는 일만 반복할 뿐이었다.

나 같은 친구를 서울에서 만났다. 잠시 가르치게 된 학생이었는데, 부모가 욕심껏 공부시키려고 영주에서 올려 보낸 아이였다. 강남의 학군 좋은 아파트에서, 명문 학교에 다니는 아이는 표정 없이 감정도 없는 사람처럼 외우고 또 외웠다. 밤늦게까지 학원과 과외 일정에 지쳐 휴식 시간에는 정신없이 곯아떨어지고, 내가 공부해야 할 것을 연달아 일러주면 “아, 잠깐만요, 잠깐만요.” 하고 머리를 쥐어뜯으며 흔들어 댔다. 머리가 아파 죽겠다고 했다. 교장은 히틀러 같고 학교는 감옥 같다며 입시만 쫓는 교육은 아무짝에도 쓸모없다는 이야기를 열네 살짜리 아이가 거침없이 했다. “넌 무얼 하고 싶니?” 나처럼 이 애도 자기가 뭘 하고 싶은지 모르나보다, 하고 나는 이 동향의 친구에게, 나와 같은 전철을 밟고 있는 친구에게 연민을 느꼈다. 그러나 뜻밖에 대답한다. “농사요, 농사를 짓고 싶어요.” 농사라니? 나는 깜짝 놀랐다. “정말 중요한 건 환경이 파괴되는 거예요. 우리도 결국 다 죽게 될 거예요. 이런 공부 소용없어요. 빨리 땅을 살려야 해요.” 웃지 않고 그 친구는 분명하게 말했다. 나는 지금도 그 친구가 정말 농사를 짓고 싶었던 건지, 각오를 하고 굳은 마음으로 말한 건지 알 수가 없다. 하지만 그 애는 나보다 더 빨리 알게 된 것이고, 부모들의 허영 때문에 쳇바퀴 돌며 그들의 얕은 속내까지 꿰뚫어보았다. 공부에 짓눌린 의미없는 생활을 견디느라 늙어버린 표정이었다. "그럼 왜 공부를 하니?" "부모님이 원하니까요. 효도하려고 하는 거예요. 어쨌든 나를 태어나게 해줬으니까, 세상에 살 수 있게 해줬으니까 갚아야 하고, 다른 방법이 없잖아요. 집을 나갈 수도 없고, 여기서 살아야 하니까……." 나는 애가 공부 잘한다고 싱글벙글인 부모에게 아이의 지치고 고단한 얼굴을 보았냐고 묻고 싶었다. 그리고 그가 공부하는 건 부모를 위해서가 아니라 부모를 두려워해서가 아닐까 혼자 생각도 해보았다. 먹여주고 살려주는 부모의 그늘 아래에서 우리 나라 학생들이 할 수 있는 것은 정해져 있다. 선택할 수 없는 그 상황은 때로 폭력에 가깝게 느껴진다. 집으로 돌아오는 길에 스스로 물어보았다. 어른들의 환호를 들으며 서울로 온 나는 행복했던가.

대학에 처음 왔을 때 나는 자랑스러웠다. 설레기도 했다. 십대 때 내내 들은 말처럼 인생을 송두리째 보상받고 싶었다. 선배들이 주는 술을 먹고 또 시키는 대로 토하고 '제도교육의 잔재를 씻고 어쩌고' 수작을 들을 때 속으로 쓴웃음도 지었다. 나도 알고 있었다. 대학을 가지 못한 많은 친구들을, 나만큼 공부하던 친구가 단순히 돈이 없어서 지방의 전문대에 어렵사리 들어간 것을, 아버지한테 맞아가며 식당에서 일하던 친구가 이를 갈며 공부해도 대학에서 떨어진 것을, 똑똑하고 예쁘던 선배언니가 어느날 갑자기 임신했다는 소문과 함께 학교에서 쫓겨나 술집에 있다는 것을, 언제나 떠들썩하던 한 동무가 무조건 돈 많이 벌어야 한다고 직업소개소로 갔다가 덜컥 다방으로 보내졌던 것을, 공장에 취직한 동무가 철거촌에 살다가 밤길에 강간을 당했다는 것을, 농약 때문에 이웃이 죽었다며 농촌이 싫다고 눈물을 흘리던 옆짝의 모습을, 자신한테 있는 건 지적우월감뿐이라고 시집을 끼고 과시하며 가난을 감추느라 날 세우던 친구를, 나도 알고 있었다. 내가 대학에 온 건 대학을 가지 못한 많은 친구들이 있기 때문이라는 것, 그리고 그건 결코 자랑스러울 것 없고 그것조차 잊어버리면 부끄러운 것이라는 걸.

모두들 서울에 오고 싶어했다. 서울에 가면 하고 싶은 일을 하고, 돈도 잘 벌고, 행복해질 거라고 여겼다. 모든 사람들이 그렇게 믿고 있으니 또 모든 사람들이 그것을 따랐다. 맹목적인 희망으로 아이들을 다그치면서, 공부하고 또 공부하라고, 공부해서 돈을 잘 벌고 결혼도 잘하고 본때 있는 직장도 가지고 뻔질뻔질한 집도 가지라고, 나처럼은 살지 말라고, 자식을 인생의 목적으로 삼고 채찍질하기 바빴다. 너무 빨리 굴러가다보니 탈락되면 당장 죽기라도 할 듯 허둥허둥 쫓아들 간다. 그래서 행복은 십대에서 이십대로 이십대에서 삼십대로 삼십대에서 다시 노년 이후로 미뤄진다.

기억난다. 마침내 서울에 왔을 때 나는 행복하지 않았다. 적어도 나는 그랬다. 아무것도 할 줄 아는 게 없는데 인형극이 갑자기 툭 끝나버리듯 혼자 내팽개쳐진 기분이었다. 친구를 사귀는 법도, 일상생활을 꾸려나가는 것도, 제대로 사랑을 하는 것도 알지 못했다. 몸에 밴 것이라곤 무언가 몰두해 성취를 이루면 인정받을 거라는 허황한 습관뿐이었다. 무엇이 행복인지 어떻게 해야 행복해지는지도 몰랐다. 이제 어른이 되었는데 말이다. 나는 여전히 아무것도 하고 싶지 않았다. 아무도 만나고 싶지 않고 아무 느낌도 없어서 그게 고민이었다.

그때 뒤늦게 안 것이다. 십대의 행복은 십대에만 있을 뿐이다. 그때 읽고 싶은 책은 그때에 읽어야 즐겁고, 그때 하고 싶은 일은 그때에만 깔깔거리며 할 수 있다. 어른들은 정말 나의 행복을 바란 것이었을까, 궁금했다. 그들이 근거없이 나에게 강요하고 설득한 것은 무엇이었을까. 나는 주변에서 자립적이지도 활발하지도 못한 대학 친구들을 보았다. 대학 갔다고 섬마을에서 잔치를 벌여주었다고 자랑하던 친구는 밤새 혼자 술을 마셔 알콜중독이라는 소문이 나고, 말없던 친구는 한 학기 만에 소리소문없이 학교를 그만두고, 비싼 학비를 대느라 학원 강사 생활로 피폐해지던 친구는 번 돈을 보상처럼 쓰면서 울고, 집이 소작농이었다던 한 친구는 향수에 시달리다가 쌓여온 열등감을 만만한 여학생에게 폭력적으로 풀어대고, 때로 교내 문제가 일어나도 이때까지 배웠듯 이를 방관하고 묵살하며, 때로 방황의 절차조차 거치지 않고 어학연수다 고시준비다 또다른 경쟁을 준비하느라 여념이 없는 모습들이었다. 자취방에는 술병이 쌓이고 맛도 모르고 피운 담배만 널려 있었다.

떠오르는 말들. 공부를 못하면 노가다나 할 거다, 공부 안 하면 대구 자갈마당에 너희 또래 애들 천지빛깔이다, 힘이 약하면 누가 말 들어주냐, 힘을 키운 다음 주장을 해라, 너희한테 힘은 뭐냐, 공부다, 그러니까 지금 해야 할 책임은 다하고 요구해라, 등등 귀에 박힌 말, 그러나 지금은 아무 의미 없는 메아리 같은 말을 생각했다. 그 말은 아이들을 고향에서 떼어내고 떠나라고 윽박질렀다. 부모의 노동을 폄하하고 무시하고 그 노동의 수렁에 빠지면 끔찍한 삶만 남는다고 협박했다. 자신이 할 일을 노동이라 여기지 않고 남의 노동에 기대어 사는 것이 편안한 우위의 삶이라고 설교했다. 고향에서 멀리멀리 떠날수록 너희는 행복해질 거고, 행복은 결국 돈으로 환산되는 것이라고 모든 시험은 합창했다. 그 말을 믿은 아이들은 믿은 만큼 불행해졌다. 문득 돌아보니, 나는 뿌리도 없고, 부모와도 헤어지고, 나 스스로 먹고살지 못하고 남의 노동에 기대어 사는 사람, ‘서울사람’이 되어 있었다. 드디어! 지방을 착취하고 살아가는 기형적인 이 도시에, 고향을 잊어버린 뿌리 없는 도시에 살게 되었다. 기억이 없는 사람, 과거와 단절된 사람은 한마디로 ‘뜨내기’일 뿐이다.

스물이 되어도 내 앞에는 줄줄이 경쟁할 것들만 익숙한 모습으로 늘 어서 있을 뿐 휴식은 주어지지 않았다. 다른 점이 있다면 이제는 칭찬해줄 어른도 인정해주는 사람도 없이 혼자만의 생존을 목표로 각박하게 산다는 것이다. 치솟는 집값과 사교육비를 따라잡으려고, 불안한 직장과 경제난에 허덕이며, 자신과 가족 하나 지키려고 온몸으로 아등바등하느라 가족의 얼굴도 못 보고, 사랑의 이름으로 자식을 다시 입시지옥으로 내모는 그런 삶이다. 각자 외롭고 버거워서 폭음을 하고 주정을 하고 만만한 사람을 찾아 화풀이를 하고도 부끄럽지 않은, 그러고도 자기가 제일 불쌍하다 말하는 감상적인 삶이다. 별을 딴 것처럼, 성공해서 잘살았다는 사람은 어디에 있는 걸까. 우리들은 아직 행복을 동경한다. 내 손에 떨어지지 않은 그 옛날 옛적 행복이, 돈을 더 벌면, 더 높은 지위에 올라가면, 자식이 출세하면 채워질 거라고 아직도 꿈꾼다. 그래서 영원히 유예되는 행복의 주문에 걸려 밤낮없이 고군분투한다. 심리적으로는 유아가 되어 결코 행복한 적 없는 자신을 인정해줄 사람, 행복하게 해줄 사람을 찾아 세상에 없는 친절과 인정을 찾고, 더 높은 지위와 돈으로 그 달콤함을 살 수 있다고 착각하고 다시 맹렬히 그것을 쫓는다.

세상의 이런 각본을 거의 알아갈 무렵, 이곳에 온 지 15년이 지난 지금에, 밤에 누워 곰곰이 생각한다. '내가 왜 여기 있을까?' 붉은 밤하늘에 별이 보이지 않는 이곳에, 부모형제와 떨어져서, 태어나 익숙한 고향의 그 모든 것과 떨어져서, 남들과 똑같이 악다구니를 치며 나는 왜 여기 있을까. 부모는 아직 그런다. 서울에 있어야 한다고, 뭘 해도 서울에 붙어 있어야 한다고. 젊은 사람 내려와서 할 일이 뭐가 있냐고, 없는 사람 벌어먹기는 서울이 낫다고. 한편 부모의 실망을 나는 안다. 서울이 모든 꿈을 이루어주는 곳은 아니라는 걸, 그분들도 뒤늦게 알게 되었다. 나는 고향에 있는 친구들이 부럽다. 공부 못하면 여기에서 못 떠난다고 협박당하던 그 친구들이 고향에 남아 든든한 이웃이 되어 거기에서 아이들을 낳고 키우며 또 농사를 짓고 일을 찾아, 아이들을 가르치고 스스럼없이 사투리를 쓰며 덩굴 뻗어 살아간다. 그이들도 남들처럼 고단하겠지만, 제 몸 하나 잘 먹고 잘살자고 서울로 부나 비처럼 쫓아오는 게 아니라 어쨌거나 고향에 남아서 그곳에서 더불어 살아가기를 연습하고 행복해지려고 노력하고 있는 것이다.

서울살이에 지쳐 귀농을 했다거나, 벌어도 벌어도 쳇바퀴 제자리라고 도시에서 사는 걸 접었다거나, 끊임없이 비교당하고 불안해하는 생활이 지긋지긋해 고향에 가겠다는 이웃들을 보면 고민의 골은 더 깊어진다. 좋은 대학에 가서 좋은 직장에 들어가 출세한다는 각본도 지금은 아무 의미가 없다. 길에 나가서 들어보면, 명문대를 나온 사람들이 얼마나 박봉에 무능하게 사는지 조롱하는 농담투성이다. 고등학교 시절 'SKY'라고 대학 이름자를 따서 반을 만들고 나 같은 아이들을 공부로 몰아넣던 그 기획은, 안정된 미래가 누구에게나 사라진 지금에 와서 더욱 사실이 아니다.

한번씩 영주에 가서 보면 학원들이 부쩍 늘었다는 생각이 든다. 영어 광풍에 조기교육 열풍에 내가 학생이었을 때보다 더 교육열이 높아진 걸 느낀다. 한편 이런 말도 듣는다. "여기 고등학교, 서울대 많이 보냈다고 자랑했잖아, 그 애들이 뭐하는 줄 알아? 서울에 가니 취직이 되나, 집이 있나, 뭐 될 줄 알고 신났다고 보냈는데 서울에서 할 일이 없어 내려와 학원 차리고 또 학원 선생하고 그래. 여기도 꽉 찼어. 서울에서 잘나갔다는 사람 여기에도 천지야." 입시로 청춘을 보내고 또 입시를 팔아 나머지 생을 산다. 한편에선 아이 가르치기에 이 도시도 괜찮다고 젊은 엄마들이 만족하는 소리도 들린다. 벽에 펄럭이는 플래카드에서 '우리 아이도 원어민이 되었어요'라는 학원 광고문구를 보았다. 피에로 같은 그림도 같이 그려져 있었다. 이제 아이 엄마가 된 나는 생각한다. '원어민이라니, 뭐가 원어라는 거야? 한국사람이 영어를 하면 원어민이 되고 그걸 자랑이라고 떠벌리는 건가.' 세상에 대해 아는 게 별로 없는 내가 보기에도 이건 무분별한 광풍이다. 근거 없는 믿음, 뜬소문에 지나지 않는다. 아이들의 활기와 젊음을 가두고 으르기에는 터무니없는 거짓말인 것이다. 누가 그럴 수 있다는 말인가. 행복하지 않은 삶을, 그래서 평생 행복이 무엇인지 모르고 허덕이는 삶을 누가 강요할 수 있다는 말인가.

아무도 이 경쟁에서 이기지 못한다. 본래 그렇게 시작한 경쟁이다. 부자라는 사람들의 얼굴에서 나는 만족과 안정을 보지 못했다. 남들의 언행을 의식하고 노골적으로 비교하며 하나라도 더 차지하기 위해 자신을 혹사시키는 천박함만 있을 뿐이었다. 평생 흙을 일구거나 자신의 노동으로 정직하게 생존한 사람이 보여주는, 세상에 대한 이해와 겸허함을 나는 다른 누구에게서 보지 못했다. 우리가 배우는 것은 결국 우리의 일과 우리가 만나는 사람과 우리가 겪어야 하는 고통을 통해서 얻는 것이지 학교나 입시교육 안에서가 아닌 것이다.

입시만을 목적으로 키워낸 아이들에게서 부모는 절대 감사를 받지 못할 것이다. 평생 자신의 욕망만 키워온 아이들에게서 늙은 부모는 보상받을 것이 아무것도 없다. 그러므로 세상에 없는 행복의 길을 각자 찾아야 한다. 그것을 자식들에게 아이들에게 다시 가르쳐줘야 한다. 남 눈치 보지 말고 스스로 행복해지는 법을 가르쳐줘야 하고 함께 행복을 느끼는 법도 배워야 한다.

지금은 옛날이 된 고등학생 때, 시험답안을 백지로 내고 옥상에 누

워 별을 보며 오랫동안 생각했다. '뛰어내리는 게 낫지 않을까.' 내가
할 수 있는 게 아무것도 없다는 생각에 골몰하던 때가 있었다. 그때 내
가 뛰어내렸다면, 그건 나도 살아 있다는 것을, 시키는 대로 묵묵히 하
는 사람이 아니라는 것을 보여주고 싶어서였을 것이다. 나의 분노를
보여주고 나를 괴롭힌 세상에 복수하고 싶어서였을 것이다. 어른이 되
고 아이를 낳고 생활과 책임을 알게 된 나는 다시 생각해본다. 스스로
믿지 못해 흔들리는 대신, 분노와 무력감을 조장하는 세상의 틀에서
벗어나서, 사랑하는 사람들과 함께 다른 길을 찾아나서고 싶다. 이제
야 간절히, 언제나 내 손에 쥐어져 있던 행복을 누리고 싶은 것이다.

첫
면접

면접을 보게 되었다. 학교를 졸업하고 서울에서 직장을 구하지 못해 고향에 내려간 지 1년이 넘었다. 지방에서 일자리를 구하기 어려웠고 아르바이트를 하며 모은 돈도 금세 떨어져버렸다. 고향 친구들도 다 도시로 돈 벌러 나가 있었다. 나는 이번에 꼭 합격해야 한다고 별렀다. 서울로 다시 올라오는 기차 안에서 면접 질문 예상지를 읽고 또 읽었다. 같은 질문이라도 몇 번씩 답할 것, 일에 대한 확신을 보일 것, 성실하게 답할 것 같은 내용도 머릿속에 새겨두었다. 아이엠에프 때문에 회사에 합격한 다른 친구들도 다시 취소 통보를 받고 원서 자체를 구할 수 없는 마당에 나도 이번에 안 되면 어디서 어떻게 살아야 할지 막막했다. 연고 없는 서울에 붙어살려면 방 한 칸과 그달그달 먹고살 돈이 필요했다. 새벽차로 올라왔는데 시간이 일러 찻집에서 커피 한 잔을 시켜놓고 약속한 시간에 너무 이르지도 늦지도 않게 시곗바늘만 지켜보다가 일어섰다. 화장이 흐트러졌는지 거울을 살피는데 립스틱 칠한 입술이 바싹 말라 터 있었다.

찾아간 곳은 출판사였다. 책 읽기를 좋아하고 문학을 전공한 나는 출판사라는 것만도 좋아서 꼭 붙었으면 했다. 엘리베이터를 타고 올라가니 대여섯 명 편집실 직원들은 모두 말없이 모니터만 들여다보고 있었다. 종일 틀어놓는 라디오 음악소리가 들리고 전화벨이 연신 울려댔다. 나는 위층 사장실로 바로 안내되었다.

사장실에 들어서니 좀 주눅이 들었다. 문쪽에 박제된 새가 날개를 펴고 노려보고, 벽에 늘어선 책꽂이 유리문 안에 책이 빽빽하고, 비싸 보이는 전축에서 장중한 클래식 음악이 흘러나왔다. 사장은 몸집이 우람하고 눈빛이 반짝이는 중년남자였는데, "어, 어서와." 하고 책상에서 일어나 나를 맞았다. 사장이 소파에 앉기를 기다려 맞은편에 앉았다. 내 이력이나 자기소개에 대한 질문을 이것저것 확인차 물어왔다. 예상한 질문이라 또박또박 답할 수 있었다. 사장은 막힘 없이 대답하는 나를 의아하게 보며 면접 경험이 있냐고 물었다. 얼마 전 다른 출판사에 지원했다 떨어진 경험을 말했더니 "거기서 떨어졌는데 내가 널 어째서 뽑을 거라고 생각하느냐?"고 되물어서, 대답이 막혔다. 사장은 소파에 기대며, 자기가 배신을 많이 당했다며 열심히 할 것 같이 말해놓고는 와서 제대로 일 안 한다고 했다. "나는 자정 넘게 일하는데 직원들은 더 일찍 퇴근해. 뭐가 잘못되지 않았어?" 나는 뭔가 부당하게 여겨졌지만 그 자리에서 "저는 열심히 일하겠습니다. 정말 하고 싶습니다. 실망시켜드리지 않겠습니다" 같은 말만 되풀이했다. 몸에서 열이 나고 현기증이 일었다. 사장은 빗질한 내 머리에서부터 새 구두를 신은 발끝까지 샅샅이 훑어보았다. "인상은 좋은데 몸은 좀 약해보이고……." "아침을 먹지 않아서 그렇습니다. 약하지는 않습니다." 사장은 고개를 가볍게 끄덕이며 자기 회사에서 나온 책들을 아느냐고 자화자찬을 하다가, 우리 과 교수님들 이름을 들며 "어느 형한테 물으면 너를 아느냐?" 알은체를 했다. 나는 곧이곧대로 모두 대답했다. 잠시 침묵이 흘렀다. "너 참 곱다, 이리 가까이 와봐." 사장이 손짓하며 자기 옆자리를 가리켰다. '어떡하지?' 나는 주춤하면서 방에 둘만 있다는 걸 새삼 의식했는데 머뭇거리면 분위기가 더 이상해질까봐 옆자리 의자에 시키는 대로 다가앉았다. 고분히 앉는데 가슴 속에 모욕감이 일었다. 사장은 자기 아들도 내가 나온 대학에 다닌다며 한 시간이 넘도록 이런저런 사적인 이야기를 늘어놓았다. 이제 나는 고개를 끄덕이며 "네, 네." 맞장구를 치고 있을 뿐이었다. '이게 면접인가?' 귀에는 말들이 들리다 말다 하고 '이러다 추행을 하면 어떡하지?' 바짝 긴장이 되는가 하면, '이 사람이 나한테 호감을 갖고 있는 거 같은데 취직이 되지 않을까…….' 하는 생각도 들었다.

　가보라는 말에 내려왔더니 편집장이 "무슨 면접을 그렇게 오래 했어? 무슨 얘기를 한 거야?" 갸우뚱하는데 뭐라고 대답할 수가 없었다. 편집장은 위층에 올라갔다 내려와선 사장님이 널 좋게 보신 거 같다며 바로 출근해도 된다고 했다. "너는 우리 회사에서 막내야. 다른 사람보다 30분 일찍 와서 책상도 닦고 화초에 물도 주고 커피도 끓여. 그런 데

예민하게 굴지 말고." 앞으로 할 일을 편집장이 줄줄 이르는데 어쩐지
실망스럽고 초조했다. 이런 걸 바란 게 아니었는데. 갓 돈 벌러 나온
어린 여자 앞에서 한껏 호기롭게 자랑을 일삼고 예쁘다며 손이라도 한
번 쥘 것 같이 훑어보다가 기껏 차 심부름과 화초 물 주기부터 업무라
고 시키다니. 회사를 나왔다. 궁금해할 가족에게 합격했다고 공중전화
로 말했다. "아이구, 그래, 고생했다. 조심해서 와라." 애달파하며 마
음써주는 가족의 친근한 목소리를 듣자 갑자기 긴장이 풀리면서 눈물
이 났다. 뭐라고 말하고 싶은데 할 말이 없다. 비로소 괴롭다는 느낌이
일었다.

　편집실 선배 언니에게 면접 때 겪은 이야기를 했더니 자기는 사장과
저녁에 면접을 하면서 "초경은 언제 했냐?"는 질문을 받았다고 했다.
그때 나는 우리들이 여자라는 이유로 면접자리에서 희롱을 당했다는
걸 분명히 알 수 있었다. 보건휴가나 월차 같은 요구도 사장의 한마디
로 끝이었다. "니들이 나보다 법을 더 잘 알아? 너희들 생리하는 날도
아니면서 거짓말치고 놀려는 거 다 알아." 나는 '막내' 여직원이라서
손님이 왔다고 전화 오면 일하다 말고 차를 타서 사장실에 올라가서
대접해야 했다. 점점 내가 할 수 있는 게 없는 것 같고 무능하게 여겨
졌다. 다른 출판사에 지원한 내 남자 동기는 합격한 후에 상사에게서
"당신보다 경력 많고 유능한 다른 지원자도 많았는데 모두 여자이고
당신 혼자 남자여서 선택했다"는 말을 뒤에 들었다고 했다.

　요즘 들어 신문을 보니 여자의 키, 몸무게 같은 용모와 결혼, 육아
여부를 면접 때 묻지 않는 법령을 정부에서 마련해, 이제 민간 기업에

권고하겠다고 했다. 집에서 아기를 보고 있다가 문득문득 십여 년 전 면접 때 오갔던 말들이 가시처럼 떠오른다. "결혼을 할 건가?" "저는 결혼 생각 없어요. 일이 우선이죠." "일하는 여자들 보면 결혼하고 나서 회사에 소홀하더라고." 세상은 여자들에게 결혼하라고, 결혼해야 한다고 몰아붙이고 사장은 결혼했냐고, 결혼할 거냐고 물어대고. "결혼 안 할 거예요." 짐짓 당찬 듯 겉으로 태연하게 대답하던 내 모습이, 예쁘다며 힐끗대는 무례한 시선 앞에서 진땀을 흘리며 아무 대꾸도 못 하고 가만히 웃고만 있던 내 모습이 지금도 자꾸 눈앞에 떠오른다.

내가
만든 책

일요일 영풍문고에 갈 일이 생겨 모처럼 관심 있는 책을 두루 살펴보았다. 다양한 책들을 들춰보고 무얼 살까 궁리하느라 시간 가는 줄 모른다. 책꽂이를 훑어내려 오다 맨 아랫줄 가운데 꽂힌 책을 보았다. '상담의 ○○', 나는 기습당한 듯 제목을 바라본다. 내가 다닌 출판사에서 나온 책이다. 나는 그 출판사의 책들을 만나면 손대지 않고 한참 쳐다보곤 했다.

뜻밖에 만난 이 책을 그냥 지나칠까 하다 한번 들춰보았다. '아!' 어쩐지 제목이 낯익더라만 내가 그 출판사에서 마지막으로 편집한 책이다. 번역책인데, 원서의 편집틀을 그대로 흉내내 편집했다. 갈피갈피마다 내 손을 거치지 않은 쪽이 없다. 머리말, 제목, 페이지 매김, 장면을 알리는 번호표, '내담자', '상담자'의 고딕체, 해설에 쓰인 견명

조체, 비워두었던 사진 자리……, 자판 단축키를 써가며 손가락을 부지런히 놀리는 내 모습을 글자 하나하나에서 볼 수 있었다.

나는 원고 디스켓을 제일 먼저 받아서 단행본 틀에 맞게, 글씨체를 바꾸고 표를 손질하는 틀지워진 일을 했다. 단순한 일인 만큼 하루에 처리해야 할 분량은 많았다. 이 책을 만들 즈음엔 스타일이나 매크로를 먹이는 일이 숙달되어 내가 지금 뭘 하는지도 모를 만큼 빠르게 자판을 두드려댔다.

나는 이 책을 좋아했다. 딱딱한 이론을 늘어놓은 교재나, 표나 통계가 많은 책이 아니고 상담 대화가 주가 되어 사람 냄새 나는 책이었기 때문이었다. 내용을 읽고 싶었지만 편집만 하기에도 시간이 빠듯해, 자판을 두드리면서 흘끔흘끔 글줄을 훔쳐 읽곤 했다. 책을 만들면서 그건 쏠쏠한 재미였다.

이 책을 만들 때, 오른쪽 손목에 파스를 붙이고 보호대를 끼고 일했다. 병원에서는 손목을 무리하게 써 인대가 늘어났다고 했다. 물리치료 받느라 오후에 한 시간 정도 병원에 갔다와서 다시 자판을 두드렸다. 손목에 물혹 같은 것이 생겨 둥글게 부풀어오르고 손바닥이 부었다. 손목이 쑤시다 팔꿈치까지 저려오면 왼손으로 편집을 하기도 했다.

정형외과 대기실 창문가에서 가만히 햇볕을 받고 있으면, 치료를 마치고 회사에 돌아가야 한다는 걸 이해할 수 없었다. 근육이 닳아 손목이 상해가는 걸 뻔히 보면서도 내 몸을 내가 보호할 수 없었다. 손목주사를 맞고 나서 손목이 따가워, 교정 보는 척하면서 컴퓨터 화면을 들여다 보고만 있기도 했다. 동료들은 푸르뎅뎅하고 차가운 오른손을 만

져주며 "어떻게 좀 해봐." 하고 울상이 되곤 했다. 편집부장은 내가 병원에 처음 다녀온 날, "인대가 늘어나? 네가 한 게 뭐 있다고 인대가 늘어나?" 하고 소리를 쳤다. 나는 부장이 그렇게 나올 줄 알고 있었다. 그러다 부장은 금방 누그러져 "의료보험증은 있니?" 하고 물었다. 회사에서는, 일한 기간이 적다고 내 보험을 들어주지 않았다. 부장도 어쩔 수 없었을 것이다. 부장은 내 일감을 줄여줄 수도, 내 의료보험을 들어 줄 수도 없었다. 사장 몰래 병원에 보내주는 배려를 해줄 수 있을 뿐이었다.

나는 이 책을 만들 때 완전히 혼자였다. 생각을 더 하고 싶지 않았던 나는, 오락에 열중하듯 책을 만드는 데 완전히 빠져 있었다. 일하는 동안에는 간섭 안 받고 남 눈치 안 봐도 되니까 화면 앞에서 눈도 깜박이지 않고 입을 반쯤 벌린 채 일했다. 이 책을 만들 때 처음 부장에게서 칭찬을 받았다. "쟤가 신이 나게 일하네." 뒤에서 지나치는 말을 얼핏 들었다.

새로운 밀레니엄을 앞둔 연말이었다. 그러나 자판 치는 소리와 독촉하는 전화소리밖에 나지 않는 우리 사무실에는 하루하루 마쳐야 할 일감만 있을 뿐이었다. 창밖에는 날마다 눈이 펑펑 내리고 있었다. 내리는 눈에 둘러싸여 우리는 세상과 고립되어 있었다. 놓쳐 보내는 눈에 마음이 아렸다. 퇴근해서 밤새 술을 마시고 다음날 비틀거리며 제자리로 온다. 숨쉴 때마다 들큰한 술냄새가 나고 어질어질해서 화면의 글자들이 저희들대로 움직거린다.

필름을 출력해오라거나 디스켓을 전하라거나 잔심부름시키려고 부장이 불러도 몰랐다. "얘야!" 화난 외침에 벌떡 일어나 가면 왜 이제 오냐고 야단친다. "제가 가는귀가 먹었거든요." 나는 작게 대답한다. 그러면서 진짜 내 귀가 먹은 것 같다고 믿었다. 혹은 책을 편집하다가 문득 나를 부르는 소리를 듣고, 후다닥 부장에게 가서 "저 부르셨어요?" 묻는다. 부장은 오히려 놀라 눈을 흘기며 "내가 쟤 땜에 미치겠어" 한다. 나는 등 뒤에서 숙덕이는 부장의 말마디가 모두 나를 흉보는 것이라 여기며 내 책을 편집한다.

그렇게 끌어안고 일해도 이 책은 내게서 떠날 책이었다. 맨 먼저 원고 파일을 받아 내가 단행본 꼴을 만들어 놓으면 오래 근무한 언니들이 교정 보고 마지막으로 부장이 오케이지를 내어 출력소에 넘겼다. 책이 출판되면 교정 본 언니에게만 책을 준다. 나는 손질하느라 애먹었던 표와 그림들을 어깨너머로 본다. 책 읽을 시간도 없었지만, 책을 만들면서 나는 늘 책에 주렸다.

내가 틈틈이 교정 본 것을 인정했는지, 필자에게 보낼 편집본을 나 보고 그대로 출력하라는 말을 들었을 때 기뻤다. 쪽수며, 상담 장면 번호, 약물들을 다시 확인하고 출력해서 부장에게 갖다주었다. "얘야." 다시 불렀다. 머리말에서 둘째 장 첫 문장이 엔터키에 밀려 내려가 있었다. "이대로 보내면 필자가 우리 출판사를 얼마나 이상하게 생각하겠어. 마지막까지 신경써야지, 너 실컷 일해 놓고 꼭 이렇게 한마디를 들어야겠니?" 말끝에 안타까움이 서려 있었다. 다른 때와 달리 부장은 나를 야단치고 싶지 않았던 거다. 나는 왼손으로 오른 손목을 감싸 쥐고 있었다.

이 책의 편집은 끝났고, 나도 떠나야 했다. 밥숟가락을 들거나 전화번호를 누를 때, 이불을 갤 때도 손목이 아팠다. 회사를 그만두겠다고 한 날, 나는 부장이 길길이 화를 내며 '네가 한 게 뭐 있다고 벌써 그만둬!' 할까 봐 가슴이 두근두근했다. 뜻밖에 부장은 말없이 듣고 나서는 그렇게 하라면서, "그래, 내 마음이 무겁다. 손목이 평생 아플지도 모르는데 우리 회사에 와서 그렇게 된 거라 마음이 무겁다"고 말해주었다.

사장은 빙글거리며 내 속을 떠보았다. "꾀병 같기도 하고……." 나는 손목을 싸쥐고 더듬거리며 의사 소견을 말했다. "내가 보기엔 본래 병이 있었는데 그게 지금 나타난 것 같다." 나는 무서운 사장 앞에서, 빨리 회사를 그만둬야 한다는 생각 때문에 아무 대꾸 못 하고 웃기만 했다. 말을 다하고 계단을 내려가는데 사무실 문이 덜컹 열리며, 기다리고 있던 동료 언니 둘이 우르르 뛰어내려 온다. "어떻게 됐어?" "괜찮아?" 진심 어린 말에 갑자기 목이 메인다. 일이 고되고 틈을 안 줘도 같이 있는 사람들 사이에 생길 수밖에 없는 정이 고마웠다. 괜찮다고, 얘기 잘 됐고 언제쯤 그만두기로 했다고 말하고, 지하철을 타려고 걸어가는데 갑자기 울음이 북받쳐 올랐다. 동료들이 고맙고, 혼자 쫓겨나가는 거 같아서 얼굴을 감싸고 목놓아 울면서 길을 걸어갔다.

시간이 지나 다른 직장을 구하고 새로운 친구들을 사귀면서 출판사에 대한 기억은 차츰 잊혀졌다. 그러다 때때로 나는 궁금해했다. 마지막으로 열심히 만든 그 책은 어떻게 되었을까. 어떤 모습으로 세상에 나왔을까. 지금 교재로 쓰이고 있을까. 가끔씩 궁금해질 때마다 이유 없이 마음이 안타까웠다.

책이 나온 날짜를 물끄러미 본다. 이 책이 나올 무렵 나는 깁스를 하고 빈방에 종일 앉아 있었다. 판권에는 사장 이름만 나와 있어, 만든 이들을 잊어버린 책이다. 오래 전에 내가 돌봐야 했던 아기를 다시 쓰다듬는 기분으로, 대견해하며 한편으론 버림받은 기분으로 책을 본다.

한발 물러나 책장을 올려다보았다. 내가 사려고 하는 이 무심한 책들은 누가 만들었을까. 혹 이 자리에 서서 자신이 만든 책을 상처로 바라보는 또다른 사람이 있지는 않을까.

프리랜서

아이를 키우면서 할 수 있는 일이 뭘까 생각하다 떠오른 말이 프리랜서다. 아버지가 딸 서울에 있다고 친구들에게 소개할 때 그랬다. "음, 왜 있잖아, 요즘 유행하는 프리랜서야." 그 애매하고 멋진 소리에 나는 멋쩍었다. 아이를 어린이집에 맡기고, 남들 출근 때보다 늦은 시간에 종종거리면 다른 엄마들이 묻는다. "지금 일 나가세요?" "……저 프리랜서예요." 엄마들은 고개를 끄덕이고 나는 '빛 좋은 개살구', 그 말이 있어 다행스럽다. 프리랜서는 사실 박봉의, 비정규의, 짧은 관계의, 좀더 나쁘게 말하면 흔한, 언제라도 자를 수 있는, 중요하지 않은, 이런 의미로 떠오른다. 별로 선택할 여지가 없는 게 프리랜서의 처지다. 물론 내 손에 떨어진 게 보배라고 내 일이기 때문에 소중한 것도 사실이다. 일하는 여자란 계륵처럼, 말리기는 아깝고 시키기에는 불편한 존재로 취급당하는 것 같다.

　결혼 전에는 프리랜서인지 '프리댄서'인지 하고 싶은 대로 들떠 일했다. 정규직 직장을 그만둘 때는 잠깐 떠나는 심정으로 언제라도 돌아올 수 있다고 여겼다. 내 인생 내가 간다고 뿌듯해하면서 새로운 일을 벌였다. 계약직으로 상담소에서 일하고 프로젝트 간사로 쉼터에서 일하고 학생들 과외도 하고 조연출 생활도 잠깐 하고 선거운동도 하고 남의 자서전도 쓰고 외주로 교정일도 해보았다. 어쨌든 굶지 않고 객지에 붙어 있었지만 점점 힘이 빠졌다. 일하면서 존중받지 못한다는 생각에 괴로웠다. 손가락 사이로 모래가 빠지듯 언제나 제자리 같았다. 계약기간이 끝나면 인간관계도 끝나는 건 회사나 단체나 마찬가지였다. 다음에 무슨 일하지, 하는 마음뿐이다. 막판에 계약과 다르다고 따지면 "초짜한테 믿고 일을 맡겨준 것만 해도 어딘데!" 하고 되려 고함치는 경우도 있었다. 나중에는 내가 이때까지 뭐했지, 내가 지금 뭐 하고 있는 거지 허망하기도 했다.

　시간이 지나고 결혼하고 아이를 낳고 나이 들면서 더 불편한 존재가 되어간다고 느꼈다. 마음대로 시간을 빼내거나 움직일 수 없으니 우리나라처럼 일 넘치는 나라에서 환영받을 리 없다. 아니 여자들은 집에만 박혀 있어야 한다고 모두 작당을 해서 일이 넘치는 것 같다. 그래도 하던 일이라고 어느 교육센터에 원서를 내보았다. 그나마 시간제라 가능할 것 같았다. 가서 들어보니, "식사시간은 치지 않고 하루 대여섯 시간 사나흘 일하고, 필요하면 주말 근무 하고, 계약기간은 8개월, 급여는 월 오십" 하는데 내가 그랬다. "저는 토요일은 애 봐줄 사람이 없어요." 그때 한동안 울적했다. 왜 이런 반쪽짜리가 되었나 싶기도 했다. 남편이 몹시 지치고 힘들 때 불쑥 던진 말들이 가슴에 깊이 박혀, '나도 돈 벌 거야, 나도 쓸모 있는 사람이란 말이야' 하고 속으로 혼잣말했다.

그래서 나는 프리랜서가 되기로 했다. 어차피 현실적으로 집안일과 육아가 내몫으로 고스란히 떨어진 이상 어떻게든 같이 할 수 있는 일을 찾아야 했다. 집에서 할 수 있는 일, 애를 어린이집에 보내놓고 할 수 있는 일, 자다가도 일어나 할 수 있는 일. 내가 어렸을 때 우리 엄마는 집에서 구슬을 꿰어 수출용 목걸이를 만들었다. 나는 일단 전에 해본 교정교열일을 생각하고 주변에 물어보았다. 일감을 부탁하기가 민망하고 부끄러워서 다른 얘기들을 하다가 마지막에 더듬거리며 묻기도 했다. 어떤 여자 편집자분 말씀이 생각난다. 책을 만든 지 십 년이 넘은 그이는 아직 결혼을 하지 않았는데 "유망한 여자 선배들이 결혼하고 직장을 그만두고 아르바이트로 원고 받으러 오는 걸 보면 안타깝다"고 말했다. 그분은 결혼을 하고 아이를 낳으면 이때까지 해온 일이 끝난다고 여겼다. 딴 친구는 이랬다. "알아, 나도 출판사 있을 때 봤는데 아줌마들이 애들하고 같이 정신없이 있다가 일도 대충대충 해오고." 나는 친구에게 너도 아줌마가 되었으면서 어떻게 그렇게 말할 수 있냐, 얼마나 절박하게 일했겠냐고 말하고 싶었다.

그래서 나에게 원고가 일감으로 왔을 때 몹시 기쁘고 고마운 만큼이나 잘해야지 하는 압박감이 들었다. 애 먹이고 씻기고 입히고 장 보고 밥해놓고 세금 내고 빨래 돌리고 청소하면서 그 일을 한다. 애 보내놓고 후다닥 와서 애 데리러 갈 때까지 꼬박 앉아서 하고 도서관에 가서 점심은 김밥 한 줄 얼른 사먹고 내리 한다. 아이가 일단 돌아오면 시간 이 없기 때문에 일분일초가 아깝다. 피곤하다기보다 이제 데리러 가야 하는데 한 시간만 더 있었으면 하고 시계를 자꾸 보게 된다. 살림은 손 이 덜 가 흐트러지고, 잠들 때도 교정지가 눈앞에 어른거려 빨갛게 고 친 문장이 보인다. 나는 프리랜서 병에 걸렸다. 몇 시간 자다가 벌떡 일어나 새벽을 꼴딱 새우고 심지어 부엌에서도 교정지를 보는데 그동 안 애는 하릴없이 만화 비디오만 보고 있다. 시곗바늘에 매달려 하루 종일 돌아가는 것 같다. 왜 이렇게 바쁜 거지? 일들이 쳇바퀴처럼 나 를 휘감고 굴러간다. 학생 때 아르바이트로 첨삭하다 보면 모든 게 첨 삭지 몇 장 몇천 원으로 보이던 것처럼, 이제 차비도 밥값도 시간도 원 고지 몇 장으로 생각하고 있다. 그러다 보니 화가 난다. 미혼 때는 별 것 아니었을 일을 몇 주 내 씨름하고 있으면서, '아, 주말이 모두 내 시간이었으면, 저녁 시간에도 일할 수 있었으면, 그냥 일에만 몰두할 수 있었으면, 혼자서 잠 좀 푹 잤으면' 하고 속을 끓인다. 나를 힘들게 하는 건 이제 일이 아니다. 잘 해내야 한다는 생각, 믿고 일 준 사람 실 망시키고 싶지 않다는 생각, 아줌마라 일 못했다는 소리 듣기 싫다는 생각, 떳떳하게 돈 벌고 싶다는 생각, 앞으로도 계속 일하고 싶다는 초 조함에 시달리는 것이다. "그래도 미혼 때 출판일 해서 나중에 교정일 이라도 할 수 있는 건 다른 주부들보다 나은 상황이죠." 그 편집자분 이 또박또박 한 말이었다. 그래, 이왕 하는 일 즐겁게 하자고 마음을 추슬렀다.

남편은 주말에 쉬어야 하는데, 하루이틀 애를 봐줘도 끝이 없고, 내가 일요일에도 밤샘해 아침에 누워 있으면 "아침을 활기차게 시작할 수도 있잖아!"하고 짜증을 낸다. 내가 일하니 온 식구가 힘들다. 울컥 야속하다. 이봐, 나도 일한다구, 당신과 똑같은 일이야, 집에서 한다뿐이지, 나도 늦잠 자고 싶어. 일만 하고 푹 쉬고 싶어. 어떻게 행복해지라는 거야? 말없이 일어나 아침을 차리러 부엌에 간다. 간밤에 못 한 설거지를 하는데 문득 교정원고가 보고 싶었다. 오롯이 마음을 쏟아부을 친구처럼 느껴졌다. 이것은 나의 일, 누가 뭐라든 내용이 어떻든 세상에서 하나밖에 없는 내 일인 것이다.

일하는
엄마

두 돌 안 된 아이를 키우며 이런저런 일을 했다. 파트로 일주일에 한두 번씩 출근하기도 하고 일감을 가져다 집에서 하기도 했다. 중학생 방과 후 교실도 해보고 결혼 전 다니던 일터에 잠깐 근무도 했다. 잇달아 집에 가져온 일은 마감이 정해져 있어 줄곧 컴퓨터 앞에 앉아 있어야 했다. 일을 하게 되어 반갑지만 붙박이 일이 아니라 그런지 이런저런 생각을 하게 된다.

방과 후 수업을 하면서 처음 학교에 갔을 때, 교무실에는 맨바닥에서 엎드린 여학생들이 머리를 얻어맞고 있었다. 선생님들은 복도를 뛰어가는 학생에게 "잡히면 죽어!" 소리지르고, 학생들은 교문을 나서며 담배를 피우고 침을 뱉었다. 나는 학생들에게 존댓말을 하며 잘 대해주고 싶었는데 학생들은 내가 여느 교사와 다르다는 것을 금방 눈치

채고 빈둥거리는 것 같았다. 결석은 늘어가고, "돈 많이 버니까 먹을 것 사주세요." "이거 한 시간에 얼마짜리지. 돈이 아깝다." 하는 소리를 예사로 하는 학생들 앞에 말문이 막힐 때도 있었다. 나도 별 수 없었다. 마지막 시간, 수업에 들어오지도 않고 밖에서 까불거리는 학생을 보고 "보자 보자 하니까! 당장 들어와!" 하고 소리를 꽥 질러버렸다. 그러자 학생들이 전에 없이 쥐죽은 듯 고요해졌다. 결국 힘으로 눌러버린 내 모습과 그 싸늘한 침묵에 괴로웠다. 내 마음에는 다른 교사만큼 잘 가르쳐야 한다고, 강사라고 무시당하면 안 된다는 생각이 숨어 있었나보다. 학교를 나서다 교무실에서 사무를 맡고 있는 여자분을 만났다. 그분은 내가 수업을 한다고 부러워하며 말을 걸어왔다. "제가 처음 사회생활 할 때 가르쳐준 분이 두 가지 말씀을 해줬어요. 첫째 입 조심을 해라. 일터에서 보고 들은 이야기를 남한테 하지 마라. 둘째는 문을 나서면 다 잊어라 하는 거지요. 그래서 저는 다 잊어버려요." "그래도 마음이 힘들 땐 어떻게 하세요?" "그냥 막 걸어다녀요. 시장 같은 데 한참 다니다 보면 마음이 풀려요." 나도 아무말 말고 한참을 쏘다니며 걸어보기로 했다.

결혼 전 다녔던 회사를 파트로 다시 다닐 때는 더욱 말을 아꼈다. 여섯 달만 다니기로 한 일이었는데 일터에 가보니 정규 직원과 계약직 직원 사이에 미묘한 긴장이 있었다. 전보다 더 심해진 것 같다. 누군가는 내키는 대로 말을 많이 하고 어떤 사람들은 언제나 침묵하고 있다. 주어진 내 업무란 것이 남하고 말 섞을 일도 없는 것이었지만, 처음에는 아무도 말을 걸지 않고 등 돌리고 일하는 것이 낯설었다. 내가 없는 동안 무슨 일이라도 있었던 것처럼 굳은 표정으로 자기 일만 했다.

예전에 팀장으로 일할 때는 회의를 주도하고 말하고 그랬는데 육아와 살림을 하다 들어오니 다른 사람들은 제 몫을 다하는데 나는 전화 받는 것조차 서툴렀다. 회의자리에 아는 얘기가 나왔다고 묻지도 않는데 말을 보탰다가 아무도 듣지 않아 곧 입을 다문 적도 있었다. 오가는 인사가 없는 것도 아니건만 나는 자꾸 엇나가는 내 말들과 분위기에 안 맞는 인사에 스스로 궁색해져서 입을 다물었다. 옆자리 직원이 불평을 늘어놓다가 뒤를 흘낏 돌아보고, 누가 듣고 있다며 실수나 안 했는지 모르겠다고 나에게 글자로 써서 보일 때는 많이 살벌해졌구나 하는 생각이 들었다. 누가 누구와 친하고, 상사는 누구를 좋아하고, 누가 그만둘 것이며 누가 계약이 끝난 후에도 남을 것인지 이런저런 계산 속에 모두들 말을 아끼고 있었다. 한편 나는 이런 중에 어리석게도 누군가 나보고 회식이라도 같이 가자고 말해주었으면, 인사치레라도 건네주었으면 하고 바랐다. 계약기간이 끝나가고 분위기가 침울해지면서 나중에는 인사하며 상대 얼굴을 바로 보는 것도 고통스러울 때가 있었다.

'내가 하고 싶었던 일이잖아. 왜 또 괴로운 거지?' 애 맡기고 일하는데 힘들다고 하면 바로 핀잔이 돌아올 것 같아 누구한테 말을 못 한다. 아이를 집에 데려와 먹이고 씻기고 나서는 또 집으로 가져온 일감을 하느라 컴퓨터 앞에 앉았다. 아이가 설핏 잠들거나 텔레비전을 보고 있으면 작은방 책상에서 일을 하는데, 아이는 금세 들어와 "가자, 가자" 하고 손을 끌고나간다. 또다시 틈을 봐 돌아와 일하고 있으면 아이는 내 옆에 앉아 보채지도 않고 말없이 우두커니 앉아만 있다. 일하다가 문득 내려다보면 아이가 앞만 바라보고 힘없이 앉아 있다. 마음에 걸려 또 얼른 손잡고 안방에 가서 놀아준다. 마음은 마음대로 바쁘고 일은 일대로 안 되서 결국 아이를 친정에 한동안 내려보내고 일만 하기도 했다. 방과 후 수업도 끝나고 회사 계약 기간도 끝나가고 손에 남아 있는 일을 붙잡고 밤이고 낮이고 한다.

참 이상하다. 그렇게 일을 하고 싶어했는데 혼자가 되자 텅 빈 것 같고 허깨비가 된 기분이다. 짧은 관계, 겉만 스치는 만남들, 마음에 없는 대화들, 그런 것들이 속을 고프게 해 아이가 더 보고 싶고 길에서 아기들을 보면 눈을 못 떼겠고 아기 엄마들이 부럽기만 하다. 이제 말 배우는 아이랑 전화해서 한마디라도 들으면 괜스레 눈물이 나고 빨리 일을 다 하고 아기를 데려와야지 싶어 마음이 더 바빠진다. 아기가 보고 싶다는 말은 남들한테 하지 못하겠다. 일터에서도 아기 엄마 티 내는 것 같아 말을 안 하고, “애 버려두고 잘도 돌아다니네.” 인사하는 아파트 엄마들한테도 말 못하겠고, 아이가 없는 걸 참고 있는 남편에게도 말 못하겠고, 가족들이나 친구들에게도 말하지 못하겠다. 시장에 쏘다니며 눈에 닿는 대로 싼 옷을 주섬주섬 골라댄다. ‘이거는 누구 줘야지, 또 누구…….’ 하면서 마음 줄 누군가를 되는 대로 떠올리며 옷을 자꾸 사댄다.

아파트 앞에 떡볶이 파는 아주머니가 있다. 아주머니가 밤중에 걸어오는 나를 보고 웃으며 인사했다. 아기는 잘 지내냐고 물어주는데 갑자기 눈물이 났다. “주완이가 보고 싶어요.” 앞뒤 없이 말하고 나자 나도 모르게 눈물이 흘러내린다. "주완이랑 있는 게 가장 행복했어요."
아주머니는 고개를 끄덕이는데 덩달아 눈가가 젖었다. "나도 애가 중
학교 때 공장을 다녔지요. 그때 생각하면 마음 아파요. 아이가 일찍 어
른이 되어버려요." 아주머니는 남편 사업이 실패하고 나앉은 이야기
와, 죽고만 싶고 아무 희망이 없었는데, 지금 생각하면 그때가 오히려
빛이 있었고 지금은 더 깜깜하다고, 그래도 지나고 보면 지금 어딘가
에도 빛이 있을 거라고, 그걸 찾으면서 산다고 말하는데 자꾸 눈을 훔
치신다. 나도 이유없이 자꾸 눈물이 나서 그 옆에 붙어 서서 오래오래
울었다.

집사람
이야기

결혼한 여자를 '집사람'이라고들 부른다. 집을 지키는 사람인지 집에 갇힌 사람인지 뜻은 애매하나 대충 아이를 낳고 지지고 볶으며 살림을 거사하고 굳건히 집을 사수하는 여자를 일컫는 말로 통한다. 한 사람이 집을 자기 이해관계와 합치한다는 것은 보통 노력이 드는 일이 아니다. 그것은 몇 가지 조건이 필요한데, 이 집을 지키는 것이 내가 살 길이다, 이 집의 일이 곧 내 몸에서 일어나는 일과 같다, 나와 이 집의 이해관계는 완전히 일치한다는 심정적으로 굳은 각성이 있어야 한다.

그것은 머리띠 매고 구호를 외쳐서 의식화가 되는 것이 아니요, 구렁이 담 넘어가듯 자기도 모르는 사이에 스르르 그렇게 되는 것이다. 그 이유로 공식적으로 꼽히는 것은 사랑이다. 나의 반쪽과 분신들을 위해 헌신적으로 밥하고 빨래한다는 것이며 보통 자발적 현상으로 풀이된다. 또 다른 이유로는, 노동시장에서 한몫으로 치는 남편이 출근한 사이 어차피 반값 노동자, 하릴없이 집에 남아 시간이 많으니 '먹고논다'는 누명을 쓰면서 가사일을 도맡게 된다는 상황이 있다. 처음엔 평등부부 부르짖다가 임신하고 출산하면서 저절로 발이 묶이고 자연스레 육아와 집일을 도맡게 되는 상황도 벌어진다. 나가서 할 일이 없다, 일이 있어도 대접이 형편없다, 그럴싸한 일이 있어도 미래가 없다, 어차피 집안일은 자기 차지인데 '슈퍼우먼'이 되느니 '그냥우먼'이 되자, 여자들이 집사람을 자기 운명으로 받아들이는 그 순간의 파노라마는 누가 알 것인가.

사회의 일과 자기의 조작된 불화를 깨닫는 순간, 반사적으로 집안일과 자기를 혼연일치시킨다. 집안의 일은 이른바 공적인 일도 아니요, 실상 일이라 칠 수도 없다는 게 세상의 통념인데 '집에서 애나 봐라', '솥뚜껑이나 운전하지', '집에서 먹고놀아' 온갖 폄하가 쏟아져도, 꿋꿋하게 일손을 걷어붙인다. 내가 없으면 집안이 쑥대밭이야, 남편이고 애들이고 다 제 앞가림도 못해요, 내 한몸 부서질 때까지 이 집을 사수한다, 나까지 쓰러지면 이 집은 풍비박산이야, 집을 지키는 여자는 비장한 자부심에 차 있다. 실상 집의 일이, 가족을 챙기는 일이 얼마나 무궁무진한지 집사람만 알고 있다. 돈을 벌건 못 벌건 밥상을 차리는 건 여자다. 이 나라의 집들은 대부분 여자가 지키고 있다.

남편은 모름지기 집에서 대접받고 살아야 하나니, 아내가 집사람이 되지 않으면 심지어 패도 된다고 암묵적으로 동조받는다. 우리 시대의 고통받는 남편은 요컨대 자신도 집사람이 되어야 한다고 본 바도 배운 바도 없거니와, 돈을 벌러 회사에서 갖은 고난과 핍박을 당한다는 피해의식과 '가장'이라는 한줌 자부심으로 모든 집안일에서 면제받길 바란다. 남자는 엄마의 가사노동에 편승해 살다 부인을 만나서는 엄마 대행 부인의 손끝에 기대어 산다. 반대로 여자는 금이야 옥이야 자랐건 어쨌건 일단 결혼을 하면 대대로 물려온 빚도 안 나는 여자노릇에 발목이 콱 잡혀서, 까무라치건 나 죽겠다고 혀를 깨물건 꾸역꾸역 '집사람'을 소화하게 되니 사람들은 으레 그런 줄 알더라.

실상 한 여자가 집사람이 되는 것은 사람이 원숭이에서 비롯했다는 진화의 숨은 장면같이 수수께끼인 부분이 있으니 여자와 집 사이에 몹시 친한 유전자가 있는 게 아니고 사회의 각본에 따른 것이다. 작금 자본과 사회가 남자들을 부추겨 함께 외치되 집에 있는 여자는 아름답도다, 젖 물리는 여자는 더 아름답도다, 여자들은 낳은 애를 어떻게든 길러내더라, 배웠건 못 배웠건 집에 남아 낳고 낳고 또 낳아라. 집에서 나와도 잊지 말지니, 그대들은 집사람, 부를 땐 고무장갑 끼고 달려와도 나가라면 말없이 썰물처럼 빠져라, 집에서건 밖에서건 아주 아주 싼값에 노동과 웃음과 서비스로 우리를 기분 좋게 하는 그대들은 집사람.

'저는 집이 싫은데요, 일이 좋은데요' 당당하게 말하거나 '저는 애를 낳고 싶은데요, 일도 그대로 하고 싶어요' 공언하거나, '저는 집사람 안 될 건데요, 혼자 살 건데요' 심지어 '애는 낳을 건데 집사람은 안 될 거예요' 확언하면 덜 되먹은 여자로 세상에 찍혀 머리가 핑핑 돌도록 훈계받는다. 여자가 집에 있어야지, 집을 떠났거나 집을 떠나거나 집에 둥지 틀 생각이 애초에 없는 여자는 별종 중의 별종으로 어떻게든 단죄받게 된다. 어쨌든 별쭝맞은 이런 여자들이 밉상덩어리로 버티고 있어 집사람들 숨통도 조금은 트이게 되는 것인데.

사실 나도 집사람은 아닌데요, 어디선가 들려오는 커밍아웃의 목소리. 밖에서 청소하고 식당에서 일하고 손님 대접하고 회사에서 일하고 따져보면 내가 왜 집사람입니까. 이런 반역스런 기운이 모락모락 피어나고 있다. 일하는 여자들이 얼마나 많은데, 돈 버는 여자들이 얼마나 많은데, 남편 없는 자리가 얼마나 많은데, 왜 내가 집사람이요, 왜 내가 하는 백 가지 일 중에 집안일을 으뜸이라 강요하는 거요. 바깥일보다 집이 우선이라든가, 일하지 말고 집에 있으라는 소리에 속칭 집사람들은 분노한다. 집에 가면 얻어먹고 살 수 있지 않냐는 어림짐작의 허튼소리에는 뚜껑이 열린다.

똑같은 일 하는데 왜 이따위 대접을 하는 거요, 왜 돈을 안 줘요, 왜 무턱대고 나가라는 거예요! 바락바락 악을 쓰고 대들면 '집사람스럽지' 않은 그 언행에 세상은 아연실색하며 그녀들 입을 틀어막는다. 집사람이라는 딱지 죄다 붙여놓으면 집에서건 사회에서건 두고두고 부려먹을 수 있을 것 같았는데 그 집사람들이 자기 이름 앞의 꼬리표를 스스로 뗀다. 우리한테 이리 가라 저리 가라, 여기 있어라 저기 있어라 하지 말아요! 우리 있을 자리는 우리가 정하겠어요! 우리 먹고살 길은 우리가 찾겠어요!

심상치않은 일이 일어나고 있다. 바야흐로 집사람들이 분노하고 있다. 누가 나보고 집사람이래, 집에서 하는 일이 우습냐, 밖에서 하는 일이 같잖냐, 우리 없으면 제 입에 숟가락질도 제대로 못할 놈들이. 제 마음 하나 어쩔 줄 모르는 놈들이. 집사람들을 열받게 하는 것은 한두 가지가 아니다. 집이 있어야 집을 지키지, 집 한 칸 달랑 빼앗기고 길에 내팽개쳐지는가 하면, 돈 없고 아픈 가족을 세상이 폐계廢鷄처럼 죽어라 내버리는 걸 끝끝내 살려내려 애면글면하고, 돈 없고 공부 못하면 대대손손 헐값이라니 손이 발이 되도록 새끼들을 가르치겠다고 버둥거리고, 입에 풀칠하러 장에 나가면 온통 수입에 농약에 생쥐새끼나 발발 나와쌓아 이게 입에 독칠이지 기가 막히지, 뒤돌아서 고개 숙이면 안팎에서 고생한다고 어디 따뜻한 말 건네주는 사람 하나 있나, 전부 다 자기를 부려먹으려고 눈이 빨개 있는데, 이봐요, 내 이름은 집사람이 아니야, 나도 버젓이 이름 석자 있소, 옛날부터 일해왔고 지금도 일하고 있소. 당신들 불알 밑 긁어주려고 쎄 빠지게 일하는 게 아니라 바로 나를 위해서 내가 책임진 것들을 위해서 당당히 일하고 있소. 어디 빌붙은 적 없고 나 있는 자리에서 내 손으로 일하고 먹고살아, 나는 집에 있건 밖에 있건 일하는 사람이오.

사랑의 비둘기처럼 당신들 손등에서 구구거리는 새 새끼가 아니니까, 아름답다 숭고하다 소리 따윈 집어치워요, 허드렛일 시킨다는 되먹잖은 생각 따윈 집어치워요, 우리가 차려주는 밥상 없이, 우리가 치워주는 자리 없이, 우리가 낳아주고 살려주는 보살핌 없이 당신들이 한순간이라도 남아날 수 있겠어? 집사람 집사람 지지배배 소리도 집어치워요. 내가 고함치기 전에 닥쳐요. 나 있을 자리는 내가 내 발로 가요, 나 할 말은 밑바닥에서 세상 물정 제일 잘 아는 내가 내 입으로 할 거요.

우리 생애
최고의 순간

눈 내리는 날에 두 여자가 같이 영화를 보러 갔다. 항암치료를 앞두고 어린 아이를 떼어 보낸 여자와 결혼하고 정신과를 들락날락하는 여자. 또래 아이를 둔 바람에 얼떨결에 동무된 두 아기 엄마가 어쩌다 짬 나서 영화를 보러 왔다. 두고 온 방은 써늘하고, 아이들은 멀리 있고, 밖에는 종일 눈이 내리고. "난 눈 내리는 거 봐도 이제 아무렇지도 않더라." "나도, 결혼 전엔 좋다고 했는데, 이제는 무덤덤하니 오나 안 오나 똑같아, 귀찮고." "눈 오는 거 좋아하는 건 애들하고 강아지밖에 없지." "그러게." 얼굴도 말도 데면데면한 그네들, 서른 넘은 그이들 얘기는 겉늙고 지쳤다. "나는 오늘 거울 보고 깜짝 놀랐네. 저게 난가 싶어서. 얼굴이 딱 굳고 성난 사람처럼 웃음기가 완전히 사라졌어." "나만 그런 줄 알았는데. 사람들 만나도 옛날처럼 웃음이 안 나오지." 시름 많은 두 여자 앞 화면 속에는 전 국가대표였다는 여자가 마트에서 양파를 팔다가 밤에는 자는 애를 업고 비닐봉지를 들고 휘청거리며 걸어간다. "실감 난다, 그렇지?" "그래, 저 기분 알지." 남들이 흘낏대거나 말거나 말이 하고 싶어 맨 앞자리에 앉아 연인처럼 귀에 대고 속삭인다. "저 여자도 하고 싶은 일이 없나 봐. 나도 결혼하고 나선 뭘 하고 싶은 열정이 사라졌어." "나는 이제 남자는 싫어. 우리 아버지도 남동생도 다 보기 싫어지더라." "그렇지." "전엔 나대로 살았는데 이제는 내 지위 때문에 모든 일을 해내야 하니까……. 살면서 이런 모욕은 처음이야."

모욕, 병원에서 우울증 진단을 받았어도 모유수유 때문에 약을 먹지도 못한 여자가, 남편과 떨어져 살면서 자꾸 늦어지는 생활비를 기다리는 여자가, 아파도 밤샘 기도로 견뎌내는 여자가, 암이 심해져서 전처럼 항암치료를 다시 받아야 한다면 그냥 죽는 게 낫겠다는 여자가 영화를 보면서 모욕을 말한다. '아줌마'라고 사사건건 하대받으며 모욕당하는 영화 속 주인공을 보면서. 전에 국가대표였건 뭐였건 간에 결혼하고 할 일은 마트에서 목청 높이는 것밖에 없는 또래를 보면서. 결혼 전 다니던 회사에서 다시 일하라고 전화가 와도 출퇴근 시간도 야근 시간도 맞지 않아 돌아갈 수 없다는 자기 얼굴을 본다. 집에서 아이랑 씨름하다 업고 갈 데 없이 길에서 서성여도 누구 하나 눈길 주지 않는 고단한 육아의 뒷모습을 본다. 사랑이라는 신기루가 사라진 자리에 엉클어져 남아 있는 빚과 가난을 본다. 집에서 사라진 남편의 부재를 보고 세상의 놀림과 모욕을 응시한다. 눈을 부릅뜨고 목청을 높여 잠시 자존심을 지켜도 언제나 제자리인 비루한 자기 자리를 들여다본다. 결혼 전 혼자일 때는 겪지도 예상하지도 못한 모욕이 그림자처럼 언제나 자기를 따라다니는 것을 본다. "왜, 지각했어?" "애가 아파서 병원에 갔다왔어요." 질책하는 감독을 겁먹은 눈으로 쳐다보는 헐떡이는 선수의 얼굴과, "여기가 놀이방이야? 애 딴 데 맡겨" 하고 감독이 내지르는 고함에 "애는 누가 맡기고 데려오는데요!" 하고 서슬 퍼렇게 대꾸하는 주인공의 일그러진 표정을 본다. 말끝마다 아줌마, 아줌마 하고 인격도 자존심도 없는 쓸모없는 사람 취급하는 소리에 입을 굳게 다물기도 한다.

나 저걸 알지. 결혼하면 여자에게 일어나는 일에 대해. 교과서에도 텔레비전에도 나오지 않지만 모든 여자들이 겪게 되는 모멸에 대해. 고무장갑 끼고 말없이 부엌에 틀어박혀서 있어도 없는 여자. 날개 옷 잃은 선녀처럼 임신과 출산 치르느라 집에 꼼짝없이 갇혀, 여자라는 이름 외에 엄마라는 딱지 외에 아무것도 남아 있지 않는 상황을. 하고 싶은 말도 하고 싶은 일도 점점 희미해지고, 무언가 하려고 들면 거센 물살을 거슬러 오르듯 팔다리에 휘감기는 의무와 비난과 죄책감 따위, 가족의 이름으로 나 하나 묻어버리기에 족한 그 숱한 질곡을 알지. 이제 영영 홀몸 아닌 사람의 처지를. 항상 남을 대접해야 하고, 누군가를 위해 밥상을 차리고 진심을 숨겨가며 남 마음 보살피기에 바쁜 저이를 나는 알고 있지. 며느리라는 이름으로 집 안을 쓸고 닦는 빗자루 따위나 종일 밥해대는 밥통 같은 도구쯤으로 취급하는 오래된 관습도 알지. 무엇보다 나는, 아줌마가 된 저 여주인공의 눈빛을 알지. 세상의 위선을 간파하고, 꿈과 기대가 사라진 저 지치고 일렁이는 눈빛을 알지.

훌쩍이는 소리, 한 여자가 울자 옆에 앉아 있던 친구가 놀림조로 되묻는다. "왜 울어? 보기보다 많이 여리네." "남 일 같지 않네." "난 안 울어. 나는 내 일 갖곤 안 울어. 남들은 내 얘기 듣고 울어도 나는 안 울어⋯⋯. 나는 남편 없이도 살아. 애만 누가 봐주면 식당에 나가서 100만 원은 벌 자신 있어." 봐, 우리 나라 아줌마들 강하지. 저기 화면에서 악다구니 쓰며 나가라는데 죽어라고 안 나가고 귀머거리 벙어리 행세하며 모욕을 참아내는 저 뻔뻔함 좀 봐.

그렇지 않겠어? 세상에 나만 바라보는 왕자님은 없고 나한테 아무도 관심 없을 뿐더러 내 한 몸 위할 사람은 나뿐이고 게다가 어린 자식 목숨까지 내 손에 달려 있다면. 누구한테 잘 보일 필요도 없고 사탕발림에 장단 맞출 일 없고, 내 목숨 내 새끼 악착같이 내 손끝 하나로 살려야 한다고 생각해봐, 얼마나 강해지겠어. 앳된 소녀 같은 웃음 온데간데없고, 누가 일없이 건드리면 쌈닭처럼 치켜보는 눈과 고단하고 강한 마음 종일이겠지. 옆자리에서 속삭임이 들렸다. "있잖아, 나 힘들긴 해도 결혼 전으로 돌아갈 생각은 없어. 나한테 있던 모가 다 깎여나간 것 같아. 나는 지금 내 모습이 좋아." 아프고 축이 났지만 친구는 지금이 좋다고 한다. 오랫동안 여자로 길러지고 지금도 여자로만 취급하는 세상에 살고 있지만 아줌마가 된 이제 세상의 말에 더 안 속는다 한다. 짐승처럼 피 흘려 아이도 낳아봤고 젖 먹이고 밥 먹이고 기면서 옷 입히고 씻기면서 세상의 땅바닥에 뿌리를 내렸다 한다. 잘난 척 둥둥 말을 부풀리는 남자들의 허위의식도 우리에겐 없어. 사람 근본이 먹고 자고 싸는 족속이라는 것도 우리는 알아. 생판 남의 자식 예쁜 줄도 알고 딴 사람 속앓이도 알아보고, 그래서 화려한 세상 뒤편 곪아가는 더러운 것도 이제 지레짐작되거든.

주인공이 올림픽경기장에 섰을 때, 두 여자는 일없이 눈물 글썽인다. 집 나와 답답한 맘 잊으려고 영화 보다가 문득 한숨을 쉬면서. 꿈 같은 것 아무짝에도 쓸모없이 취급되는 세상이라도, 줄기찬 모욕이 어쩌지 못하는 게 있다는 것도 사실인가 봐. 마지막 순간에 그토록 그리던 공 앞에 선 저 여자 표정을 봐. 비로소 되살아나는 사람의 표정이, 모욕이 지우지 못한 꿈의 표정이, 자기를 끝내 잊지 않은 표정이 휘날리는 깃발같이 저기에 있네. "나 포기 안 할 거거든. 끝까지 해낼 거거든." 하늘로 던져지는 공에, 하염없이 내리는 눈처럼 가라앉던 두 여자는 말없이 시선을 못박는다. 공 하나 쏘아올릴 수 있었으면. 끝없이 삶을 견뎌내는 여자들, 자기를 잃지 않고 꿈을 잃지 않고 마침내 삶에서 저런 빛나는 공 하나 쏘아올릴 수 있었으면. 아니, 생애 최고의 순간이 없더라도 끝까지 자신의 마음 하나 지킬 수 있었으면.

어둠 속의
작별

내가 정희(가명)를 처음 만난 건 결혼 전 출판사를 나와 청소녀 쉼터에서 일하던 때였다. 친구 소개로 온 정희는 바짝 마른데다 허리 펴기도 힘겨운지 휘청거리는 모습이었다. 부모님이 이혼하고 산업체 고등학교에 갔다가, 돈을 벌려고 다시 티켓다방에 갔다고 했다. 긴 파마머리에 목을 길게 빼고 눈을 감을락말락 하며 정희는 힘겹게 말했다. 얼굴 모를 손님의 아기를 임신해 몇 달 전에 낳고 올라왔다는 말을 했다. 이런 이야기를 무덤덤히 마치고, 정희는 벽에 기대 세상에서 더 볼 것 없다는 지친 눈빛으로 앉아 있었다.

나는 다른 아이들이 나가고 없을 때는 정희를 데리고 가까운 대학교 교정에 데려가 살아온 이야기를 들었다. 종아리를 몽둥이로 패 학교에 못 가게 했던 계모랑, 자기가 돈 부쳐주기만 기다리는 가난한 아버지랑, 누나에게 용돈을 얻어 쓰는 남동생이랑, 임신했는데도 계속 티켓 영업을 내보내던 업주 얘기를 들었다. 텔레비전 드라마를 같이 보다가 아기를 빼앗는 시어머니가 나오면 "선생님, 저럴 수 있어요? 저 싸가지 없는 년!"하면서 벌떡 일어나 목청을 높였다. 아기 생각이 났나 보다. 열여덟 정희는 맘을 잘 털어놓고 또 착했다. 다른 아이들과 달리 끼니때 감자를 깎고 상을 퍼주고 내 일손을 순순히 돕기도 했다.

그때 나는 퍽 지쳐 있었다. 많은 아이들이 오가는 걸 치러내느라 진이 빠져 있었다. 우울증을 앓는 아이 하나가 내게 사납게 공격을 해대었을 때, 나는 결국 견디지 못하고 쉼터를 갑자기 그만둬버렸다.

나는 정희한테 가장 미안했다. 뒤늦게 들어와서 마음 붙이고 지내려는 그 애한테 인사도 못하고 떠난 것이 늘 마음에 남았다. 무책임한 선생이라는 자책감이 있었다.

그만둔 지 몇 달이 지나 다시 쉼터에 가보았다. 경험이 많은 사회복지사 선생님이 새로 들어왔는데 그 선생님을 인터뷰하러 간 것이다. 정희를 만나게 되겠구나, 나는 인사도 없이 떠난 선생인데, 하는 생각에 마음 한구석이 떨렸다. 정희는 직장에 가고 없었다. 선생님은 정희가 시민단체의 인턴일을 부지런히 하고 있다고 일러주었다. 선생님이 인터뷰에서 말했다. 이 아이들은 가정에서 부모 사랑을 못 받고 자기에게 관심을 쏟아주는 사람이 없어서 힘든 거라고. 선생님은 새벽에 일어나 정희 도시락을 싸주고 일터를 구해주고, 사랑한다고 안아주고, 잘 때도 이부자리를 돌보아준다고 했다. 정희는 안정감을 되찾고 있다고 했다. 참 다행스러웠다. 정희 얼굴을 못 봐서 아쉬웠지만 앞으로 정희는 잘 지낼 것 같았다.

정희가 자기를 사랑해주는 사람들 속에서, 앞길을 잘 준비해가기를 바랐다. 내 맘에는 그 애가 벽에 기대 아무 기대도 없이 쓸쓸한 눈빛을 짓던 모습이 남아 있었다. 그 눈빛에서 배어나오던 끝모를 나락이 영 잊혀지지 않는 것이다.

가을이 되자 그동안 뜸했던 쉼터에 성교육을 하려고 주마다 한 번씩 가기 시작했다. 떠나온 쉼터에 대한 내 생각도 많이 정리되고, 새롭게 아이들을 만났다. 아이들이라기보다는 언니라는 표현이 맞겠다. 인터뷰한 선생님도 잠깐 사이에 그만두고, 쉼터는 새로운 사람들이 들어왔고 새로운 곳으로 이사도 갔다. 스무 살, 서른 살 언니들이 북적이는 틈바구니에서 정희는 보이지 않았다. 새로 온 간사는 정희가 선생님도 바뀐데다, 가족 같은 오붓한 곳에 살다가 새로운 언니들과 섞이면서 잘 적응을 하지 못한다 했다. 나는 누구보다 정희에게 성교육을 하고 싶었다. 그 애누 피임도 제대로 모를 텐데, 그런 것도 일러주지 못했는데. 나는 정희를 기다렸다. 다음 성교육을 갔을 때 정희가 집에 내려간다고 하면서 쉼터를 나갔다는 소식을 들었다. 나는 갈 때마다 정희 안부를 물었다.

세 번째로 쉼터에 갔더니 보호지원센터 선생님이 있었다. 간사는 정희가 와 있다고 말했다. 전라도로 내려가 다시 다방에 다녔다고 했다. "아아, 세상에." 안타까운 한숨이 나왔다. 정희는 쉼터를 나가 지원센터에서 먹고자겠다고 한단다. 그러니까 오늘은 정희가 쉼터를 떠나는 날이었다. 계단을 내려오던 정희가 나를 보고 멈칫하며 "어, 선생님!"

하고 방긋 웃었다. 1년이 지나 비로소 만나게 되자 가슴이 설레었다. 같이 방긋 웃기엔 떳떳치 않기도 하다. 정희는 더 마른 모습에 짧은 머리를 하고 내 앞에 있었다.

"어떻게 지냈어?"

"그냥요."

왜 다시 다방에 갔냐, 아기는 입양이 되었냐, 묻고 싶었지만 말을 할 수가 없다.

"그래도 선생님, 다시 못 볼 줄 알았는데 이렇게 한번 보네요. 이전 쉼터 선생님도 그만둔 뒤 우연히 다시 봤는데."

그 선생님 있을 때는 살도 붙고 지내기 참 좋았다고 했다. 그때가 그리운가 보다.

"쉼터에서 지내기 힘들었어?"

"이사 오기 전에 청소녀 쉼터가 좋았어요. 아휴, 여기는 만날 싸우고요. 말도 많고 탈도 많고. 내가 그냥 나가버리고 말지."

"단체 일은 어땠어?"

"그냥 할 만했어요. 새롭게 배우는 게 없어 지루해서 그렇지 할 만했는데……."

나는 그저그런 질문을 하고 정희도 하고픈 말을 다 못하고 얼버무린다. 나는 열아홉이나 먹은 저것 맘속에 여전히 남아 있는, 사랑을 갈구하는 주린 마음을 본다. 정희는 차분해지기는 했지만 여전히 옛날 그 쓸쓸한 눈길을 하고 허리를 활처럼 구부리고 앉아 있었다. 누군가 옆에 있어줘야 했던 시간들이 다 큰 이 애에겐 여전히 남아 있다.

“내가 말없이 나가버려서 마음에 남지 않았니?”

마지막으로 내가 주저하며 묻는 질문에 정희가 “아~ 아니요.” 너그럽게 웃어넘기고 만다. 더 할 말이 없다.

짐을 싸던 정희도 성교육 자리에 들어왔다. 피임약 복용을 설명하자 정희는 “그거 성관계하고 나서 한 알씩 먹는 거 아니야?” 하고 기웃거렸다. 기초적인 복용법도 모르고 있는 것이다. 나는 자꾸 정희에게 피임법을 하나라도 더 알려주려 했다. 내가 해줄 수 있는 유일한 것이다. 이제 정희는 떠나는데, 정희는 영영 제대로 모를지 모르는데, 자기 몸을 또 보호하지 못할지도 모르는데……. 어설프고 부족한 시간에 자꾸 마음만 앞서간다. “아, 복잡하다. 남자가 다 알아서 하겠지.” 정희가 고개를 흔들고 말았다.

정희는 골반이 아프다고 반바지를 골반 아래로 내려 입고 있었다. 애 낳고 젖을 말려 가슴이 더 쪼그라들었다고 농담을 하면서 다른 친구들의 가슴을 찔러댄다. 정희가 농담을 하며 웃는데, 처음 가방 하나 들고 쉼터에 와 내 앞에 앉아 있던 모습이 자꾸 겹쳤다. 이렇게 떠나면 정희는 다시 볼 수 없겠구나. 정희는 다시 다방에서 일할지도 모른다. 허기진 마음을 안고 이제 우리가 모를 어딘가로 갈지 모른다. 다른 아이들처럼, 말없이 떠나갔던 그 많은 아이들처럼.

교육을 마치자 정희가 떠나려고 짐을 들고 문을 나섰다. 마음을, 너를 아끼고 염려한다는 마음을 전하고 싶은데……. 나는 망설이다가 2만 원을 꺼내 정희 손에 쥐여주었다.

“아니, 선생님.” 정희가 전라도 사투리 강한 소리로 말리며 손을 밀쳤다.

"먹고 싶은 거 사먹어, 살찌라구. 밥 챙겨 먹어."

가벼운 농담처럼 대답했더니 그제야 받은 것을 주머니에 넣는다. 비 오는 밤이다. 쉼터에서 일하는 분들이 다 나와서 배웅을 했다. 정희는 쑥쓰러운지 평소처럼 웃으며 간단히 인사하고 차에 올랐다. 어둠 속으로 차가 가버린다. '잘 살아라.' 나는 자꾸 미안함과 부끄러움과 슬픔을 느꼈다.

미혼모 쉼터에서 만난
민이

쉼터에서 교육을 하다 보면 마음에 남는 얼굴들이 있다. 민이(가명)도 떠올리면 가슴이 아릿해지는 친구였다.

민이를 만난 건 미혼모 쉼터에서였다. 미혼모라는 이름에 눌려 바짝 긴장하고 갔는데 뜻밖에 너댓 명 아이들은 성교육에서 편하게 자기 얘기를 털어놓았다. '성' 하면 코끼리(남자 성기 모양), 남자, 여자, 여관 등이 떠오른다 하다가, 나중엔 자기들이 임신해서 다니니까 사람들이 하찮게 보고, 임신 테스트기 같은 걸 사러 약국에 가도 깔보고, 지하철에서 자리양보 안 하고 쳐다본다는 얘기까지 했다. "이런 얘기 하면 끝도 없어요" 하면서 자신들을 무시하는 엄마들한테 "당신 딸들도 한다"고 말해주고 싶다고 했다. 즐겨놓곤 책임지지 않는 남자들에 대해선 입을 모아 "똑같이 당하게 해줘야 해" 하고 말했다. 사연을 들어보니 갖가지였다. 남자가 낳자고 해놓고 도망갔다거나, 고소해서 찾아놓았더니 발뺌해서 그만 헤어지게 되었다거나, 성폭력을 당했거나, 임신했지만 정 때문에 헤어지지 못하고 저 혼자 들어왔다거나, 열여덟, 열아홉 고만고만한 친구들이 덤덤히 털어놓았다.

민이는 특별히 눈에 띄는 친구는 아니었다. 제주도에서 아버지가 서울 쉼터로 올려보냈다며, 아기 낳고 다시 학교에 돌아갈 거라고 밝게 말했다. 남자 친구를 원망하지도 않았고, 수업을 마치면 곧장 자수를 놓았다. 벌써 출산하고 몸조리하는 혜진이(가명)가 아기 사진을 가져와 보여주길래 예쁘다고 했더니 민이는 아기 초음파 사진을 보여주었다. 들여다보고 있노라니 맘이 착잡했다. "출산이 다가와 걱정이 많겠다" 마음이 쓰여 말하자 "아기가 잘 크고 있어서 좋아요" 웃으며 대답했다. 아기를 품고 있어서 그런지 푸근하고 온화한 느낌을 받았다. 아이들은 모두 베개에 자수를 놓거나 모자를 뜨고 있었는데 바자회에 내놓을 거라 했다.

다음 수업에서는 성지식을 가르치고 콘돔 실습을 하는 거였는데, "피임은 결혼하고 배우면 돼요" 하면서 아무도 콘돔을 만지려 하지 않았다. 자기들은 어리니까 약국에서 사기도 어렵다 한다. 화장실 자판기 같은 데도 있다고 했더니 민이는 "자판기가 다 고장났어요. 제주도에서는 더 안 팔아요" 하면서 자꾸 둘러댔다. 이 아이들은 특별히 문제 있는 아이들이 아니었다. 아무에게도 피임을 배우지 못하고, 남자애들이 사랑해주면 좋긴 한데 제 몸을 어떻게 지켜야 하는지 모르는 이 나라 여자 아이들은 누구나 이 자리에 올 수 있다. 사랑하면 결혼해

야 한다고 생각하고, 즐기려고만 드는 남자 친구지만 사랑하니까 그냥
지낸다고 대답했다.

아이들이 날마다 정성을 쏟아 베개에 자수를 놓았다. 남녀 꼬마들,
하트, 아기를 수놓았다. 명동에서 열린다는 바자회에 가보았다. 여름
이라 뙤약볕이 따가운데, 헐렁한 티를 입어 배를 감추고 모두들 나왔
다. 나를 보더니 반가워하며 손을 흔들었다. 여성 쉼터들이 모여 '성
에 날개를 달자' 는 이름으로 벌이는 행사였다. 단상 위에서는 무슨 상
품을 걸고 ○×퀴즈가 열리고 있었다. 만삭이 다 된 민이는 얼굴이 하
얗게 되어 땀을 뻘뻘 흘리면서 맨 뒷자리에 앉아 퀴즈를 풀고 있었다.
맘이 짠했다. 아래서 손짓하며 답을 몰래몰래 알려주었다. 민이도 목
을 빼어 나만 쳐다보고 있는데, 사회자가 막판에 한자 쓰기 문제를 내
서 떨어져버렸다. 방송국 카메라가 많이 보였다. 민이가 내려오다 카
메라에 찍히지 않게 내가 몸으로 가렸다.

지나가던 여자애들이 베개를 만지작거리며 구경했다. 맞은편에서
보고 있으니 자기들끼리 뭐라 말하고 깔깔거린다. 민이는 사근사근하
게 웃으며 굽신거렸다. 돈을 받고 또 허리를 굽혀 인사한다. 민이가 애
써 수놓은 것이 저렇게 쉽게 팔리는구나, 나 혼자 서운한 맘이 들어 다
가가 무슨 얘기 했냐고 물었다. 민이는 입을 꾹 다물고, 헤집어놓은 베
개를 다시 손빠르게 정리하고 있었다.

"남자 친구 줄 거래요. 자기가 수놓았다 하고."

민이는 아무렇지 않게 말했지만, 나는 마음이 아팠다. 아기 밴 제 또
래가 날마다 놓은 수를, 제 남자 친구에게 주고 사랑을 받으려는 그 여

자애가. 자수 그림처럼 달콤하고 핑크빛이기만 한 사랑을 품고 있는 여자애들이.

쉼터 선생님이 아이들에게 아이스크림을 사주며, 민이보고는 그늘에 가서 쉬라 했다. 나는 민이 옆에 앉았다. "덥지?" 내가 길에서 얻은 팸플릿으로 부채질을 해주다가 부른 배에도 해주었다.

"헤헤, 너도 시원하지?"

민이가 배를 내려다보고 말했다. 출산일이 얼마 남지 않았다. 아기 생일이 제 생일과 같게 될 거라 했다. "빨리 집에 돌아가고 싶어요." 민이는 배를 도닥이며 "너도 얼른 나와라" 하고 속삭였다.

아이들은 이따금 나한테 그랬다. "선생님, 우리 아기도 건강하게 나오게 기도해주세요." 옆에 있던 나어린 친구들이 유산을 하거나 하면 더 마음을 썼다. 나는 이 친구들이 아기를 건강하게 낳고, 앞으로 잘살 수 있게 때때로 맘속으로 빌었다. 민이처럼 밝고 꿋꿋한 친구들이어서 마음이 한결 놓이기도 했다.

여섯 번 찾아간 성교육이 끝났다. 다시 민이를 만난 건, 보름 후 마지막으로 보충교육을 갔을 때였다. 소파에 병원복 차림으로 앉아 있던 민이는 나를 보고 싱긋 웃었다. 배는 들어가 있었고, 전과 달리 잔잔하게 가라앉은 느낌이었다. 산후조리를 마친 혜진이 같은 친구들은 떠났고, 수업을 들으러 모인 아이들은 거의 다 새로 온 친구들이었다. 민이는 그냥 소파에 앉아 무심히 들으며 손뜨개를 했다. 아이들이 카펫을 구겨 앉는다거나 하면 선배답게 바로 앉으라 간간이 일러주었다. 산후조리중이라 선생님들이 잔심부름도 시키지 않았다. 자유로워 보였지만, 그건 곧 떠날 때가 되었다는 것이다.

수업을 마치고 민이와 인사했다. "아들을 낳았어요." 민이가 웃으며 말해준다. "다리가 길어요, 아빠 닮아서." 나는 아기를 눈앞에 떠올려 보았다. 왠지 더 물으면 안 될 것 같았다.

"4킬로그램 나갔어요. 혜진이 아기는 3.5킬로그램밖에 안 됐는데."

민이 눈에 눈물이 글썽이더니 말끝이 떨렸다. 민이가 일어나 맞은편 문 열린 방으로 들어갔다. 서서 고개를 들고 천장을 휘휘 둘러보며 눈물을 참으려 애쓰고 있었다. 한참 동안 서 있는 그 뒷모습을 보는데 마음이 먹먹했다.

'민이는, 자식을 잃어버렸구나. 영영 헤어진 거구나' 민이는 받아들이기 어려운 사실을 견디고 있었다.

살면서 문득문득, 빈 방에 우두커니 서 있던 민이의 뒷모습이 떠오른다. 민이는 다시 학교에 다니고 있겠지. 잘 살고 있을까. 점쳐보다가도 다시 그 뒷모습이 떠오른다. 내가 친구에게 미혼모 아이들 얘길 했더니 "그럼, 아기를 낳고 아무일 없던 것처럼 살라고 한단 말이야? 위선적이다"고 대꾸했다. 뭐라고 답할 수가 없었다.

민이는 혼자 속을 앓고 있지나 않을까. 왜 세상에 일어나는 일이 없는 일처럼 묻혀질까. 내 맘속에 민이 뒷모습은 잊혀지지 않는데.

'좋다'와
'싫다'의
사이

나는 몇 년 동안 한 여성상담소에서 성교육 강사로 활동을 했다. 성교육 강사 일을 한다고 하면 간혹 어떤 사람은 "결혼도 안 하셨는데(뭘 안다고)……." 웃어넘기거나 "너무 젊으시네요. 요즘 애들 감당하시겠어요?" 미심쩍어했다. 미혼 여성이 성이며 섹스를 이야기할 수 있겠냐는(성교육의 내용이 그런 것만이 아닌데) 질문은, 결혼하지 않은 '여자'가 그런 얘기를 대놓고 하는 건 금기라는 소리기도 했다. 그런 생각은 학생들도 마찬가지였다. 내가 앞에 서면 "결혼했어요?" "임신해봤죠?" 짓궂게 혹은 호기심으로 물어보다가 그네들이 성에 대해 어떤 걸 아는지 물어보면 지레 입을 꾹 다문다. 청소년인 그네들도 자신이 알고 있는 성을 대놓고 말할 수 없는 처지인 것이다. 우리 나라에서 청소년은 성적 욕망을 가진 인간이라기보다 무성無性적인, 성에

무지해야 안전한 존재로 취급된다.

거듭 물어보면 한동안 침묵하다가 슬슬 대답이 나오기 시작한다. "섹스요" "여관요" "포르노" 남학생들이 주로 먼저 입을 떼는데 중학생만 되어도 그렇게 대답한다. "임신이요" "아기요" "성폭력이요" 머뭇거리며 뒤늦게 나오는 소리는 여학생들의 답이다. "아파트 경비 아저씨요." 특이하게 이런 답을 한 여학생도 있어 물어보니 "경비 아저씨가 성추행한대요" 하고 겪지도 않은 일을 들어 대답했다. 그 아이에게는 일상에서 만나는 어른 남자들이 벌써 가해자처럼 여겨지는 것이다. 열두세 살만 되어도 성에 대해 남자애와 여자애들은 다른 이미지를 자기 몸에 새긴다. 남자 아이들에게 성은 자위를 몇 번 하니, 포르노에서 여자가 어떻게 나오니 정보를 공유하며 과시하는 놀이가 되지만, 여자 아이들은 월경과 함께 임신할 수 있는 몸, 성폭력을 당할지 모르는 몸이라는 생각과 함께 그때부터 세상에 대한 공포를 잠재화하게 된다. 요즘 학생들이 성적으로 분방하다고 어른들은 개탄하지만, 학생들의 태도나 대답은 어른들과 별반 다르지 않다. 다 안다고 까불댈수록 성 역할에 충실한 답들을 하게 마련이다.

성에 대해 이렇게 다르게 인식하며 자라나는 아이들은 나아가 사랑에 대해서도 다른 말들을 한다. 좋아하는 여성상을 들라면 남학생들은 "예쁜 여자, 키가 몇 센티고 머리카락 길고 내 2세를 생각해 머리는 좋아야 하고……" 하며 곧잘 여자를 성적 대상이나 생식의 도구로 묘사한다. 반면에 여학생들은 "따뜻하고 배려 깊고 나를 사랑해주는 남자"라는 말부터 먼저 한다. 순정만화나 드라마에 묘사되는 헌신적인 남자, 나를 인정해주고 보살펴주는 남자를 그리는 것이다. 남학생들이 예쁜 여자가 좋다고 하면 여자애들은 "우우" 하고 그 자리에서 야유 하지만 여자애들이 따뜻하기만 한 남자를 좋다 하면 "솔직히 그런 남자 없어요" 남자애들은 코웃음을 친다.

문제는, 이렇게 딴판으로 성에 대해 생각하는 이성異性들이, 상대가 바라는 걸 알지도, 배워보지도, 혹은 믿지도 못하는 이성들이 만날 때 일어나는 문제다. 영화건 대중매체건 여자를 성적 대상화하는 문화 속에서 성을 익힌 남자들도, 자기 진심을 전달하는 데 서툴고 힘들어하지만, 여자들은 이 남자가 나를 사랑한다는데 따뜻한 말로 속삭이는데, 다가오는 입술이나 손길이 부담스러워도 떨쳐낼 수 없는 것이다. 그가 실망할까 봐, 불쾌해할까 봐, 배려하느라 '싫다' 라는 말은 여자들이 하기 가장 어려운 말이 된다. 사랑에 대해서 여자들은, '싫다' 와 '좋다' 의 경계에서 헤매면서 자기 마음을 모르게 되는 경우가 많다. 더군다나 "나는 네가 좋지만 지금 성관계를 하는 것은 싫어"라고 말하는 것은 아주 어려운 일이다. "내가 싫어?" 되묻는 남자의 말에, 이 남자가 상처받으면 어쩌나, 더 솔직히는 나를 버리고 떠나가면 어쩌나 하는 조바심 때문에 입을 다문다. 불행히도 대부분 남자들이 이 침묵을 동의로 해석한다. "무슨 소리야, 너도 그때 좋아했잖아. 싫다고 안 했잖아." 되려 강변하고 분노하거나 자신을 합리화하게 된다.

성교육 현장에서 만나 보면, 성인일지라도 여자들은 스무 살이 넘을 때까지 자기 성기의 모양이 어떤지, 자위를 어떻게 하는 것인지 잘 모르는 경우가 많다. 정확한 피임 지식도 없다. '내가 알아서 할게.' 보통 남자가 말하는 피임법이란 것은 실패하기 일쑤인 질외사정법이다. 여자가 남자에게 콘돔을 쓰게 하려면 종종 지난한 설득과 협상을 해야 하므로, '고양이 목에 방울 달기'보다 어려운 것이 아닌가 하는 생각이 들 때가 있다. 여자들은 막연히 '임신 안 하겠지' 하는 기대로 준비되지 않은 성관계를 하고, 임신을 했는지 안 했는지 혼자 노심초사하다가 이후 뒷갈망을 고스란히 혼자 떠맡게 되는 경우가 많다. 성에 대한 온갖 상업화된 이미지들이 판치고 학교에서 받은 성교육은 변변치 않은 현실에서 그런 일은 나이를 가리지 않고 여성들에게 빈번히 일어난다.

그런 현실에서 순결교육 같은 것은 자기 몸에 대한 지식조차 갖추지 않은 사람들에게 실질적인 도움이 되지 못하고 경직된 죄책감만 심어주기 십상이다. 성교육 강사 일을 하면서 가장 중요하게 다룬 것은 '성적 자기 결정권'이었다. '싫은지 좋은지 내 느낌을 알고, 싫을 때 싫다고 한다. 좋을 때 하더라도 내 몸은 안전하게 한다.' 대강 이런 내용이었다. 학생들은 콘돔을 처음 만져보고 역할극을 통해 미리 상황을 그려보고 자기 의견을 말하는 연습을 하고, 성폭력이나 추행을 당했던 경험도 털어놓는다.

조심스러운 일이다. 특히 여자들이 자기 욕망을 알고 당당히 인정할라치면 현실에서 되려 성적으로 낙인찍기 일쑤다. 여러 복합된 감정에 길들여져 살아온 여자들에게 '싫다'라고 분명히 의견을 말하라는 게 무리한 요구일 수도 있다. 여자들은 타인의 시선으로 자신을 보는 데 익숙하게 길러졌기 때문에, 사랑하는 남자의 요구 앞에서 우선 자기 몸을 스스로 돌볼 줄 알아야 한다는 게 공허하게 들릴 수도 있다.

그러나 당연한 얘기지만, 성관계라는 것은 성기의 결합이 아닌, 사람과 사람의 소통의 문제인 것이다. 다른 인간관계처럼 '나'와 '너'가 있고 '나'와 마찬가지로 중요한 '너'의 감정을 이해하고 존중하며 이루어지는 관계다. 이성에 대한 자기 욕구나 환상이나 편견을 덧씌워 일방적으로 소통해서는 결국 상처만 남기는 현실적인 관계다. 묻혀 있는 진정한 느낌들이 침묵을 깨고 작은 목소리들을 내어야 한다.

기지촌에서
만난
'왕언니'

살면서 여러 사람을 만나지만 어쩐지 죽을 때까지 마음에 남을 것 같은 사람이 있다. 나한테 선생님이 그랬다. 그때 나는 이십대였는데, 환갑이 넘은 선생님을 무턱대고 만나러 가고 있었다. 기지촌은 처음 가보는 곳이었다. 풍문으로만 들은 곳, 학교 다닐 때 본 기지촌 성매매 여성의 주검 사진도 떠올랐다. 송탄의 택시기사는 혼자 기지촌을 찾아가는 나를 힐끔거린다. "무슨 일로 가요?" 만날 사람이 있어 간다고만 했다. 평택에 미군기지를 확장한다고 한참 투쟁할 때라 문득 기사한테 생각을 물어보았다. "자식들 미군놈한테 다 내줄 일 있어요!" 기사는 벌컥 화를 내고는 입을 꾹 다물어버렸다. 창밖으로 미군 부대가 스쳐가고 영어 간판이 즐비하다. 상점과 클럽들, 다니는 사람도 그렇고 거리 모양새도 우리 나라 같지 않다.

선생님은 기지촌에서 평생 사신 분이다. 나는 그 이름을 책에서 처음 읽었다. "김연자, 25년간 기지촌 성매매 여성으로 살아온 '현장' 출신의 여성운동가, 최초의 기지촌 여성운동가." 선생님의 삶을 기록하는 책 작업에 함께 하게 된 것인데 조금 두렵고 설레기도 했다.

참사랑선교원이라는 빛바랜 간판을 단 작은 단층집에 도착했다. "아이고, 작가 선생님 오셨네!" 선생님이 나와서 반겨주는데 말투가 거침없고도 깍듯하다. 파마머리에 평범한 노인의 모습이지만 정정하고 낯빛이 형형했다. "겨울 신발을 신고 오셨네. 가난하신가봐. 조심해요. 이 집이 전체적으로 고물이에요." 처음 뵈었는데도 마음이 편하다. 상대를 의식하면서도 부담을 주지 않고 무심한 듯하면서도 배려해주는 모습이었다.

우리 앞에는 이미 원고뭉치가 있었다. 십여 년 세월 동안 선생님이 쓰고 다른 활동가들도 함께 작업한 자서전이었다. 그러나 선생님은 더 말씀하고 싶어했다. 자기 이야기를, 말을 했는데도 삭제된 자신의 이야기를, 남들의 판단이 아니라 한 인간으로서 당신의 삶에 대해 기록하고 싶어했다. 기지촌 여성운동가로서 공식적인 모습이 아니라 자신의 내밀한 추억과 오래된 믿음과 인간으로서의 한계와 잘못까지도 낱낱이 기록하고 싶어했다.

나는 그분의 노래를 듣게 되었다. "언젠가 푸른 언덕 위에서 사랑하는 님 웃어주었지……." 그분은 아버지에게 버림받고 행상을 하는 어머니와 단 둘이 살 때, 저녁마다 아랫집에서 들려오던 행복한 노래를 지금도 기억했다. 또, "선화 공주님은 병신이라네, 염통이 반쪽밖에

없다니요. 염통 반쪽은 누굴 줬나. 장위 왕손을 주었지요.” 이 장난스
런 육자배기 노래는 동두천 성병 진료소에서 검진을 받고 수용소로 보
내졌을 때 미제 도포를 뒤집어쓰고 동료들과 연극을 하며 부른 노래라
고 했다. 가장 절절한 곡은 ‘닭아, 닭아 울지 마라’를 영어로 바꿔 타
령조로 부른 것이었다. “치킨 치킨 돈 크라이, 유 크라이 모닝 컴, 모
닝 컴 마이 여보 고 유나이트 스테이트. 아이 해브 노 머니.” 동료가
미군에게 살해당하고 또 줄지어 죽어나갈 때 캄캄한 아메리카 타운에
서 두려워하는 벗들에게 불러준 노래였다. 팀스피리트 훈련에 따라가
서는 허허벌판 밭에 천막을 치고 곡예하듯 미군을 받았다는데, 그때
떠올렸다는 유행가는 쓸쓸하게 느껴졌다. “춤을 추며 행복했지, 노래
하며 즐거웠지. 빨간 치마 노란 저고리, 외줄 타며 행복했지…….”

선생님은 아직껏 그리운 고향과 첫사랑 친구의 이야기를 했다. 부녀
보호소를 거쳐 어떻게 동두천으로 흘러가게 되었는지도 말했다. 버스
차장을 하고 외판원도 했지만 어린 시절 성폭력을 당한 후로 마음의
힘을 잃고 의욕이 없어 무력했다고 하셨다. 평생을 뒤흔든 마음의 상
처에 대해, 세상과 가족과 자신과 화해하기까지 걸린 오랜 세월에 대
해 말씀하셨다.

나는 꿈을 꾸었다. 고향 언덕에서 웃는 앳된 여학생이 나오고, 손님
을 기다리며 짙은 화장을 하고 낮술을 마시는 여자가 나왔다. 꿈을 꾸
고는 그게 나인 양 놀라 깨어났다. 인터뷰를 계속 하며 어떨 때 나는
사라지고 그이의 삶이 내 자리에 들어앉은 것 같았다. 다른 사람의 삶
을 듣고 받아쓴다는 것은 이상한 일이다. 몇 달에 걸쳐 말해준 한 장면

한 장면이 눈앞에 생생히 그려졌다. 엄마가 일하러 간 사이 아는 오빠에게 성폭력을 당하고 나무 밑에 쭈그려 피를 흘리며 '죽은 쥐 피 같다'고 울던 어린 여자 아이의 모습도, 미 공군 스티븐 타워맨에게 칼에 찔려 온몸이 피투성이가 된 채 입에 휴지가 박혀 침대에 누워 있던 동료 이영순의 모습도 눈앞에 떠올랐다(선생님은 법정에서 증언해 스티븐이 주한미군으로서는 처음으로 한국 법정에서 무기징역을 선고받게 했다). 그뿐만이 아니었다. 기지촌 여자들 이삼백 명이 죽은 동료의 시신을 지키기 위해 부대를 향해 달려가는 모습, 보리밭, 호수를 지나 바람을 맞으며 소리지르면서 신발도 벗어던지고 논길을 달려가는 모습도 직접 본 것 같았다. 선생님은 잊지 않겠다고 맹세한 사람처럼 하나하나 전해주었다. 딸뻘인 나에게 해주던 눈물과 땀과 피 같은 말들. 기지촌에서 살아온 자신의 이야기가 다른 사람들의 마음도 '노크' 했으면 좋겠다고 했다.

나는 우리 나라가 싫어졌다. 미군과의 동맹을 위해 자기 나라의 여자들을 내놓고 애국자라 부추긴 그 잔인함과 파렴치가 싫어졌다. 가난한 아내와 딸을 거리낌없이 버리기 예사였던 죄 많은 아버지들도 싫어졌다. 대대로 자국 남성들에게 성폭력을 당하고, 다른 나라 군인들에게 당연히 성을 제공하도록 요구받아 온 우리나라 여성들에 대해서도 생각했다.

기지촌도 변해간다. 러시아, 필리핀 여자들, 늙은 여자들, 혼혈아들, 확장되는 미군기지, 그러나 선생님은 "본질은 바뀌지 않고 우리에게 남아 있는 것이 역사"라고 말씀하셨다. "아는 게 이것뿐이고 아직 이곳에 사람들이 남아 있기 때문에 나는 기지촌에 있고, 앞으로도 살아갈 거예요." 선생님은 사람이 세상에서 얻고 가야 하는 것은 평화라고 믿었다.

기지촌의 이야기를 하려고 선생님이 세상에 나왔을 때 돌아온 답은 지도에 붉은 선을 그으며 그곳은 '적색지대'라 아무 문제도 해결할 수 없다는 말이었다. 적색지대를 곁에 두고 그곳이 세상에 없는 듯이 살아가는 것, 기지촌 안에서 살아오고 지금도 살아가는 여자들의 삶에 눈감아버리는 것, 한편으로 그러한 희생과 착취로 유지하는 우리 나라의 안보와 풍요는 모두 죄라는 것을, 나이 든 '아메리카 타운 왕언니'는 나에게 가르쳐주었다.

3부

외로운 여자들

여자는 외롭다. 종일 아이를 쫓아 집을 맴돌아 외롭고, 살림을 타박하는 지나가는 소리에도 위축되고, 결혼 전처럼 움직이지도 돈을 벌지도 못하는 자기가 낯설고, 내가 잘못된건가 자신 없어하다가 화가 마구 치밀기도 하고, 아이에게 버럭 소리 질렀나가 금빙 미안하다 빌어대기도 하고, 뭔가 할 말이 있었던 것 같은데 점점 말문은 막히고, 자기 생각과 느낌에 아무 관심 두지 않고 대대로 그랬듯 '여자'로 살아가라고 이 세상이 우겨대니까 결혼한 여자는 외롭다.

엄마의
돈

우리 엄마에게는 돈이 없다. 결혼하고 나서 평생 전업주부였던 엄마는 달마다 아버지에게 생활비를 받아 살림을 꾸려갔을 뿐 자기 돈이란 것이 없었다. 그래서 혹 친정 식구들이 아쉬운 전화를 해오면 도움을 줄 수 없어 속앓이도 하셨다. 그러던 엄마에게 돈이 생겼다. 아버지가 직장을 정년퇴임하면서, 그 동안 뒷바라지하느라 고생했다며 엄마에게 100만 원을 준 것이다. 엄마는 그 돈을 한 푼도 쓰지 않고 고스란히 저금해 놓았다. 그 돈을 엄마는 "30년 밥해주고 받은 돈"이라 했다.

100만 원이, 30년 동안 한 남자를 가장으로 떠받들고 가사노동을 한 대가라고 한다면 너무 적은 것이다. 매끼니 음식을 차리고 옷을 빨고 집을 닦고 쓸고 아이들을 낳아 키우고 친지를 챙기고 매일 장을 보면서, 어머니는 여느 주부들처럼 가족들이 편히 쉴 수 있는 집을 가꾸려고 전쟁 같은 나날을 보냈다. 가사 노동의 가치가 매월 100만 원이라느니 200만 원이라느니, 한 해 100조대의 부가가치를 창출한다느니 하고 신문기사에 나오지만 아무도 이를 지불하지는 않는다. 돈으로 치지 않기 때문에 그것은 일이 아닌 것, 누구나 할 수 있거나 누가 해도 하나마나한 노동이 되고 만다. 숭고한 사랑과 자발성의 이름 아래 최소한의 인정과 사랑을 대가로 그 노동은 공급된다. 엄마의 수고를 처음으로 인정해준 그 100만 원은 그래서 그냥 돈이 아니라 오롯이 엄마의 자존심이었다.

엄마가 직접 돈을 벌려고 나선 적도 있었다. 집에서 종일 구슬을 꿰어 목걸이를 만드는 일감을 받아오기도 하고, 책 외판원 일에 나서보기도 하고, 작은 공장에 다니기도 했다. 그러나 어디까지나 살림에 보태는 푼돈을 받고 가족에게서 어떤 격려나 보람을 얻지 못한 채 그만두고 다시 집안일에 파묻혔다.

왜 엄마들은 가난할까. 다시 엄마가 된 나는 생각해본다. 집안에 있을 때나 집 밖에 있을 때나 여자들은 항상 일하고 있다. 출산과 육아를 치르느라 경력 없고 나이 많다고 푸대접을 받아도, 아무도 보지 않는 자리에서 '일'을 한다. 아기를 키울 땐 봉투를 붙이거나 목걸이를 꿰는 가내수공업 일이라도 하고 비가 오나 눈이 오나 무거운 손수레를 굴리며 야쿠르트를 배달하기도 하고, 간판 없는 지하공장에서 휴일이나 야근수당 없이 봉제 일을 하기도 하고 지하철을 청소하기도 하고 땡볕 아래 전단지를 돌리기도 한다. 쓸고 닦고 먹이고 입히는 그 일들은 또한 사회에서 보이지 않는 일, 일 아닌 일이 되어 정당한 대가 없이 잊혀지기 일쑤다. 남편의 사업을 보수도 못 받고 애면글면 돕기도 하고, 프리랜서라는 허울 좋은 이름 아래 불안한 일감을 허둥허둥 붙들고 집안일과 씨름하며 하기도 한다. 종일 몸 놀려 손발과 다리 어깨 같은 곳이 저리고 아파와도 직업병이라는 인정을 받을 수 없다. 집 안에서 길에서 외딴 곳에서 뿔뿔이 일하는 여자들에게 노동자라는 이름은, 그 일이 노동이라고 불리지 않는 만큼이나 낯설다. 여성은 집과 밖의 경계에서, 사적인 보살핌과 공적인 노동의 경계에서, 종과 성스러운 어머니의 경계에서 일한다.

"여자 벌이 쥐벌이"라는 말도 있지만, 사람을 보살펴 다시 살려내는 일이 가치 없게 여겨지기 때문에 여자들의 임금은 낮다. 그리고 여자들이 일하는 직종이라면 곧 임금이 낮은 곳이 된다. 하지만 여자들이 하는 일이 비용이 적게 들거나 가치 없는 일이라는 것은, 노동을 가르고 가치를 매기는 다른 판단들이 그렇듯 그 사회의 편견과 인습에 지나지 않는다.

아무리 사회가 가속도로 발달하고 광고가 판치고 이윤추구에 바빠도, 삶은 관념과 욕망으로 지탱되지 않는다. 쌀과 땅과 물을 모두 팔자고 하는 세상이지만 결국 마지막에 돈을 먹고살 수는 없는 것처럼, 사람 스스로에게 정말 필요한 노동은 상품을 만드는 노동이 아닌 것이다. '어머니는 강하다'는 말을 나는 좋아하지 않지만, 부당한 대접을 받으면서도 여자들이 강하게 살아간다면, 그건 자신이 하는 일 속에서 사람의 몸은 먹고 씻고 잠자는 순환을 거쳐 늙어 사라진다는 걸 알기 때문이라고 생각한다. 여자들의 노동이 하찮고 가치 없게 여겨지는 것은 이 사회가 그 사실을 잊고 있기 때문이다. 그만큼 사회가 우리 삶의 본질과 멀어져 있기 때문이다.

나는 결혼하고 막 아기를 낳고서도 사회생활이 하고 싶었다. 남자와 다름없이 격려받고 교육받고 직장생활을 해왔기 때문에 집에만 붙박여 일한다는 것이 낯선 경험이었다. 내가 만난 비공식·비정규직 여성 노동자들이 힘들고 열악한 조건 속에서도 밖에서 일할 수 있다는 자체를 소중히 여겼던 것처럼, 나도 사회 속에서 인정받고 일하며 살고 싶었다. 하지만 그런 마음 한편으로, 다른 사람을 먹이고 입히고 재우는 데 오롯이 내 시간을 쓰면서 돌보는 일에 대해 다시 생각하게 된다.

엄마의 돈이, 엄마가 받은 그만큼의 인정이 앞으로 내가 받을 몫이나 마찬가지기 때문에 무엇이 잘못된 것일까 이제야 곰곰이 생각해보게 된다. 여성이 지금 전담하다시피 하고 있는 돌봄 노동은 사람이 존재하기 위해 필요한 근본적인 노동이다. 그렇기에 어떤 노동보다 사회에서 그 가치를 인정받아야 하고 나누어져야 한다.

외로운
여자들

"나는 주말이 싫어요."

아파트에 살면, 아기 또래 엄마들과 오가다가 친해지게 마련인
데, 그 중 한 엄마의 말이었다. 주말만 다가오면 스트레스를 받는다며
그 엄마는 뒷말을 흐렸다. "남편은 종일 잠자거나 텔레비전만 보는데,
애 좀 봐주는 것도 아니고 짜증만 내고 나만 더 허둥지둥……." 세 끼
밥 꼬박 차려주고 기분 맞춰주고 남편 쉬도록 자기는 아기 데리고 나
와서 밖에서 서성이고, 더 고되고 힘들다는 거였다. 나름대로 자기 리
듬으로 일하는 공간인 집에서, 쉬겠다고 이런저런 안락함을 요구하는
남편이 달가운 존재일 리 없는 것이다.

결혼해서 가장의 역할을 하게 되는 남성과, 육아와 집안일을 맡은
여성의 삶은 평행선을 그린다. 서로 어떻게 사는지 알 수도 상상할 수

도 없다. 어쩌면 남성은 돈을 번다는 기능적인 역할을 제외하면 육아와 집안일에 전혀 상관없는 낯선 사람일 뿐이다. 대화와 노력이 이런 관계에서 별 도움이 되지 않기 십상이다. 둘 다 너무나 지쳐 있기 때문이기도 하다.

임금이 지급되는 노동을 하는 남편은 하루하루 대부분의 시간과 생명을 내놓아야 한다. 그 속에는 일자리에 대한 스트레스와 견뎌야 하는 모멸과 숨통을 짓누르는 책임감이 있다. 그 피로는 집에 와서 손 하나 까딱하고 싶지 않은, 손 하나 까딱하지 않아도 된다는 자기 합리화의 근거가 된다.

임금이 지급되지 않는 가사노동을 하는 아내는, 밤늦게 퇴근해 돌아온 남편이 잠든 후가 비로소 자기 퇴근 시간이다. 여자가 하는 일은 시시각각 변하는 남의 몸과 마음을 돌보고 책임지는 것이다. 날마다 거듭나는 생명을 유지하는 일이기 때문에, 그것은 변덕스럽고 산만하고 반복적이고 진을 빼는 일이다. 여성에게 집은 쉴 수 있는 사적인 영역이 아니므로 여자는 자기 시간과 공간 자체를 잃는다. 더구나 남에게서 대가를 지불받거나 인정받는 일도 아니기에 자신이 쓸모없게 여겨지기도 한다.

그녀가 가사일을 전담하고 돌보는 처지가 되는 건 단지 '여자'라는 이유에서다. 남성 임금의 62퍼센트에 지나지 않는 여성 임금이, 그녀가 하는 일의 강도나 중요성과 관계없이 단지 여자이기 때문에 반쪽짜리 노동자로 취급하는 불합리한 대우라면, 결혼했으므로 당연히 여자는 집에서 살림하고 가족을 시중드는 몫을 받아들이고 감내하라는 것은 한마디로 모욕이다. 개인의 뜻과 선택에 관계없이 강요하는 성별 역할이라는 점에서 억압적이고 비인간적이다.

그러나 남편이 주말에 쉰다는 것이 어떤 아내들에게는 부러울 뿐이다. 주말이라고 동무들이 모두 남편 챙긴다고 집에 들어가 있을 때 혼자 복도에서 유모차를 끌고 남의 집을 기웃거리는 이들도 있다. "그렇게 외로울 수가 없다"며 한 엄마는 주말이 되는 게 무섭다고 했다. 쌓인 설거지며 빨랫감에도 맥없이 손을 놓은 채, 방에서 노는 아기를 홀로 우두커니 지켜보고 있다. 더 이상 갈 데 없이 치열해진 경쟁과 세계 최장의 노동시간은 곧 생활세계의 자리를 잠식해버렸다.

기본적인 삶을 유지하기 위해 자기 모든 노동력을 바쳐야 하는 현실은, 이를테면 노동자가 일찍 와서 아이를 안아주고 같이 밥을 짓고 하루 일을 도란도란 얘기하고 사랑을 나누는 모든 시간을 삼키고 없애버린다. 전업주부에게 그것은 종일 아이의 요구에 시달리고 혼자 밥을 먹고 혼자 생각을 삭이고 혼자 집안일에 시달리다가, 무관심하게 잠든 남편 곁에서 우울해하는 현실이다. 일하는 여성에게 그 현실은 작업장에서도 돌보는 이 없는 집 걱정에 시달리고 퇴근해서도 아이를 챙기고 허둥대며 밥을 짓고 정신없이 집을 건사해야 하는 이중노동을 뜻한다.

밖에서 임금을 받고 일하는 여성들도 집안일이 자기 차지란 면에서 전업주부의 처지와 다르지 않다. 통계청의 생활시간 조사자료에 따르면, 아내가 취업하거나 취업하지 않거나 남자의 가사노동 시간은 하루 30분으로 똑같다고 한다. 돈을 벌든 안 벌든 밥상을 차리는 건 여자라고 우리 사회는 아직도 고집하는 것이다. 그래서 "왜 일을 해. 내가 일을 해봐서 아는데 남편이 집에서 논다고 집안일 하는 줄 알아? 나 임신하고 배불러 직장 다녀도 집에 오면 설거지 하나 안 되어 있던데" 하고 출산한 후 딱 회사일 접어버리고 전업주부가 된 엄마를 만나는가 하면, "똑같이 일하고 집에 와도 남자는 당연하게 손 놓고 쉬는데. 나만 저녁 차린다고 허둥지둥하지. 일하지 마. 돈 많이 받는 것도 아니고 애도 남의 손에 키운다는 게……." 하고 진심 어린 조언을 해주는 엄마를 만나는가 하면, "밤새 동대문에서 일하니까 애를 억지로 친정에 떠다 맡겼지. 밤에 일하는 게 참 힘들어. 애도 보고 싶고……. 아아, 남편은 통장에 돈만 넣어주고 없었으면 좋겠어" 하고 대낮에 부은 눈을 비비며 울적해하는 엄마도 만난다. 문득 "내 말 듣고 있어!" 하고 남편에게 소리친다는 엄마, 답답할 때는 내가 왜 이러고 사는지, 왜 아이를 낳았는지, 왜 결혼을 했는지, 왜 이 사람을 만났는지 다 원망스러워진다는 엄마…….

그래서 여자는 외롭다. 종일 아이를 쫓아 집을 맴돌아 외롭고, 살림을 타박하는 지나가는 소리에도 위축되고, 결혼 전처럼 움직이지도 돈을 벌지도 못하는 자기가 낯설고, 내가 잘못된 건가 자신 없어하다가 화가 마구 치밀기도 하고, 아이에게 버럭 소리질렀다가 금방 미안하다 빌어대기도 하고, 뭔가 할 말이 있었던 것 같은데 점점 말문은 막히고, 자기 생각과 느낌에 아무 관심 두지 않고 대대로 그랬듯 '여자'로 살아가라고 이 세상이 우겨대니까 결혼한 여자는 외롭다.

이웃들

이웃집에 일흔 된 할머니 한 분이 새로 이사 왔다. 복도식 아파트라 누가 이사 올지 궁금하던 차였다. 할머니는 금호동 단독주택에서 30년을 살다가 올해 중풍으로 마당에서 쓰러져 이사했단다. 요 앞 아파트에 사는 큰아들이 자기집 가까운 데 따로 전셋집을 구해준 것이다. 할머니는 비가 오나 바람이 부나 문 밖에 나와 턱을 괴고 물끄러미 아래를 바라보고 있다. "갑갑해, 여기가 사람 살 데야? 감옥이지. 혼자 있으면 답답해 죽겠어." 하면서 할머니는 종일 우두커니 그 자리에 계신다. 소변 보기도 힘들어 배에 기구를 차고 또 어디가 안 좋아 날마다 진통제를 먹는다고 했다. 반찬은 며느리가 마트에서 일주일에 한 번 사놓고 간다는데, 내가 수박 접시를 넣어드리려고 냉장고를 열어보니 반찬통 몇 개만 덩그렇다. 답례로 할머니는 쌀 튀긴 과자

봉지를 주춤거리며 가지고 나와 아기에게 주었다. 아기가 손으로 헤저 어버리자 다시 슬리퍼를 끌며 들어가 휴지를 들고 엉거주춤 바닥을 닦는다. 내가 하겠다 해도 어린애가 흘린 것을 불편한 몸으로 손수 치우셨다.

우리집 문을 열어놓고 있으면 할머니는 지팡이를 짚고 있다가 문득 안쪽으로 고개만 내밀어 "박서방, 박서방" 아이를 부르신다. 나는 완두콩을 까고 있었는데, 꼬투리를 따면 돌 지난 아기가 손가락으로 알을 훑어냈다. 들어오시라고 해도 서 계신다. "할머니, 여기 중앙난방이라 춥지요?" "춥고 밤에 위층 물소리 땜에 시끄럽고…… 밤에는 무서우니까 물소리라도 듣고 있지." 할머니는 자기 얘기를 하셨다. "내가 자식이 다섯이야. 아들 셋에 딸 둘. 큰아들은 요 앞에 살고 막내는 지방에 사는데 52평짜리 아파트에 살고 다 잘 살아. 그런데도 하나도 같이 살자는 자식이 없어. 그냥 싫대. 내가 아무 참견 안 할 테니 밥 하고 국 히나만 있으면 된다고 해도 그게 싫은가봐. 나 많이도 안 먹거든. 그런데 하나도……." "아드님한테 말씀하셨어요?" "아들은 화내고 소리지르니까 며느리한테 말했는데 싫다네. 며느리도 일하러 다니는데 손녀가 대학생이야. 다들 잘났어." 어쩐지 말문이 막혀서 그냥 아기랑 오순도순 콩을 까고 있으려니 또 한마디 하신다. "자식 귀여워하지 마. 필요 없어. 내가 몇십 년을 자식들한테 김치며 된장이며 담가주고 했는데 그때만 좋다 하고 몸이 아프니까 다 싫다네. 귀여워해준 놈이 더해. 휴, 하나도 도움 되는 게 없는데……." 얼굴이 거무스름하게 부은 할머니는 탁탁 삭정이가 부러지듯이 말한다.

아침에 할머니는 또 한참을 울었다. 아들이 와서 닦달하는 것을 열린 문으로 나도 들었다. "왜 자기 생각만 해? 자기밖에 몰라? 하느님 믿는 사람이 다른 사람도 이해하고 해야지, 하고 싶은 대로 하려고 하면 되겠어? 그게 잘하는 거야?" 아들은 늙은 어머니에게 반말로 고래고래 야단치고 있었다. "하느님이 날 언제 데려가시나. 언제 죽나……." 할머니는 한숨처럼 자꾸 되뇌었다. 할머니도 평생 엄마 노릇만 했을 것이다. 자식 낳고 먹이고 입히고 공부시키고 뒷바라지하는 데 인생을 다 보냈을 것이다. 허무하다는 생각이 들었다. 나도 나중에 늙고 아프고 버림받게 될까? 자식만 바라고 사는 엄마들도 저렇게 되는 걸까?

아파트에는 여자 노인이 할머니 말고도 많다. 할머니들은 남편과 사별하고 자식과 헤어지고 혼자서 생활한다. 놀이터 벤치에 동무를 기다리며 앉아 있거나 무얼 따고 캐거나 폐지를 줍고 계신다. "나 자식한테 손 안 벌리고 살아." "난 이때까지 자식한테 2만 원 받은 게 전부야." 물도 멀리까지 약수를 길어오고 전기세 물세 모두 아끼며 산다. "손자 좋으므레, 며느리 좋으므레, 이녁 속에서 낳은 자식도 늘 거시기를 해야 정이 들고 그런디 되간디."

또 다른 옆집에는 일흔둘 된 할머니가 초등학생 1학년인 손자를 건사하며 산다. 아들이 이혼을 해서 오갈 데 없는 아이를 맡아 기른다. 젊어서 공사판에서 일해 자식 대학 보냈다는 할머니는 자주 속상해했다. "아휴, 내가 서울에 올라와 그 고생을 하며 공부시켰는데 그걸 몰라. 내가 아들 낳은 죄로 이 고생이유." 그 할머니도 아침에 한참을 문

밖에 서 계신다. 손주가 학교 가면서 뒤돌아보며 할머니를 확인하기 때문이다. 횡단보도를 건너고 도로를 건너도 저멀리서 자꾸 돌아보면 할머니가 손을 흔들어준다. "아유, 이게 뭔 고생이야. 지 어미 보고 싶다고 보챌 때는 내가 뼈가 아파요. 오늘은 술이나 마시러 가야겠다." 할머니는 옆에 같이 서 있는 아픈 할머니에게 말을 건다.

"영감은 어떻게 가셨어요?" "작년에 목욕탕에서 심장마비로 죽었어." "편하게 가셨네. 아프고 고생시키지 않고 편하게 가셨어." "난 몰라, 어휴, 아무 생각 없어." "거 장 보러 갈 건데 시킬 거 있으면 말 하슈. 쓰레기도 버려줄게." 할머니는 이사 온 할머니를 챙겨주었다. 아욱국이니 오이지 같은 반찬도 나눠주었다. "일흔둘이면 형님이네. 형님이라고 불러야지." "아유, 형님은 무슨, 그냥 말해." 할머니들은 서로 궁금해하고 "어디 갔었어?" 날마다 찾아준다. 내가 문을 닫을라치면 "요즘 젊은 사람들은……아, 와서 커피도 같이 마시고 그래. 애 벗거놓고 마구 돌아댕기게 해도 괜찮아." 한소리도 하신다.

청소일 하는 아줌마가 밀대질을 쓱쓱 하며 지나치면서 말했다. "자식들? 쓸데없어. 하나도 쓸데없어. 애먹고 키워놓으면 때곡때곡 대들기나 하고. 애들 교육시키고 나면 손에 남는 게 뭐가 있어. 그래서 나 이먹어도 이 고생을 하고. 솔직히 아기엄마는 부모한테 잘해요? 나는 며느리한테 그래요. 하나만 낳고 더 낳지 말라고. 진짜. 차라리 노후대책을 세우는 게 낫지."

가족이 모두 부양책임을 맡을 수는 없다. 집안의 여자가 아픈 이와 노인과 아이들 돌보는 모든 일을 떠맡을 수는 없다. 사회에서 책임져

야 하고 부양해야 하고 간호해야 하고 돌보아야 하고 또 일하게 해야
한다. 하지만 현실은 그렇지 않고 가족은 실컷 부려먹은 여자를 가족
의 울타리 밖에 제껴두거나, 언제까지나 볼모로 잡고 가족의 뒤치다꺼
리를 끝없이 하게 하는 것 같다. 가족 밖으로 한걸음도 나가지 않고 살
아온 할머니들이지만 가족 때문에 외롭고 고통받기는 매한가지다. 가
족은 나한테 어떤 것일까, 나는 늙어서 어떤 모습이고 싶나. 혼자 생각
해본다. 장마철이라 복도에서 아기는 뛰어다니고 나는 어미닭처럼 쫓
아다니고 할머니들은 서성이며 우리는 내내 하루를 같이 보낸다. "제
일 예쁠 때다. 저때가 제일 좋아." "우리도 저런 때가 있었다." "먹고
싶은 거도 있고 그럴 때가 좋아." "또 하루가 가네. 시간 잘 간다." "하
루가 가네. 징그럽게 가." "징글징글하지, 음……."

행복한
여자

친구가 이혼을 했다. 서른이 넘었을 뿐인데 벌써 이혼 소식이 종종 들려온다. 죽고 못 산다고 결혼한 친구도, 현실적으로 계산해서 결혼한 친구도, 금슬 좋다는 친구도, 맞고 산다는 친구도, 아이가 있는 친구도 없는 친구도 이혼을 한다. 이혼했다는 소식을 뒤늦게 듣고 왜 이제 말했냐 물으면 "말해서 뭐 해, 뒤집어질 일도 아니고……" 대답한다. 이런 문제에 대해선 때로 친구도 남에 지나지 않아, 그 안에서 무슨 일이 있었는지, 어떤 천국과 지옥이 오갔는지 아무도 모를 일이다. 이혼하고는 연락이 뜸해져 어떻게 사는지 영영 모르게 되기도 한다.

이혼한 그 친구는 아파트에서 만난 동무였다. 우리집에서 내려다보면 그 집 창이 보인다. 창에 불이 켜져 있으면 그것만으로 반가웠다.

놀이터에서 유모차를 끌다 만났는데 아기들도 우리들도 동갑이었다. 우리 남편은 야근이나 특근에 바쁘고 그 집 아저씨는 지방에서 일하느라 한 달에 한 번이나 온다 했다. 우리는 빈 집에 서로 불러 같이 저녁을 먹고 깔깔대기도 했다. 남편이며 시집 흉도 보고 집세 때문에 집주인하고 싸운 얘기, 층간소음 때문에 말다툼한 이야기, 애기 아픈 걱정, 생활비 걱정, 새로 산 장 얘기 따위를 열심히 해댔다. 어쩌다 일거리를 얻으면 가장 먼저 축하해주고 잠 안 오고 속상한 밤에는 불쑥 찾아가 하소연하기도 했다.

그래서 나는 친구의 삭막한 결혼생활까지 듣게 되었다. 이유는 길었다. 속내를 다 듣진 못했지만, 그이가 몹시 고통스러웠다는 것만은 알 수 있었다. 결혼 전 남편은 친구의 보호자처럼 굴었다. 친정아버지가 아픈데 간호까지 자청하는 모습을 보고 그 남자를 평생 믿고 의지하려 했다. 그러나 결혼하고 나서 사람이 백팔십도 달라졌다고 한다. 경제력 없이 딱히 하는 일 없이 시댁에 얹혀사는데 친구는 군식구 식모처럼 살면서 서러운 일도 많이 당했다. 배부른 몸으로 식구들 시중과 살림을 도맡았는데 남편은 남 보듯 자기를 대했다. "왜 나랑 결혼했냐?"고 물으니 "시집살이를 잘할 것 같아서"라고 대답했다. 요컨대 그는 결혼 전과 똑같이 아들로서 살고 있을 뿐이었다.

친구는 우울증에 빠졌다. 아무리 노력해도 그 집 딸이 아니었다. 언제나 없는 사람 취급당했다. 방 밖에 나오지 않자 시어머니는 "네가 아들 낳았다고 유세냐!"며 방문을 발로 차면서 밥상을 차리라고 했다. 정신과에서 의사가 그랬단다. "지금은 남편도 가족도 생각하지 말고 당신이 뭘 원하는지만 생각하세요."

그래서 친구는 스스로를 위하기로 했다. 시댁에서 나와 분가했다. 어느 날, 남편은 세간을 부수고 아기를 안고 있는 부인에게 의자를 집어던졌다. 너 때문에 내 부모형제가 고통받는다고 했다. 친구는 더 이상 몸과 마음을 얻어맞지 않고, 집을 지켰다. "이 집에서 나가!" 아기를 낳은 게 그 남자가 자기한테 해준 유일하게 좋은 일이라 했다. "힘들었겠다." "내가 선택을 잘못한 거지. 난 괜찮아." 친구가 웃어넘긴다. "난 하나님이 있으니까 괜찮아, 신앙의 힘은 놀라워." 친구는 밤새 기도를 한다. 악마를 쫓으려고 가슴을 주먹으로 치면서 기도해 멍 자국이 퍼렇게 들었다. "나 행복해." "뭐, 행복하다구?" "하나님은 내 아버지고 우리는 예수님의 신부야." 그이는 언제나 꿋꿋하고 나는 가슴이 아팠다.

친구는 주말마다 일을 했다. 남편은 차츰 생활비를 보내지 않았다. 그이는 주말에 아이를 친정에 맡기고 웨딩헬퍼 일을 했다. 처음에 좋다고 시작했는데 종일 무거운 가방 들고 따라다니면서 일일이 시중들다보면 일당 7만 원이 많은 게 아니라고 했다. 그 돈으로 일주일을 산다. 결혼식에서 문득 그이는 거울을 보았다. 화사하고 아름다운 신부의 얼굴과, 늙고 지친 메마른 자기 얼굴, 몇 년 사이에 이렇게 되었나 너무 놀랐다고 했다. 남편에게는 연락도 없었다. 아마 다른 여자가 생겼는지도 몰랐다.

이제 돈을 번다고 밤낮없이 일하게 되었을 때 아이는 잠시 시댁에 갔다. 어느 날 친구가 그런다. "애가 보고 싶어, 한 번이라도 봤으면."

"한번 가서 만나." "이제 안 돼, 다시 볼 수가 없어." 뭔가 이상하다. 나를 한참 물끄러미 보는데 눈에 눈물이 어려 있다. "미선 씨, 왜 그렇게 눈치가 없어……." 이미 얼마 전 이혼했다는 것이다. 이혼해달라고 들고와서 도장을 찍어줬다고 했다. 그쪽에서 애를 데려가겠다는데 자기는 막상 돈도 없고 힘도 없어서 보내게 되었다고 했다.

친구한테 아이가 어떤 존재였는지 나는 안다. 남편 없어도 애만 있으면 된다고 애는 자기 전부라고 입버릇처럼 말했는데. 친구는 옛날에 찍어둔 아이 비디오를 보고 이름을 부르면서 혼자 빈집에서 밤새 울었다. 꿈을 꿔도 창밖에 쫓겨나 아이를 부르거나, 엄마라고 나서면 "네가 왜 엄마야?" 속수무책으로 아이를 빼앗기는 꿈을 꾼다고 했다. 기도원에 한동안 다녀온 그이가 핼쑥한 얼굴로 오뚝이처럼 웃는다. "그래도 괜찮아" 하나님께 약속을 받았다고 했다. "우리 아이 괜찮을까요! 잘 클까요!" 울부짖는데 하나님이 잘 키워주기로 답했다며 비밀처럼 말해준다. "결혼은 실패하고 아이는 잃고 여자로선 최악이지, 그래도 하나님 힘으로 살아" 웃으며 되려 나를 위해 기도해주었다.

이제 친구의 집은 언제나 캄캄하다. 판매 일을 새로 시작해 그이는 눈코 뜰 새 없다. 나는 동무를 잃고 혼자 눈물바람이다. 어쩐지 아이도 없고 주부도 아닌 그이와 말이 겉돌고 서로 아픈 얘기는 않게 된다. 친구는 화장하고 정장차림을 하고 교육을 받으러 다닌다. 어쩌다 만나면 나에게 팸플릿을 한장 한장 넘기며 이 물건이 왜 좋은지, 왜 사야 하는지 교육받은 대로 알려준다. 하기에 따라 억대 수입을 올릴 수도 있다고 자기는 차도 사고 집도 살 거라고, 지금 집을 내어놓은 가난한 친구는 말한다. 나는 할 말이 없다. 친구가 교육시간에 그린 그림엔 아이 사진이 가운데 붙어 있었다. 비타민이며 화장품이며 공기청정기 따위 품목들을 쉴 새 없이 설명하며 친구는 기쁘다. "나는 이 일 시작하지 않았으면 죽었을 거야, 5년 후에도 이 집에서 이렇게 산다면 죽어버릴 거야. 나중에 아이가 이렇게 살 거면 왜 이혼했냐고 물었을 때 할 말이 없으면 지금 죽어버리는 게 나아. 하지만 난 돈을 아주 많이 많이 벌 거야. 다시 아이를 만나면 부족한 거 없이 해줄 거고 더 큰 사랑을 줄 거야. 하나님이 이 길로 인도하셨어." 친구는 언제나처럼 행복하다. 나는 아무 말 못하고 언제까지나 친구가 행복하기만을 바랄 뿐이다.

잃어버린
집

집주인이 옆집을 팔려고 내놓았는지 사람들이 들락날락하는 소리가 들린다. 평수며 집값을 바쁘게 비교하는 낯선 소리가 문밖에서 들려온다.

할머니가 이사온 지 1년도 채 되지 않았는데 주인이 또 갈릴 모양이다. 할머니는 종일 하릴없이 아파트 아래만 내려다보다가, 갑자기 쓰러져서 병원에 입원했다. 무릎이 아픈데다 넘어지면서 머리까지 다쳤다는 말을 나중에야 전해 들었다. 추운 날도 문밖에 내내 서 있던 할머니 모습이 눈에 선하다. 아들네 가까운 곳이라고 억지로 옮겨오다시피 한 거였는데, 그분은 말끝마다 평생 살던 단독주택을 그리워했다. 마당이 얼마나 깨끗했는지, 살림솜씨가 얼마나 여물었는지 자랑하기도 했다. 자식을 낳고 무럭무럭 키우며 남편과 살 맞대던 집이었을 거다.

할머니는 이제 세탁기 돌릴 힘도 없다며 여기는 집이 아니라 감옥 같다고 사람 살 데 못 된다고 했다. 많이 아플 때는 이불을 쓰고 방 안에 종일 누워 있었는데, 급할 때 연락할 번호가 전화기 앞에 쓰어 있었다. 이 마지막 은신처에서 밥 대신 고구마로 끼니를 때우고 혼자 끙끙 앓기도 했다. 내가 남은 된장찌개라도 드리면 몹시 고마워했다. 지금은 문 앞에 의자 하나만 찬바람을 맞으며 남아 있을 뿐이다.

어쩐지 옆집에는 그렇게 외로운 여자들만 살다가는 것 같다. 할머니가 오기 전에는 은주 엄마(가명)가 있었다. 은주 엄마는 전세로 들어왔는데 남편은 통 보이지 않았다. 그이는 마르고 말이 없는 사람인데 물끄러미 보는 눈에 근심이 어린 듯했지만 가끔 수줍게 웃을 때는 고운 태가 남아 있었다. 대부분 입을 꾹 다물고 고개를 숙인 채 인사 없이 종종걸음으로 복도를 지나쳐 다녔다. 한번은 문이 열려서 밖에서 기웃거렸더니 들어오라고 한다. 세상을 많이 겪은 사람처럼 목소리가 작고 가만가만했다. 살림도 깔끔하니 정돈되어서 반질반질 윤이 도는 것 같다. 나는 나중에 할머니가 사는 집을 보고 은주 엄마 살 때는 집이 빛나는 것 같았는데 사는 사람 따라 집도 이렇게 달라지는구나, 싶었다. 그이는 밤에 시장에서 일하는데 아기는 친정에 맡겨두고 있었다. "너는 엄마랑 같이 있어 좋겠다" 우리 아기를 보고 노상 부러워했다. 아기가 없으니 젖도 다 말라버렸다고 했다. 어쩌다 아이가 안기는 걸 싫어하면 "아줌마 싫어?" 하고 울상이 되었다. 꼭 자기 자식 보듯 대해주면서 장난감이며 카드 같은 걸 쥐어주었다. "은주가 없어서 이제는 필요가 없어졌어."

날마다 밤샘일을 하느라 낮에는 부스스한 얼굴로 누워 있다. "여기 비가 새네." 몸살이 난 그이가 검은 물이 흘러내리는 벽을 가리켰다. "나는 이사 가는 집마다 비가 새. 전에 살던 집도 퇴근하고 오면 대야로 물 받는 게 일이었는데.""왜 이렇게 추울까, 전기담요를 깔아도 추울까, 장마철인데 난방을 안 해줄까" 따위 이야기를 두런두런 하다가도 눈을 반짝였다. "그래도 뭣보다 집이 있어야 돼. 이 집 샀으면 좋겠는데……." 전세금에서 2000만 원 정도가 더 있으면 이 집을 살 수 있다는 말에 돈을 더 빨리 모으고 싶어했다. 돈을 모아 집을 사서 아이도 데려오고 새로 시작하고 싶다고 했다. 집주인은 팔 마음이 없다는데, 자기는 이 집을 붙잡고 다시 일어나 식구들을 모아 살고 싶은 거였다.

"나는 서른셋쯤 되면 내가 안정되게 살 줄 알았어." 은주 엄마는 나를 물끄럼말끄럼 보며 말한다. 남편은 돈을 버는둥 마는둥 하는데, 벌면 그냥 자기 용돈으로 쓰고 집에는 제대로 안 갖다주면서, 친구 말이라면 그렇게 잘 들어서 사업 따라 한다고 일을 벌였다가 돈을 다 날렸다는 것이다. 전세금까지 없애버리는 통에 살기가 곤란해져서 지금 남편은 시댁에서 따로 공부하고, 자기는 친정 도움으로 셋집을 구한 거라 했다. "밤에 일하는 거…… 정말 힘들다." 힘든 내색을 통 안 비치던 그이가 한참 만에 한마디를 한다. 아기가 2킬로그램으로 태어날 정도로 막달까지 밤샘일을 해 아득바득 돈을 모았는데 그 통장을 남편이 가져가 버렸다는 거다. 원래 그 돈으로 다른 전셋집에 이사 가거나 집을 장만하려고 했단다. "왜 이게 당신 거야?" 따지니까 "그건 내 돈이야" 하면서 남편이 부인 돈은 자기 거라 우기면서 가져가 헛되이 써버렸다. "난 아이랑 둘이 사는 게 편해. 남편은 필요 없어, 일거리만 만들고 만나면 싸움만 하고." 결혼한 지 2년 남짓 된 그이는 새댁인데도 벌써 사는 데 지쳐보였다. 예쁜 딸 은주가 나중에 올라오자 그이는 더 바빠졌다. 은주는 밤에 놀이방에서 자고 그이는 밤일하고 아침에는 애를 데려와 또 종일 보살펴야 한다. 나는 초저녁에 저녁밥을 짓다가 또각또각 은주 엄마가 출근하는 발걸음 소리를 들었다. 그렇게 하룻밤 자고 나서 아침밥을 짓고 있으면 그이가 아기를 업고 무거운 걸음을 끌고 집으로 돌아오는 소리가 들렸다. 남 잘 때 잠도 못 자고 얼마나 피곤할까. 은주가 울어대는 소리가 들려 달려가 보면 그이는 해쓱해진 얼굴로 설거지를 하고 아이는 발치에서 보채고 있다. "이리 와, 아줌마랑 놀자."

나중에는 몇 달 동안 문이 굳게 잠겨 있었다. 돌떡을 들고 가보아도 이따금 국이며 반찬을 들고 가 두드려보아도 묵묵부답이었다. 어떻게 되었을까, 돈은 모았을까, 이 집에 마음을 두던데 장만할 수 있으려나. 하지만 1년 채 못 되어 그이도 이사를 갔다. 마지막 날 보았을 때 훨씬 초췌해진 그이는 입술을 굳게 다물고 있었다. 이웃들은 그 여자가 마침내 남편과 헤어진 거라며 입방아를 찧었다. "나 고향으로 돌아가요." 고향에서 공부해 자격증을 딸 거라고, 그리고 미국으로 가서 아이랑 둘이서 살고 싶다고 했다. 먼산을 보며 지나가는 말처럼 한마디 한다. "서울 생활은 도깨비 같아서 싫어……." 그이가 밤낮없이 부대꼈던 시간이 같이 아프게 떠올려졌다.

빈집에는 이제 받는 이 없이 울려대는 전화벨 소리만 벽을 통해 들려온다. 나는 요즘따라 은주 엄마나 할머니가 더 생각나고 그립기만 하다. 어쩐지 서울에서 뿌리내리려고 결혼해서 자리잡으려고 그렇게 버티다 버티다 낙엽처럼 떨어져 나간 것만 같다. 이웃들이 "저 양반은 빨리 가시는 게(죽는 게) 낫겠어." 수군거렸지만 할머니 목소리도 귓가에 남아 있다. "비가 오네, 발가벗고 저 속에서 춤이나 춰볼까, 그러면 누가 봐줄까." 그러다 "봐주긴 누가 봐줘" 하고 혼자서 말을 거두기도 하셨다.

이곳 아파트 값이 전에 없이 두 배나 올랐다고 주인이 냉큼 내어놓은 집, 그곳을 드나드는 매끈한 사람들을 보며, 그 속에 잠시 깃들어 살다 간 이웃 여자들을 생각한다. 혼자서 집을 지키고 혼자서 집을 그리워하다 집을 떠나게 된 그이들을 앞으로도 아무도 모를 것이다.

여자 친구들

가끔씩 속내를 털어놓고 싶을 때나 스스럼없이 친구와 어울리고 싶을 때 가만히 궁리한다. 누구를 만나면 좋을까, 누구에게 전화할까. 옛날 수첩을 뒤적이며 짚어보기도 하지만 눈에 들어오는 이름이 없다. 꽤 오랫동안 연락 없이 지냈거나 일이 끝나고 관계도 소원해진 경우가 대부분이다. 남편이 선후배나 동료와 술자리를 가진다고 밤늦게까지 있을 때면, 나도 술 한잔 앞에 두고 하루 시름을 잊고 깔깔거리고 싶다. 밤에 나갈 형편이 아닌 데다 또 그 시간에 만사 젖혀두고 달려올 친구도 없다. 아이 낳고 한동안 우리 몸이 우리 게 아니었던 것처럼 우리 시간도 여의치 않다.

가만있자, 이렇게도 만날 친구가 없을까. 손꼽아 보면, 내남없이 아주 친한 친구가 나한테도 몇 명 있었다. 서로 자취방을 드나들며 큰소리로 웃고 얘기하고, 연애며 직장에 대해 상담도 해주고, 뜸하다 싶으면 앞다퉈 안부도 물어대고, 아플 땐 빨랫감을 가져가 세탁해선 갖다주기까지 했다. 속상하면 가장 먼저 연락해 늦도록 술 마시며 훌쩍이다가 그까짓 것 하고 다독거리기도 하고 팔짱 끼고 밤길을 걷기도 했다.

친한 친구들이 먼저 줄줄이 결혼할 때는 몹시 서운했다. 다람쥐들이 나무구멍에 쏙쏙 들어가버리고 감감무소식인 것처럼 멀어진 것 같았다. 내가 결혼한 후에도 그 느낌은 마찬가지였다. 전화하기도 쉽지 않다. 모처럼 한 전화도, 애가 운다고 누가 왔다고 남편 있다고 시댁 간다고 토막토막 끊기기 일쑤였다. 우리는 집에서 종일 바빴다. 그렇지 않으면 앙금 같은 말을 숨가쁘게 쏟아놓았다. 아닌 척 좋은 척 살다가 쌓인 말, 어디 하소연할 데 없으니 막말까지 섞여 나온다. "결혼? 생각하고 아주 다르지. 그냥 남편은 육아 파트너라고만 생각해." "내가 말을 안 해서 그렇지, 우리 시집 때문에 속 터져 죽겠어. 내가 그집 가정부야?" "나도 맞고 컸거든, 화나면 애고 뭐고 닥치는 대로 때려버리고 싶어." "집에만 있으니까 되게 무능력해지는 기분이야, 이제 시켜도 일 못 할 것 같아." 때로 은밀하게 어떨 땐 목청을 높여 불만과 분노와 외로움과 불안을 토해낸다.

세상 사람들 다 아는 얘기들, 특별하지만 한편 그렇고 그런 얘기들, 무관심한 남편, 시댁의 부당한 대우, 힘든 육아, 집 걱정, 돈 걱정, 또 치다꺼리할 크고 작은 문제들, "그래, 나도 그래." 번번이 위로하거나 맞장구치지만 우리 다른 이야기는 할 수 없을까, 아쉽기도 하다. 가정사라는 것이 누가 해결해줄 수 있는 문제도 아닐뿐더러 속풀이처럼 매번 쏟아지는 얘기에 답답함만 늘어나기 일쑤다. 일방적으로 얘기하다 보면 지치기 십상이고, 거기에다 결혼해서 환경이나 경제형편이 달라 무심코 자기식으로 판단하는 말들이 상처가 되어 뜻하지 않게 멀어지기도 한다. 보이지 않는 잣대와 비교하는 마음이 생겨나면서 점점 자기를 보호하기 위해 입을 다물기도 한다.

결혼 안 한 친구들을 만나도 그렇다. 사는 모양새가 달라지면 얘깃거리도 달라진다지만 그게 더 유난이다. 친구들이 여행이나 영화 얘기를 할 때는 집 밖에서 보고들은 것이 적으니 할 말이 없고 내 얘기를 할라치면 육아니 집안일이니 그런 이야기만 흘러나오는 것이다. “그러게 왜 결혼을 했어.”“그런 줄 몰랐어?”“그렇게 계속 살 거니?” 같이 시큰둥한 대꾸를 들으면 귀찮다거나 ‘그래서 어쩌라고’, 하는 식으로 들려서 괜히 말했다 싶다. 자유롭게 사는 친구들이 입으로는 “안타깝다” 말하지만 강 건너 불구경하는 듯해서 얄밉기도 하고 내 심정 공감해달라고 억지를 부린 것 같아 머쓱해지기도 한다. 한마디로 자존심이 상하는 것이다. 이래저래 친구끼리 소식이 뜸해진다. 같은 처지라 해서 똘똘 뭉치는 것도 아니어서, 대체로 각자 외톨이가 되어버리고 만다.

친구들은 실제로 너무 멀리 있다. 우리 친구들만 해도 결혼하고 전국에 흩어져서, 남편 따라 전라도에, 경상도에, 심지어 유럽에 가 있기도 하다. “서울도 타향이었지만 이곳마저 또 떠나는 게 싫다”고 이사 전날 머뭇거리던 친구 얼굴이 떠오른다. 모국어가 그립다고 같은 말을 쓰는 사람들 틈에서 살고 싶다는 편지를 받기도 했다. ‘거류’라는 영화를 봤다. 결혼한 여자들이 자기 터전을 떠나 곳곳에 흩어져 사는 걸 찾아가 인터뷰한 영화였다. 어쩌다 보니 나도 친구들도 익숙한 것과 떨어져 낯선 곳에서 떠돌이로 살아가고 있는 것 같다.

다시 전화를 했다. 일없이 힘 빠지는 날, 몇 년 동안 연락 않던 동창 친구의 전화번호를 우연히 보고 전화했다. 신호음을 들으며 그냥 끊어 버릴까, 하는데 뜻밖에 반갑게 받는 목소리가 들린다. 그리고 긴 시간 우리는 통화했다. 서른이 훌쩍 넘은 동갑내기 친구, 대학에서 계속 공부한다는 친구가 물어온다. "미선아, 결혼을 할까 말까? 넌 어떻게 살아?" "결혼하면 힘들지만 좋은 점도 있지, 나도 변하고 또……." 친구가 웃는다. "아니, 그런 얘기 말고 너 얘기, 네가 사는 얘기." 나는 나한테 있었던 일들을 두런두런 솔직하게 이야기했다. 듣고 나서 친구도 조심스럽게 말을 잇는다. "남자 친구는 이제 결혼하자는데, 나는 잘 모르겠어. 이 정도 내가 자유롭게 진로를 선택하는 데도 집하고 엄청 싸워서 얻어야 했거든. 그런데 다시 가족 안에 들어가서 나를 잃지 않으려면……. 솔직히 마흔까지는 어떻게 버텨보겠거든. 한달에 100만 원만 고정적으로 들어와도 살겠어. 내가 시간 강사를 하는데 이게 완전히 비정규야. 학기별로 계약하는데 학교 마음대로고 방학 때는 돈도 안 나오고, 그러니까 살 수가 없어. 지금은 교수가 되려고 하는 게 아니라 살아남으려고 박사 논문까지 쓰려고들 해. 그거라도 있어야 강사 자리라도 제대로 얻으니까. 자꾸 고민하게 돼, 결혼을 해야 되나 말아야 하나. 너무 막막하고 앞날이 안 보이니까."

나는 어안이 벙벙했다. 혼자 편하게 공부하면 되는 친구, 한편 시샘과 부러움의 마음이 있었나 보다. 결혼을 하나 안 하나 모든 여자들이 그것 때문에 고민하는구나, 결혼했다고 왜 깡그리 모든 걸 감내해야 하고 결혼 안 했다고 왜 평생 그걸 의식하고 살아야 하지? 뭔가 잘못 되었다 싶다. 어색하고 할 말 없는 우리 친구들 사이에도 더 많은 할 말이 있었던 게 아닐까. 혼자 살아갈 다른 선택들에 대해, 먹고사는 방 법에 대해, 아이를 누구와 어떻게 길러야 하는지에 대해, 집안일을 어 떻게 해나가야 하는지에 대해, 결혼을 할 거냐 말 거냐가 아니라 좀더 우리들이 선택하고 나눌 수 있는 몫들이 더 많아야 했던 게 아닐까.

우리들은 아직도 서로 위로하고 위로받고 싶다. "한번 만나자" "이번 에는 꼭 만나자" "애들 데리고 가운데 대전쯤에서라도 만나자." 번번 이 헛된 약속을 하더라도 우리는 아직 우리 친구들을 잃고 싶지 않다.

주인 아줌마의
비밀

나는 반지하에 세들어 살고 주인 아줌마는 맨 위 삼층에 살았다. 빨간 벽돌로 지은 다세대주택이었다. 다닥다닥 붙어 있어 옆집에서 부부싸움 하는 소리, 전화하는 소리, 길거리에서 옥신각신하는 소리까지 다 들렸다. 내 방에서 나는 소리도 밖으로 새어나가나 싶어 괜히 신경 쓰였다. 게다가 주인 아줌마는 꼭대기에서 모든 걸 보고 들었다는 듯 은근슬쩍 캐묻기 잘했다. "남자 친구는 있지?" "부모님은 잘 지내?" "결혼은 안 해? 2층에 사는 남자 형이 검사라는데 한번 잘 해봐." "이제 부모님한테 갚을 때지." 마주치면 하는 소리가 능청스러웠지만 아무렇지 않게 웃는 얼굴이라 곧이곧대로 대꾸하기도 그랬다. 깍쟁이 같으면서도 소탈한 면도 있었다. 내가 음식 쓰레기를 잘못 관리해 벌레가 생기자 아줌마가 기겁을 하고 바가지로 물을 들이부었다고 했다. 뒤늦게 사과하자 "아직 어린데 일하고 다니면서 살림을 어떻게 하겠어." 선선히 넘겨주었다.

나는 월세를 낼 때나 수도니 변기니 부탁할 일이 생기면 삼층에 올라갔다. 그때마다 그이는, 허둥거리며 돌아서는 나를 붙잡고 차를 끓여주었다. 옆에는 대여섯 살 난 딸이 꼭 붙어 있었다. 딸은 나를 말끄러미 볼 뿐 아무 말 안했고 아줌마는 아이의 머리를 빗어 묶어주거나 가만 있으라고 잔소리를 했다. 입양했다고 한다. 한편 얼굴이 엄마랑 닮은 것도 같아 아리송했다. 동네 사람들은 아줌마가 아이를 잘 돌본다고 칭찬했다. 응석을 다 받아주지도 않고 그렇다고 냉정하지 않게 아이를 잘 가르치며 키운다 했다.

그 집 부엌 싱크대 수도꼭지 위에는 좁고 긴 창이 나 있었다. 하늘도 구름도 학교도 멀리 보였다. "창 하나 있는 것이 사람을 꿈꾸게 한다." 아줌마가 말했다. 설거지를 하다가 한번씩 세상을 그렇게 내다본다고 했다. 아줌마는 바빴다. 올라가 문을 열어보면 미장원비 아낀다고 머리를 고대기로 반쯤 말다 만 모습이기도 했고, 애를 북북 씻기고 있거나, 달그락거리며 설거지를 하고 있기도 했다. 오가는 세입자들도 챙겨야 해서, 돌려줄 전세금 때문에 막막해지면 성당에 가서 열심히 기도한다고 했다. 한편 자기 일도 찾으려 애썼다. 지역 광고지를 들춰보고, 보험설계사 교육을 받으러 몇 번 다니다 그만두기도 했다. 주부백일장 같은 데 나가서 글을 써보고 싶다고도 했다. 누구는 그런 아줌마보고 엉뚱하다 했다. 그이가 내 나이를 묻는다. "스물넷이요." 아줌마는 말없이 내 얼굴을 들여다본다. "젊다……." 나는 궁금하다. 아줌마는 창밖을 보면서 무슨 생각을 할까.

아줌마는 전에 교사였다. 그 소문을 듣고 어리둥절했다. 집에만 틀어박혀 애면글면하면서, 시답잖은 농담을 잘하는 아줌마가 학교 선생님이었다는 게 얼른 상상이 안 됐다. 그 좋은 교사직을 그만두고 왜 전업주부가 되어 답답해하는지도 얼른 이해가 안 됐다. 교사라고 하면 최고 직업이고 우리 또래들은 직장 다니다가 줄줄이 그만두고 자격증 따러 다시 대학교에 들어가는데 말이다.

아줌마가 차를 따라준다. 얘기 끝에 이번에는 쥐가 등장한다. "쥐가 말이지, 얼마나 머리가 좋은지 몰라. 땅콩밭에 가보면 사람이 캐는 건 쭉정이라도 쥐가 물어가는 건 속알이 꽉 찬 게 틀림없어. 나도 그걸 애들하고 밭에서 일하고 알았다니까." '애들'은 옛날에 가르친 학생들인가 보다. 나도 모르게 귀를 기울였다. "학교가 그래, 이사장이 자기 밭에다 학생들 불러놓고 밭일을 시키는 거야. 다른 교사들은 멀찌감치 구경만 하는데 나는 그게 싫어서 바지 걷어붙이고 같이 땅콩 캤지. 그러다 쥐구멍을 찾으면 있잖아, 통통한 땅콩들이 소복해. 한 주머니는 되는데 어쩌면 그렇게 실한 것만 모아 놨는지." 아줌마가 어제 일처럼 손짓하며 얘기하는데 얼굴에 생기가 돈다. 정말 선생님이었나 보다. "아이고, 남학교에 갔더니 선생님들이 애들은 패야 된대. 여선생으로 금방 가서 뭘 알아. 집에서 막대기로 이불을 두드리면서 패는 연습을 다 했다니까." 아줌마가 천진난만하게 웃었다. "애들이 왜 그래 청소를 안 하는 거야, 화장실이 얼마나 지저분했는지……." 무서운 선생님이었을 거 같기도 하고 착했을 거 같기도 하고 잘 모르겠다. 왜 그만두섰냐고 물으려다 말았다.

아줌마는 우리 엄마 칭찬으로 말머리를 돌린다. 자기는 남편 없으면 못질도 못하는데, 우리 엄마가 커튼도 척척 달고 형광등도 수리한다고 감탄했다가, 다시 아래층 세입자들 동태를 슬쩍 묻다가, 내 남자 친구 타령을 또 하다가, 입양한 딸이 처음 와서는 먹을 걸 싸안고 방에 들어가 똥을 싸 뭉개도록 꿈쩍 않고 있더라는 얘기며, 딸아이가 절대 안 지고 싸운다는 얘기를 늘어놓다가, 자기랑 닮았다고 남들이 그런다며 흐뭇해한다.

그리고 한동안 잠자코 있다가 문득 입을 열었다. "우리 반 애가 임신을 한 거야. 내가 담임이었는데 그 애 배가 불러오는 걸 발견했지. 불러놓고 물어보니까 울면서 말을 안 해. 알고 보니 체육 선생이 그랬다는 거야. 세상에 어떻게…… 나는 몰랐지. 그런데 체육 선생이 애를 협박한 거야. 애는 말도 못하고, 학교는 쉬쉬 넘어가는데, 얼마나 뻔뻔한지. 내가 싸웠지. 더럽더라고. 동료도, 학교도. 그래서 그만뒀어." 아줌마는 여느 때처럼 담담히 말한다. 그러고 나서 결혼하고 아이 키우며 살고 있다고 했다. "선생으로 계속 일했으면 좋았을 텐데……?" 나한테 묻는 건지 그렇다는 건지 아니라는 건지 싱긋 웃어 보인다. 다정한 웃음이었다.

아줌마는 딱 한 번 그 얘기를 했다. 얘기를 하기 전이나 후나 나한테 마찬가지로 대했다. 낑낑대며 장을 봐오고, 딸의 손을 잡고 성당에 가고, 새로 온 세입자와 월세 때문에 실랑이를 했다. 한편 혼자 벼룩시장을 뒤적이며 자투리 일을 발견하면 아침부터 부지런히 머리를 드라이

하고 화장을 하고 나섰다가 고개를 흔들며 들어오기도 했다. 내가 이사하게 되었을 때 아줌마는 이렇다 말없이 아침부터 땀 흘리며 같이 이삿짐을 날라주었다. 그리고 트럭이 떠날 때까지 자리를 지키고 손을 흔들어주었다. "잘 가요." 트럭이 떠날 때 나는 창을 뒤돌아보았다. 울고 있던 제자를 지켜주려고, 혼자 싸우고 떠나온 아줌마는 어느 누구보다도 좋은 선생님이었다.

두렵다는
것

밤중에 도로가를 걷다가, 육교 아래에 앉아 있는 아주머니를 보았다. 오십 중후반쯤 되었을까, 고개를 푹 숙이고 구부린 모습이 이상해 다가가 보았더니 술냄새가 난다. 친구들과 늦게까지 놀다가 헤어진 후 술에 취하고 길은 잃었다고 했다. "집에 가셔야죠" 부축해드리니 첫마디가 "그래, 나 인신매매한테 잡히면 안 돼"였다. 버스에 태워드리고 나서, 나는 나이든 여성이 정신없는 중에도 가장 먼저 떠올리는 두려움, 길에서 잡혀갈 거라는 공포에 대해 생각했다. 우리 아파트 게시판에 공고문이 붙어 있다. '요즘 이 일대에 성폭력 범죄가 이어지고 있으니 각별히 유의하시고 예방책으로 여성들은 밤늦게 다니지 말고 노출이 심한 옷은 입지 말고…….' 같은 내용이었다. 그걸 읽으며 나도 두려워졌다.

그것은 현실적인 두려움이다. 매스컴에서는 연일 성폭력에 대해 보도한다. 혼자 사는 여성을 대상으로 특정 지역에서 연쇄 성폭력이 일어난다거나, 주한미군이 60대 노인을 성폭행했다거나, 신발가게 주인이 초등학생 여자 아이를 성폭력하고 살해했다거나, 매스컴에서는 흉흉하고 끔찍스러운 일을 연이어 보도한다.

하지만, 실제 일어나는 범죄의 특성에 비해, 모든 여성이 평생에 걸쳐 항상 두려워해야 한다는 점에서 그것은 지극히 비현실적인 두려움이다. 그 두려움은, 밤길을 다니지 않는 것으로 옷차림에 주의하는 것으로, 지하철에서 경계의 눈초리를 늦추지 않는 것으로, 택시를 탈 때 긴장하는 것으로, 낯선 사람이 다가올 때 몸을 움츠리는 것으로 집요하고 끝없이 일상행동을 제약한다. 안전을 위해 삶의 시공간은 축소된다. 말과 행동이 조심스러워지고 상대의 속내를 읽으려 애쓰게 되고, 아버지나 배우자 같은 다른 남성에게 좀더 의존적이 되기도 한다. 보통 여자다움이라고 일컫는 수동성, 감성, 연약함 같은 것들은 여성이 보호를 위해 자기몸에 길들이는 것이기도 하다. 그것은 당연히 불쾌하고 언짢은 경험이다.

자기가 누구이고, 어떤 일을 하고, 무엇을 위해 사는지 상관없이, 밤길을 다니면서 주위를 살펴보며 걸음을 빨리한다는 것은 결국 자기가 몸으로 환원되는 존재라는 걸 인식해야 한다는 뜻이다. 그것은 그 자체로 폭력적인 경험이다. 자기 몸이 물건처럼 팔려서 돈으로 바꿔지고 남성들이 자기 몸을 사서 써버릴 수 있다는 사실을 받아들여야 하기 때문이다. 여성들은 일터에서 길에서 생활에서 겪는 차별과 희롱을 통해 그게 무엇인지 안다. 결혼식 피로연에서 신부에게 요구하는 성적인 행위들을 보고 "지금도 저런 걸 즐거워하는데, 전쟁이 일어나면 어떻겠냐"고 한 여자 친구가 말했다. 여자들의 경험 속에서 희롱과 강간은 같은 맥락에서 흐르는 것이다.

그러므로 여성에게 위험한 것은 밤길뿐만이 아니다. 폭력이 일어나는 것은 낯선 사람, 낯선 장소에 한정되어 있지 않기 때문이다. 집과 일터, 여성이 있어야 할 자리라고 믿어지는 곳에서도 폭력이 일어난다. 자기를 보호해준다고 믿었던 이들이 성적으로 괴롭히고 성폭력을 저지르는 일이 버젓이 일어난다. 여성은 성폭력이라는 말이 폭력성보다는 오히려 피해자를 성적 대상화해서 사람들의 호기심을 자아낸다는 것을 안다. 그래서 그 모든 것에 맞서 항변하는 위험을 무릅쓰기보다 침묵하는 쪽으로 곧잘 빠져들게 된다. 여성이 사회적으로 동등한 구성원으로 여겨지지 않고 반쪽짜리 사람, 반쪽짜리 노동자, 팔릴 수 있는 것으로 여겨지는 이 문화 속에서 사실 여성에게 폭력이 일어나지 않는 공간, 여성이 두려워하지 않아도 될 공간과 사람은 없다. 살해나 강간이나 추행 같은 형법화된 범죄의 틀 너머, 온갖 무례한 희롱과 신체적 언어적 정신적 폭력이 흐르는 일상에서 경계하며 버티어내는 고단함과 긴장은 만만치 않다.

여성이 조신하지 않아서 섹시해서 무례해서 폭력을 당하는 것이 아니라, '여성'이라는 이유만으로 폭력을 당하는 것이기 때문이다. 어린애든 청년이든 노인이건 상관없이 사회는 나이와 계층과 취향과 의식과 욕구가 다른 모든 여자들을 '여성'으로 취급한다. 성적인 대상이 되는 여성은 어릴 때부터 남성을 두려워하도록 학습되기 때문에 여성은 남성중심의 사회가 다루기 쉬운 인간형이 되어간다.

경제를 부흥시킨다며 국가는 유흥산업을 부추겨 인신매매를 조장하고, 매스컴은 여성이면 누구나 인신매매될 수 있다는 공포를 확산시키고, 극도로 팽창한 성 산업은 돈을 번다는 자체로 면죄부를 받고, 남성은 친목을 다지고 손쉽게 스트레스를 푸는 수단으로 여성을 사는 놀이문화를 배워가고 몸을 파는 여성의 인권은 필요없다고 암묵적으로 합의되고, 성폭력 피해자는 자기가 보호받을 만한 여성인지부터 의심당하고 입증해야 한다. 사회가 규범적으로 정한 여성다움은 그 자체로 성적인 함의를 띠고 있는 이중의 덫이다.

그리고 여성은 두려워한다. 자기 삶에 느닷없는 침입과 폭력이 가해질까봐, 어떻게 할 수 없는 공포와 무력감에 휩싸일까봐, 여자답지 않게 행동했다는 비난과 의심에 맞닥뜨릴까봐, 친밀한 관계들을 잃게 될까봐, 자기가 잘못한 것 같은 죄책감에 시달릴까봐, 폭력이 또 잇달아 일어날까봐……. 일어나지 않은 사건과 관련해 이 모든 예감들이 끊이지 않고 떠오르게 된다. 친구들과 술을 마신 뒤에 문득, 집으로 오는 길에 문득, 매스컴에 보도되는 사건 소식에서 문득, 낯선 사람의 눈짓과 웃음에서 문득, 여성은 매번 낯설게 엄습해오는 익숙한 불안과 다시 마주치게 된다. '두렵다'는 한마디 속에는 많은 것들이 숨어 있다. 사실은 화가 난다, 이건 내가 원한 상황이 아니다, 무언가 잘못되었다, 나는 다르게 살고 싶다는 말들이 그 안에 꿈틀거리고 있다.

두려워하는 만큼이나 두려워하지 않아도 되는 삶을 바라는 마음은 커져간다. 삶 속에서 기본적인 안정감과 존중감을 느끼며 가고 싶은 곳에 가고 하고 싶은 말을 하면서 자유롭게 사는 것, 그건 성별로 위계화되고 소통이 막힌 억압적인 우리 사회에서 아직 여성에게 가능하지 않다. 그러나 다른 모든 이들이 그래왔고 앞으로도 그러하듯 여성들은 현실 속에 갇혀 있으면서 현실과 다른 모습의 삶을 꿈꾸며 살아갈 것이다. 두려워하며 견디고 또한 견디면서 그 허구의 두려움과 싸워갈 것이다.

연애의
목적

언젠가 결혼한 한 남자 선배가 술자리에서 남자 후배에게
이렇게 말했다.

"여자랑 잘되려면 말이야, 여자를 인정해줘. 여자는 인정을 받지 못
하고 살아왔기 때문에 남자가 자기를 인정해주는 그 한 가지만 되면
자기 모든 걸 백 퍼센트 줘."

선배는 후배를 위하는 마음에 진지할 따름이었다. 나는, 남편의 활동
을 뒷바라지하느라 여념없는 그 부인을 떠올렸고 이내 불편해졌다. 그
이의 나이가 40대고 성에 있어서도 내 세대들과 다른 관계를 맺었겠지
만 남의 이야기 같지 않았다. 여자들은 연애에서 무얼 바라는 걸까.

오래 전 친척 언니 하나가 연애하는 남자가 생기자 반대를 무릅쓰고
사귀던 모습이 떠올랐다. 언니는 거울 앞에서 머리를 빗고 연신 방긋

거리며 행복하다고 했다. 그 남자는 언니에게 예쁘다고 하고, 사랑한다고 하고 맛있는 것도 같이 먹고 옷차림도 신경써주고 기분을 염려해주고 주시해주었을 것이다. 그 모든 것이 언니에게는 행복이었다. 농가에서 딸로 태어나 고된 노동과 하대 속에 살아온 언니에게 연애는 일상과 다른 꿈 같은 시간, 현실을 잊는 공간이었을지 모른다.

그 언니와 상황은 다르지만, 지금도 연애는 현실과 다른 어떤 것으로 이해된다. 영화건 텔레비전 프로그램이건 대중매체에는 남자와 여자, 연애와 결혼에 대한 이야기가 넘쳐난다. 사람들은 장시간의 노동, 궁핍하고 막막한 생활에서 떠나 로맨틱한 연애와 결혼 이야기를 소비한다. 각각 사회에서 놓인 지위나 처지가 다른 이들이 똑같은 연애 이야기를 보며 연애를 시도하고 상업적인 연애의 공식들을 외운다.

그 연애의 행복이 지속되기를 기대하며 어떤 여자들은 결혼한다. 예컨대 한결같은 배려와 자상함, 대화 같은 것 말이다. 그러나 결혼한 남자가 바라는 건 종종 단순하다. 남자는 집안 깨끗하고 먹을 것 떨어지지 않고 여자가 아기 낳아 잘 키우면, 가장으로서 자신의 자리가 잡히면 대체로 만족한다. 그 대신 그는 회사일과 취미와 자기 친구들 사이에서 대부분 시간을 보내고 자신을 다져간다. 한 여성학자의 말처럼 남자가 남에게 맞춰 자아를 조절하는 것은 평생에 한 번 연애할 때 뿐이다. 남편과 아내 역할 모두 개인에게 억압적이지만, 육아와 가사로 인해 타인과 소통하고 관계 맺는 시공간이 고립되는 여자에게 더욱 억압적이 된다.

아름다운 연애의 끝인 결혼이 이런 냉혹한 성별분업으로 귀결된다는 것을 아는 여자들은 다른 선택을 하기도 한다. 결혼을 하지 않는 사람도 있지만, 이전과 같은 혼전 순결이나 성에 대한 억압에서 벗어나 자유롭게 연애하고 자기를 표현하고 사랑하고 사랑받는 삶을 그려나가기도 한다. 그러나 안정을 택해야 할 때 여자들은 자신들의 섹슈얼리티와 남성의 경제적, 사회적 기반을 맞바꾸려고 저울질하고 계산하게 된다. 여성이 경제적으로 독립하거나 사회적으로 인정받기가 어려운 상황에서 남성은 경제성, 사회적 지위, 잠재력 등으로 다가온다. 그 대가로 여성에게 요구되는 것이 순수하고 연약하고 앳된 이미지일 때 여성은 그것을 충분히 연기하고 생존하고 싶어한다. 그리고 그만큼 속으로 분열한다. 결혼이 기능적이고 형식적인 굴레인 만큼이나 그 속에서 또 다른 연애를 꿈꾸게 된다. 연애에서 결혼으로, 또는 연애에서 연애로, 결혼에서 연애로, 타인을 통해 자신의 결핍을 채우거나 잊으려고 한다.

여자들이 모두 연애에서 어떤 것을 바란다고 말하기 어렵지만, 한 남성을 대상자로 정하고 그에 맞는 연애의 상대 역할을 해나가면서 그녀는 어떤 몸짓과 어떤 눈빛을 하게 될까. 어떤 경우에는 그 선배의 말처럼 한 사람으로서 인정과 관심과 사랑을 받고 싶다는 것이, 다른 것은 바라지 않더라도 그것만은 자기보다 나은 위치에 있는 남성에게 받고 싶다는 심리가 있을지 모른다. 그렇다면 그건 종종 배반당할 것이다. 연애와 결혼을 통해 그 기대가 채워진다는 믿음은, 많은 경우 불평등한 상황에서 여성의 육체적 심리적 노동을 무상으로 이용하고 현상을 유지시키려는 환상에 지나지 않기 때문이다. 사회적으로 습득된 여성의 그러한 기대는 쉽게 자신의 덫이 되고 간파당하고 이용된다.

남성의 연애의 목적은 어쩌면 현실적이라고 말할 수 있는 것이어서, 그도 물론 이성의 인정을 원하지만 그것이 자신의 주체를 형성하는 데 가장 중요한 문제는 아니다. 여성에게 바라는 것은 성적인 기대감, 관계에서 정서적 보살핌이고 또한 자기가 안락하게 누릴 수 있는 집에서의 안주인의 역할이다.

여성은 그녀가 진심으로 그렇게 원하든 현실조건에 따라 의식적으로 바라든 간에 남자의 인정이 자기 가치를 확인시키는 핵심적인 것이 되는 경우가 많다. 여성이 교육을 받고 독립해나가고 있지만 그것이 대체적인 현상이 아니고 아직 사회적으로 자리잡지 않은 현실에서, 자원을 가진 남자는, 자원이 없는 여성에게 밥이고 집이고 생계수단이기도 하며 심리적으로 자존감을 주는 외부의 힘이기도 하다.

여성에게 연애는 내밀한 문제, 자신을 어떤 눈으로 보고 스스로 존중할 수 있느냐의 문제인 것 같다. 여성의 연애는 온전하게 자신을 드러낼 수 있는 경험일까. 연애는 자신이 주체적으로 관계를 맺어나갈 수 있는 장場일까. 연애는 여성 스스로 수치스럽다거나 낯설게 여겨지지 않는 온전한 사적인 자유의 공간일까. 여성은 연애를 자기 느낌대로 말할 수 있을까. 연애에서 취하는 몸짓이나 기대나 환상은 그녀만의 것일까. 여성의 사랑은 현실과 유리된 것이 아니라 지극히 현실적 조건에서 맞춰나가야 하는 것이어서, 연애와 성폭력과 성매매의 경계를 넘나든다. 기대와 배반과 믿음과 불신과 환상과 환멸의 거리는 그만큼 가깝다.

동등한 개인과 개인이 만나는 장이 아니라, 사회적으로 위계화되고 성별화된 남성과 여성이 만나는 연애는 다른 사회관계와 마찬가지로 억압적이고 갈등하고 달라지며 변한다. 자유연애는 그것이 처음 생겨났을 때도 그러했던 것처럼, 제도화된 틀로서 구성원의 감정을 부추기고 어떤 행동을 강제하고 어떤 것을 기대하게 한다. 여성이 삶에서 얻고 싶은 존중감이, 지극히 은밀한 그 안에서 어떤 이야기로서 흐르고 있지만, 그것이 현실의 진정한 이야기가 되기 위해서는 기대와 욕망과 좌절의 토대에 대해 자신과 이 사회의 무의식까지 파고들어 성찰해야 할 것이다.

여자가
아기를
낳는다는 것

내가 임신을 하니 어떤 사람이 대뜸 "애국자시네요" 하고 말했다. 그 뜬금없는 말에 나는 생각해본 적도 없는 애국자 축에 끼게 되었다. 출산율 저하니 심각한 사회위기니 하니까 나온 소릴 게다. 어릴 때 면사무소에서 '둘도 많다' '잘 키운 딸 하나 열 아들 안 부럽다'는 표어를 보고 저게 무슨 말일까 한참 들여다본 기억이 난다. 이전에는 아기를 낳지 않는 것이 애국이었다. 그래서 남자들은 예비군 훈련 때 정관수술을 무더기로 받기도 하고, 여자들은 복지혜택이 주어지지 않는 셋째아이부터 중절수술을 하기도 했다. 여자들이 나라를 사랑해서 아이를 낳지 않거나 낳는다는 소리는 거꾸로 아이를 낳고 안 낳고를 결정하는 것은 국가이고, 철저히 국가의 필요가 아기의 수요를 결정한다는 소리다. 애초 한 여자가 어떤 이유로 아이를 원하고 안 하고는 문제가 되지 않는 것이다.

나도 아기를 가졌지만 '행복하고 좋은 생각만으로' 태교를 하기에는 드글드글 속 복잡한 일이 한두 가지가 아니다. 1년 계약직이었던 직장을 출산휴가를 통해 사실상 그만두어야 했고, 육아 문제 등으로 다음해 재계약은 불가능해졌다. 정규직이 아니고 경력도 오래지 않아 육아휴직은 먼 말이다. 결혼하고 경력이 단절되면 다시 일 구하기 어려울 텐데 싶어 심란하기도 했다. 그러면서도 순순히 일을 그만두려는 것은 70만 원도 안 되는 임금과 시키는 일만 해야 하는 불안한 자리 탓이다. 아기를 맡기는 데 드는 비용 같은 것을 이러쿵저러쿵 따져보다 그냥 여자는 집에서 애 보고 살림하는 게 돈 버는 거라는 말에 쉽게 솔깃해진다. "자기 새끼는 자기가 키워야 한다"는 소리에 찔끔해하기도 한다. 그 말은 새끼는 어미의 것이고, 새끼를 키우는 것은 탁아소나 친인척이나 지역공동체나 심지어 남편도 아닌 어미의 몫이라는 소리다. 그 말은 나를 궁지로 몰아붙인다.

이런저런 사정을 알겠으니 애 좀 낳아보라고 국가에서는 부랴부랴 보육정책을 내놓고 있다. 지방자치단체에서는 출산장려금을 주겠다고 다산정책을 홍보하고 나선다. 텔레비전과 신문에서는 아이를 예닐곱 씩 낳은 여자가 출산장려의 극적인 본보기로 등장한다. 하지만 한편에는 여전히 영유아를 맡길 곳 없는 어머니들이 국공립 어린이집을 늘리라고 피켓을 들고 시위하고, 미혼모들은 무관심 속에 아기를 낳고 그네들 아이들은 국가의 노동력으로, 국가의 미래로 선택되지 않은 채 세계 각지로 수출되고 있다. 출산문제와 관련해 국가의 진정한 관심사

는 여성 삶의 개선이나 가족주의에서 벗어난 비혼, 미혼의 아이들이
아니다. 국가는 정상가족과 성별분업이라는 틀은 그대로 유지한 가운
데 새 노동력을 요구하는 것이다. '내 애 좀 낳아도!' 어느 잡지 표지
에서 임산부의 벗은 배 위에 써놓은 문구처럼, 국가는 실은 '내 애 좀
낳아도!' 하고 여성에게 채근하는 것이다. 여성의 몸을 거쳐야만 하는
출산 때문에 여성은 조건부의 주목을 받는다.

출산 파업이다 뭐다 언론에선 호들갑을 떨지만, 내가 임신을 하고
느낀 것은 '참, 외롭구나' 하는 것이었다. 직장에 다닌 지 얼마 안 된
임신 초기, 입덧을 숨기며 일할 때도, 점심식사 후 쏟아지는 잠 때문에
눈치를 피해 토막잠을 잘 때도, 무턱대고 기형일지 모른다며 자꾸 값
비싼 검사를 강권하며 각다귀처럼 덤비는 병원에 누워 있을 때도, 처
음으로 내가 먹고살 돈을 벌지 않고 종일 집에 있으면서 자꾸 쓸모없
는 사람처럼 느낄 때도, 자정이 넘어 들어온 남편이 자는 모습을 보고
있을 때도 외롭다.

임신하고 출산하는 여자는 혼자가 된다. 남편은 가사나 육아를 기꺼
이 같이 할 사람이지만, 아침에 출근해 자정에 들어오거나 주말에도
출근해서 밤중에 돌아오기 일쑤이기 때문에, 나는 우리 엄마가 그랬듯
빈집에서 혼자 밥을 짓고 청소를 한다. 아이를 낳으면 나는 밤늦게 오
는 남편을 기다리며 아파트에서 전적으로 아이만 기르게 될 것이다.
'살림이며 육아를 알아서 할 사람이 있겠지' 하며 나 몰라라 하는 그
이의 직장, 남편이 잠잘 시간만 빼고 그의 노동력을 오롯이 써먹는 직
장에 대해서 화가 난다. 아이를 같이 낳고 기르는 것은 남편과 나의 의

지가 아니었던 것이다. 직장에 다니니 평등가족이 될 수 없다고 남편은 먼저 푸념했다. 아기를 기르는 데 같이 계획하고 하고 싶은 것이 많다고 요구하다가도 "그럼 직장을 그만둘까?" 대꾸가 돌아오면 나는 입을 다문다. 자꾸 할 말이 없어지게 된다. 그것은 이 사회가 떠맡긴 외로움이다. 낳고, 기르고, 돌보고, 재우고, 다시 살려 보내는 일에 딱 눈감은 사회가 이미 싱싱하게 준비된 노동력을 써먹으려고만 드니까 그 하중을 버텨내는 외로움은 여자들 스스로에게 겨냥된다. 사실 그것은 돌팔매질로 날아가야 하는 것인데.

아기를 낳겠다는 어떤 여자분이 "그래도 아직은 딸보다는 아들을 낳고 싶지 않겠어요?" 하고 말했다. 그이가 그렇게 말한 건 아들이 중하다는 인습 때문이 아니라 딸로 태어나 겪어야 할 폭력에 대한 불안, 불안정한 사회적 위치, 비정규의 일자리, 출산과 육아를 치러내며 감내해야 할 삶의 고통까지 염두에 둔 말이었다. 남자와 여자로 태어나는 순간부터 아기들 앞에는 다른 삶이 펼쳐진다. 자식이 되도록 안전하고 편하게 살았으면 싶으니까 아들이 낫겠다고 계산해보는 것이다.

나는 아기를 가져서 기쁘다. 처음으로 내 몸에 깃든 조그맣고 팔딱이는 생명체를 보았을 때 태동을 느낄 때, '살다 보니 이렇게 행복한 순간도 있구나' 하고 위로받고 감사하는 마음이 들었다. 내 시간과 이제 사람이 되어가는 새 생명의 시간이 함께 한몸에 있다는 것도 신기하고 따스한 체험이다. 나는 눈치 보지 않고 아기를 낳고 싶고, 아들이건 딸이건 주위 편견 없이 자식을 키우고 싶고, 또한 마찬가지로 소중한 내 일을 계속 찾고 해나가고 싶다. 아기를 기르면서 무력해지고 고립되기보다는 충만한 감정으로 같이 아기를 돌보고 내 삶을 존중받고 싶다.
그러려면, 남자로 여자로 태어났으므로 이런 일을 하고 감내해달라는
사회의 부당한 요구와 강요, 차별과 끊임없이 맞닥뜨릴 것이다.

조용한
가족

가족 하면 떠오르는 친구의 집이 있다. 같은 동네라 중학교 때부터 단짝이던 그 친구 집에서 놀다가 저녁까지 얻어먹은 적이 있었다. 마당에 감나무가 있는 한옥집에서 둥근 상을 둘러싸고 앉았는데 냄비에 고등어조림이 나왔다. 친구 아버지는 별 말씀 없었지만 연신 부드럽게 웃는 얼굴이어서 마음이 편했고, 어머니는 밥을 고봉으로 퍼주고 말없이 식사 시중을 들고 밥을 다 먹은 후 나한테도 사기밥그릇 가득 우유를 따라주었다. 조용하지만 편안한 그 분위기는 오랫동안 기억에 남았다. 나는 그 따뜻한 저녁상의 풍경을 언제나 가족의 평화로운 모습으로 떠올렸다.

그 부모님이 이혼했다고 했다. 뜻밖이어서 할 말이 없는데 친구 말이 더 놀라웠다. "잘 됐어. 나는 엄마보고 아빠랑 헤어지라고 옛날부터 말했어. 우리 아빠가 가족한테 잘해줄 때는 손님이 왔을 때뿐이었지. 뒤돌아서면 바로 엄마를 때리고 살림을 다 부수고 폭군으로 변해 버렸으니까. 나는 손님들이 뒤돌아설 때마다 가지 말았으면 하고 바랐어. 엄마는 임신중인데도 매를 맞고 아빠는 아무 여자하고나 잤지. 근데 웃긴 건 아빠가 회사에서 모범사원으로 상도 받았다는 거야. 난 그래서 보이는 건 안 믿어." 웃는 얼굴로 아무렇지 않게 곁에서 지내던 친구가 20여 년 견뎌온 비밀을, 웃으며 우유를 따라주던 어머니의 애타는 속내를 비로소 엿본 것이다.

가족은 그렇게 조용하다. 광고에 매일 나오는 돈 잘 벌고 듬직한 아버지와 살림 잘하고 따뜻한 어머니와 마냥 행복한 자식들은 세상에 없는 건지도 모른다. 아무도 바닥까지 솔직히 말하지 않는 것이 자기 가족이다. 가족의 이미지와 어긋나는 가족은 세상에 아주 많다. 사랑과 행복만이 아니라 세상에서 일어나는 모든 일이 가족 안에서 일어난다. 폭력과 차별, 억압과 모욕, 추행과 위협이 그 안에 함께 있다. 가족은 사회와 다른 따스한 사적 안식처라는 이데올로기가 가족 안의 고통을 은폐하고 침묵을 강요한다.

많은 사람들이 가족을 위해 산다. 자식을 위해 온갖 고됨을 참고 일하고, 인간다운 소통의 부재를 견디며 자리를 지키고, 때로 자기 인생의 무의미와 막막함까지 가족을 통해 보상받으려 하면서 정체성과 의미를 가족 안에서 찾는다. '태극기 휘날리며'나 '화려한 휴가' 같은 영화들을 보며 사람들이 가슴으로 우는 것은, 역사적 사실의 고통 자체가 아니라, 자기 모든 것을 바쳐 지키는 가족이 찢겨지는 모습이다.

그때의 위태로움이 지금의 위태로움과 닮아 있고, 국가도 사회제도도 그 무엇도 지켜주지 않은 가족, 그것을 지키기 위해 처절하게 싸워왔던 시간이, 다리가 무너지고 지하철이 불타고 빈곤의 위협 속에 생목숨이 죽어가는 지금 사람들의 무의식에 여전히 각인되어 있다. 사람들은 사방에서 터지는 지뢰 속에서 가족을 지켜왔다. 기본적인 생존이 보장되지 않는 사회에서 가족이라는 울타리는 개인에게 절대적인 의미이기도 했다.

우리 나라에서 가족은 부부와 자식의 혈연 공동체 그 이상의 의미다. 사회의 노동 체계, 임금 체제, 경제 운영, 문화적 현상까지 모두 사회의 기본 단위로 가족을 전제하고 이를 유지하고 확장하고 강화한다. 남성은 돈을 버는 가장이고 여성은 집에서 살림만 하는 가사전담자라는 설정이 현실에 맞지도 않고 그로 인해 무수히 불합리한 상황이 일어나는데도 가족주의는 턱없이 견고하다. 그래서 실제로 그렇든 그렇지 않든 가족은 한 개인이 어른이 되기 위해 이루어야 할 목표물이며 사회가 인생단계에서 설정해놓은 과제이며 사회와 인간관계에서 배제당하지 않으려면 개인이 아무리 부조리한 고통을 느끼더라도 적응해서 생존해야 하는 유일한 현실이 된다.

가족은 서로를 모른다. 아버지가 밖에서 무슨 일을 하는지, 어머니가 안팎에서 무슨 고민을 하는지 자식이 어떤 성장통을 겪는지 모를뿐더러 소통의 노력도 하지 않기 십상이다. 가족 구성원은 서로 인격과 인권을 가진 존재라기보다는 도구적이고 기능적인 역할을 기대하고 의존하고 착취한다. "내가 돈 버는 기계야?" "내가 이집 가정부야?"

"내가 인형이야?" 속으로 불만을 외치면서도 남성은 가장으로, 여성은 가사전담자로, 자식은 계급과 세대를 이어갈, 때로 부모보다 더 나은 사회적 지위를 가질 자원으로 인식된다. 가족의 자원은 자식의 교육으로 집중되는 경향이 있다. 그 노력이 성공하더라도 가족 개개인의 삶이 존중감 있는 것으로 이어진다는 보장은 없다. 출세하면 다 될 것 같은 그 집약된 노력은 환상이고, 현실 불만족에서 오는 투사나 자기애의 표현에 지나지 않는 집착이 그 안에 있다.

정상가족 이데올로기는 그 구성원뿐 아니라 울타리 밖에 존재하는 현실적인 삶들을 소외시키고 차별한다. 여성세대주, 비혼, 이혼, 노인 단독 가구, 비혼모, 동거 동성 가구, 대안적 공동체 가구 등, 기존 가족 관념에서 벗어난 모든 가족을 비정상적인 것으로 매도하고 지원하지 않는다. 급증하는 이혼율에서 보이듯, 개인에게 만족스럽지 않다면 언제든지 해체할 수 있는 계약관계일 뿐인 가족이 여전히 모든 이들이 마땅히 이루어야 하고 비교당해야 하는 전범의 이미지로 살아 사회구성원의 주체적이고 자립적인 삶을 막고 있다.

행복하고 깔끔한 가정과 집을 유지하기 위해서 온종일 노동하는 사람은 여성이다. 특히 결혼과 동시에 여성은 가족 안에 고립되어 재산권이나 노동권, 재교육이나 사회적 지지 소통망 같은 자원에서 배제된 채 가족의 재생산과 보살핌을 위해 아무 대가 없이 일해야 한다. 이러한 낮은 지위와 처우는 가족주의와 성별분업을 기반으로 한 사회 속에서 구조화되어 있다. 교육을 받건 받지 않건 여성이 선택할 수 있는 것은 많지 않다. 여성은 집안일은 물론이거니와 경제적 상황 때문에 밖에 나가서도 집안일의 연장인 닦고 쓸고 먹이고 입히는 일을 이중으로 하며 낮은 보수를 받거나, 전업주부로 지내면서 자식의 교육적 성공과 남편의 출세로 자아실현을 대체하고 자기능력을 입증해야 한다. 상류층 여성이라면 돈과 권력의 교환 행위인 결혼에서 철저한 도구로 딸려 나가고 어떤 의미에서는 가장 비주체적이고 과시적인 행태에 매몰되는 역할을 수행할 것이다. 여성은 가족에서 부여받은 역할을 이행하면서도 이를 제대로 수행 못 한다는 자의적인 기준과 판단으로 구타당하거나 억압당하기도 한다. 또한 좋은 어머니, 아내라는 환상적인 기준, 기대치와 어긋나는 역할 속에서 늘 죄책감을 가지게 된다.

사람들은 가족 속에서 차별을 배우며 자란다. 남성이 여성을 대하는 것, 어른이 아이를 대하는 것, 강한 자가 약한 지위에 놓인 자를 대하는 것, 우리 나라의 가족주의는 이렇게 성별과 세대와 계급의 차별을 전수한다. 가족이 사회가 아니고, 사람들의 의식적인 영역이 아니라고 여겨지면서 사람들은 가족에 대해서는 유독 판단을 중지하고 관습과 인습에 따르는 쪽을 택한다. 사랑과 자발성의 신화 속에서, 가족 안에서는 자기 신념과 의식에 거스르는 말과 행동을 스스럼없이 몸에 익은 대로 하기도 한다.

가족이 진정으로 행복해지려면, 그 구성원 모두가 진정으로 행복해질 수 있어야 하고 누구의 삶을 희생한 안락함이 아니어야 한다. 개개인이 자신의 목소리로 선택하고 타협하고 소통할 수 있어야 하고 다른 목소리와 시도가 금기가 되지 않아야 한다. 고통이 비밀이 되지 않아야 하고 현실과 어긋난 부분이 끊임없이 발화되어야 하고 가족 자체를 유지하는 것이 개인의 자유와 자립보다 가치 있다는 고정관념이 타파되어야 한다. 가족은 언제나 변해왔고 지금도 바뀌고 있다. 분배와 역할이 성별화되어 평등하지 않은 가족, 구조적으로 정의롭지 않은 가족에서 다른 모습을 찾아가려면, 가족 속에서 침묵당한 눈으로 가족을 다시 보아야 한다.

성매매에 대한 생각

"당신은 성노동에 찬성하나요, 반대하나요?"

가까운 사람이 던진 질문에 난감했다. 내가 여성 문제에 평소 관심이 있다니까 물어온 것이다. 그 질문이 명료한 입장을 원하고, 그 답으로 문제를 매듭지으려고 하고 있으므로 답하기가 더욱 곤란했다. 성노동 문제의 타당성을 논한다는 어느 연구소의 토론에서, 성노동을 문제제기하는 어느 영화제 행사에서, 인터넷에 자주 등장하는 성노동 자연맹의 성명서들에서도 나는 종종 그런 난감함을 느낀다.

성이 노동이 되어야 한다고 하는 사람이 있다. 더 나아가 성노동은 생존권 보장의 문제이고, 심지어 인권의 문제이므로 보장되어야 한다고까지 한다. 반대로 성을 매매하는 것이 절대 노동이 될 수 없다고, 여성의 인권과 양립할 수 없다는 주장도 있다. 생생한 사례를 바탕으로 한 그 각각의 주장들에는 분명 거역하기 어려운 절실함이 있다.

하지만 '성노동'에 대한 찬성이나 반대는 환원적이고 고정된 답변을 요구한다는 점에서 위험이 있다. '성'이라는 말이 본질적이고 자연적인 것, 역사 이전의 순수 본연의 것이라는 의미로 통용되듯이 말이다. 성매매는 유구하게 있어왔지만 그 존재방식은 역사적이었다. 노동의 성립 과정 자체가 역사적인 것처럼 말이다. 성과 성이 다루어지는 방식은 사회 제반 여건과 떨어진 독립적인 것이 아니므로, 현재 성이 매매되는 방식이 어떤 것인지, 지금의 노동이 어떤 것인지, 또한 여성의 노동이 어떻게 이루어지고 있는지 성찰하지 않고 '성노동'을 말한다는 것은 사실과 동떨어진 도식적인 논란이다.

성매매방지법 시행 이후 논의들이 지난했지만, 성을 매매하는 여성들의 처지가 다 다르고 그에 대해 찬반을 공표하는 여성들의 처지도 다르다. 성을 매매한다는 것이 어떤 상황에서는 도덕적인 관념 틀 안에서 느끼는 것처럼 그렇게 끔찍하지도 비정상적인 것도 아닐 수 있다. 성을 매매하는 것이 옳은 일이냐, 바람직하지 않은 현상이냐를 떠나 누가 성을 매매하고 왜 성을 매매하느냐를 살필 일이다.

몸을 판다는 것은 즐거운 일이 아니라 견디는 일이다. 우리 사회처럼 돈으로 샀다면 마구 써버려도 된다는 자본주의 문화 속에서 여성의 몸이 유통된다면 더욱 그렇다. 성이 팔리는 일을 노동으로 친다면, 그 노동 과정을 자기가 통제하지도 벗어나지도 대가를 받지 못하기도 하는 일이 부지기수다. 그런데도 그것을 견디고 선택한다면, 그건 견디는 고통보다 욕구가 더 강할 때 가능할 것이다. 그 욕구는 다른 것을 선택할 수 없는 상황에서 이루어진 생존의 욕구라고 생각한다. 그 절박한 생존은 경제적인 문제이기도 하고 심리적인 문제일 수도 있다.

성매매가 우리 사회에 산업으로 만연한 것만큼 성매매는 여성 일반이 처한, 또한 그중에서도 가난한 여성이 처한 구조적 문제이다. 여성노동이 처한 문제는 어떤가. 여자 청소년들이 일하고자 했을 때 천지에 널린 것은 숙식을 해결해주고 돈을 주겠다는 다방과 유흥업소의 광고다. 그 사탕발림 회유는 그네들 허기진 인정 욕구까지 메워주는 듯하다. 등록금을 마련하려고 푼돈의 아르바이트에 허덕이던 대학교 때 내 친구는 몸을 팔아서 목돈을 쥐고 싶다는 게 그 실현 여부와 상관없이 매 학기 떨치기 어려운 고민이었다. 주택가와 유흥업소가 표리로 공존하는 것처럼 일상과 성매매 사이는 멀지 않다. 몸을 사달라는 여성들이 성매매 시장을 만들어내는 것이 아니라 시장 자체가 거대하게 형성되어 있으므로 궁핍한 현실에서 고개를 돌리면 언제나 성매매의 가능성이 보인다. 손짓하는 달콤한 속임수로, 한때 돈을 벌 수 있는 한탕 기회로, 안 속겠다고 정신 차려도 빠져드는 미궁 같은 곳으로, 여성으로서 사회에서 겪는 열악하고 임시적인 상황에서의 어떤 심리적 경제적 탈출구로 성매매 공간은 우리 옆에 함께 있다.

실제로 어렵사리 성매매 공간을 빠져나온 많은 여성들이 그곳으로 다시 되돌아간다. 그들이 그 일의 억압성을 몰라서, 몸과 마음이 분리되는 그 일이 고통스럽지 않다거나 사회적인 낙인이 두렵지 않아서 돌아가는 것이 아니다. 그들이 빠져나온 세상과 이 세상이 다를 바 없다고 여기기 때문에, 어쩌면 이 세상이 더 캄캄하기 때문에, 그 세상이 자신의 생존을 보장해줄 거라고 여기기 때문에 그들은 돌아간다. 성노동이 노동이기 때문에 선택하는 것이 아니라 사회에서 여성에게 주어지는 일이 너무 제한적이고 보잘것없기 때문에, 일 자체가 성별화되고 불안하기 때문에 자주 노동의 가능성을 포기하고 매매의 시장으로 간다. 노동시장에 진입하기 위한 학력과 지지망, 심리적 자원이 빈약한 경우에는 더욱 그러하다.

여성에게는 성매매 안과 밖의 상황이 다르지 않다. 성매매는, 사회에서 여성으로 살아간다는 이유로 겪게 되는 많은 부당한 존재조건의 일부이자 결과다. 실제로 성폭력을 당한 여성들, 자기 삶에서 성을 폭력적으로 경험한 여성들이 낮은 자아존중감을 가지고 성매매의 길로 들어선다. 이른바 정상가족이라는 사회화된 틀 속에서 양육과 보살핌을 받지 못한 이들이 자기 생존과 보호의 수단으로 성매매의 길로 들어선다.

가정과 결혼은 종종 비밀과 억압의 공간이다. 남편의 폭력과 의심에 몰려 성매매로 돌아가기도 하고, 악착같이 버티다 사회에서 죄인처럼 전력을 숨기고 살아야 하는 부자연스러움에 지쳐 돌아가기도 한다. 여성은 때론 어머니로서 생계를 책임진다고 포주로 일하기도 하고, 딸로서 가족의 생계와 학비를 댄다고 몸을 팔기도 한다. 자식 교육을 위해 또 무엇을 위해 이건 단지 아르바이트고 나는 엄마고 아내고 딸일 뿐이라고 자기 정체성을 가지기도 한다. 사회가 내던진 구성원의 생존 책임을 온몸으로 떠맡고 살아가기도 한다. 돈과 사회적인 지위 상승만 부추기는 학교와 집에서 떨어져 나온 학생들이 다른 삶을 찾아 기웃거리는 곳이기도 하고, 사회적으로 부추겨진 소비욕구를 통해 자존감을 벌충하기 위해 끝없이 허덕이는 밑 빠진 공간이기도 하다. 성매매는 분명 근절되기 어렵다. 편중된 부와 가난한 여성계급과 가부장적 문화와 위선적인 결혼제도와 과시적인 소비문화와 도구화된 학교와 가족, 열악한 노동시장이 맞물려 계속 성매매를 양산하고 있다.

성매매는 한편 폭력과 은폐와 죽음의 공간이면서 심리적 경제적으로 살아남으려는 여자들의 생존의 도가니다. 그러므로 성매매에 대해서 자발과 강제라는 잣대를 들이대는 것은 무의미하다. 이 사회에서 성매매가 여성 생존의 수단으로 권유되고 대안으로 버젓이 존재하는 한, 이런 사회적 환경과 책무에는 눈감고 성매매 자체를 찬성이냐 반대냐로 단죄하려 할 때 개개 여성들의 삶은 대상화되고 묻힌다.

성매매는 때로 성노동이 되어야 할지 모른다. 그렇게라도 해서 현실적으로 위협과 고통 속에서 몸을 매매하는 많은 여성들의 처지가 개선된다면 말이다. 그러나 성매매 상황을 고정화하거나 확산하는 것은 문제의 본질과 어긋난다. 여성의 성은 남성에게 매매되지 않고 스스로 자신을 위해 누릴 수 있는 것이어야 하고, 여성의 노동은 오롯이 존중받으며 세상과 소통하며 자기를 유지하고 또한 북돋아주는 것이어야 하기 때문이다. 다른 모든 이들의 삶이 그러해야 할 것처럼, 또한 지금 어떤 이들의 삶이 그런 것처럼. 성이 매매되어서는 안 된다는 것, 그것이 여자인 우리들이 마땅히 꾸어야 하고 꿀 수 있는 꿈이라고 나는 생각한다.

저 말이
불편하다

어떤 말을 듣거나 글로 읽었을 때 불편한 경우가 있다. 그 불편함은 그 말이 나의 경험과 욕구에 어긋난다고 느낄 때 생겨난다. 그런데도 내가 그에 대해 아무 말 못 하거나, 못 하는 처지에 놓일 때 그 언짢음은 두고두고 가슴에 남기 십상이다.

문학작품이나 대중 매체의 텍스트를 보게 될 때 나는 자주 불편해진다. 이를테면 한국문학의 신화적인 존재라는 김승옥의 작품, 『생명연습』을 읽으면 자기 세계를 확립하기 위해 사랑하던 '여자의 육체를 범해버리기로 한' 남자가 나온다. 여자를 범하자 사랑이 식을 수 있었다는 내용을 고등학생이었던 나는 이해할 수 없었다. 자아를 세우기 위해 타인을 짓밟아야 했다는 설정도 이상하고, 성공을 위해 사랑을 버려야 한다는 이분법도 어리둥절한 것이었다.

여성문학이라는 조어造語도 있지만 남성문학을 한번 생각해본다. 대체로 남자 작가들이 쓰거나, 대중의 지지를 받으며 공식적인 지위에서 통용되는 텍스트들을 보면 낯익은 그 불편함에 종종 맞닥뜨리게 된다. 그 불편함은 작가의 정치적 성향과 관계없었다.

그녀의 긴 머리가 신비로웠다는 도입부부터 시작해, 정신대의 역사까지 떠올리게 하는 여자의 발가락을 그냥 만졌다거나, 사춘기가 되어 여자 아이의 벗은 몸을 훔쳐보았다거나, 남들 다 줘놓고 왜 나는 안 주냐고 조른다거나, 어머니가 되기 때문에 여성을 존중해야 한다거나, 여자는 돈만 알고 남자를 배신한다거나, 여자가 유혹하여 일을 그르쳤다거나 그러나 유혹해서 넘어갈 수밖에 없다는 그런 내용들……. 작품 어느 곳에선가 여성은 대상화되어 인간이 아니게 나타났다. 세상의 살과 피를 가진 사람이 아니라, 무균질의 포장된 것이거나 염치없고 그악스러운 어떤 것으로 묘사되었다.

남성은 노동하고 먹고살기 위해서 지상에서 땀을 뻘뻘 흘리는 존재로 그려지지만, 여성은 한 떨기 꽃처럼 아름답고 순수해서 모든 위선과 위악조차 맹하니 받아주거나, 탐욕스럽게 성과 돈을 밝혀 남자를 옭아매는 존재로 그려졌다. 여성이 '꽃'과 같다는 찬사 어린 비유는 본질적으로 성매매 여성이 '꽃'을 판다고 하는 말과 거리가 멀지 않다. 둘 다 여성을 비역사적인 존재로 그린다는 점에서 허구다. 여성도 남성과 마찬가지로 사회에서 고군분투하며 생활인으로서 먹고살기 위해 싸우며 일한다. 사회와 역사의 틀 안에서 적응하고 반발하고 변하는 존재이므로, 그녀의 행동에는 맥락과 이유가 있다.

여성의 상황을 그네들 삶의 조건과 결부시켜 생각하기보다는 자연적이고 생물학적인 속성으로 환원해버리는 버릇이 만연해 있다. 노동의 역사성을 인식하는 사람도 종종 성의 역사성이나 여성의 역사성은 염두에 두지 않는다. 여성은 순수하거나 방탕해서가 아니라, 사회화된 생존방식을 습득해 때로 속내를 감추고 남의 기대에 맞춰 웃고 외모를 가꾸고 성을 팔고, 보여야 하는 자기와 진짜 자기 욕구 사이에서 분열하기도 한다.

작품에서 여자는, 남성의 좌절과 분노 때문에 강간당하고도 말없는 약자이기도 하고, 남성의 돌린 등 뒤에서 썩은 내 풍기는 육체일 뿐이기도 하고, 남자를 탄생하게 한 위대한 어머니기도 하고, 남성의 투쟁을 똑같은 마음으로 뒷받침해주는 둘도 없는 동지이기도 하다. 이 모든 재현이 가능한 것은 다른 소수자의 처지가 그런 것처럼, 여성이 우리 사회에서 말 되어지는 이이지 말하는 이가 아니기 때문이다.

저 이야기는 나의 이야기가 아니다, 저 말은 나를 겨냥하고 있지 않다, 저 발언은 나에게 영향을 미치지 않는다, 저 여자와 나는 다르다는 전제를 해야 여성은 이 무수히 쏟아지는 무차별적이고 모욕적인 텍스트들을 견딜 수 있다. 남성이 여성을 타자화해서 자기를 세우는 것처럼 여성은 다른 여성을 타자화해야 자기가 살 수 있다.

여성이 사랑한다고 할 때 그녀는 사랑을 위해서 백지처럼 순수하고 순결한 것이라고 기대된다. 경제적으로 궁핍한 처지에 따른 저울질이나 계산은 애초에 없고 때로 상대의 폭력까지도 감내하며 한결같은 마음으로 정을 쏟아붓는다는 기대치에 맞춰 변주되어 그려진다. 반대로 여성이 잘살고 싶다는 자기 욕망을 표현할 때, 그것은 종종 성적 욕구와 돈에 이끌려 가난한 남성을 배신하고 인간으로서 최소한의 도덕과 정의를 저버리고 타락과 몰락을 자초하는 가해적인 인물로 그려진다. 어느 것이나 남성의 주체성에 관한 이야기이지 실제 여성과 상관없는 이야기다.

문학이나 대중문화가 근대의 산물인 것처럼, 작가도 초연한 존재가 아니라 이 사회에서 특정한 성으로 태어나 그에 따르는 시선을 학습한 사람이다. 그래서 여자에게 불평등하고 폭력적으로 대하는 사회에서 성장한 작가는 성찰하지 않는 한 그에서 자유로울 수 없고, 현실에서 여자들의 입장에서 보면 터무니없거나 폭력에 가까운 묘사도 향수나 그리움, 애틋한 사랑의 이름으로 그려놓을 수 있다. 상상력이 현실을 넘지 못하므로 감성은 시대에 따라 정해져 있고, 또한 보수적인 것이므로 스스로 성찰하지 않는 감성은 위험하다. 그 작품이 사람들을 동감하게 하는 미문美文이라면 더욱 그러하다.

내가 알게 된 것은 마음이 불편하다는 것을 가장 믿어야 한다는 것이었다. 그것이 제일 정직한 감정이고 판단의 기준이 될 수 있었다. 내가 일상에서 보아온 여성들과 매체 속에 그려진 여성들의 모습이 어긋난다는 것이 문제였다. 누구도 자기가 잘 모르는 삶을 규정하는 말을 할 수 없다. '여성들이 집에서 길에서 일터에서 얼마나 열심히 살고 있나. 이렇게 다르면서도 같은 모습으로 살고 있는 우리들을 왜, 당신들 멋대로 그려놓냐' 나는 가끔 그렇게 소리 내어 말하고 싶다.

여성들이 관습과 검열에서 벗어나 말할 수 있다면, 자신의 사랑이 어떤 것이었고 실제로 남성에게 겪었던 감정은 어떤 것이었고, 참고 삼킨 말은 무엇이었고 자신들과 같은 모습을 한 여자가 일없이 만져지고 학대받는 것을 보면서 어떤 것을 느꼈고, 때로 여자이기 때문에 아무에게도 말할 수 없게 된 비밀을, 그것을 품고 아무렇지 않게 살아온 세월에 대해 입을 열기 시작한다면, 그 이야기는 세상을 얼마나 불편하게 할 것인가.

■ 3부 '외로운 여자들' 참고 도서
「범죄피해에 대한 두려움과 여성의 삶 사회적 구성과 결과」, 김지선, 한국학술정보.
「섹슈얼리티 강의, 두 번째」, 한국성폭력상담소, 동녘.
「더이상 어머니는 없다」, 아드리엔느 리치, 평민사.
「가족의 이름으로」, 이재경, 또하나의 문화.
「붉은 벨벳앨범속의 여인들」, 막달레나공동체, 그린비.
「페미니즘의 도전」, 정희진, 교양인.
「페미니스트라는 낙인」, 조주은, 민연.
「가부장제와 자본주의」, 우에노 치즈코, 녹두.
「성의 역사학」, 후지메 유키, 삼인.

4부

여성의 일과 삶

종일 몸 놀려 손발과 다리, 어깨 같은 곳이 저리고 아파와도 직업병으로 인정을 받을 수 없다. 집 안에서 길에서 외딴 곳에서 뿔뿔이 일하는 여자들에게 노동자라는 이름은, 그 일이 노동이라고 불리지 않은 만큼이나 낯설다.

여성은 집과 밖의 경계에서, 사적인 보살핌과 공적인 노동의 경계에서, 종과 성스러운 어머니의 경계에서 일한다.

* 4부에 나온 글들은 안미선 씨가 2004년에 일하는 여성들을 만나 인터뷰한 내용이다

제가
개인 사업자래요

김경희(가명) | 학습지 교사

저는 학습지 교사로 6년째 일하고 있어요. 회사 측에서는 업무 성격이 일반 노동자와 다르다고 해요. 회사에서 급여를 주는 게 아니고 회원한테 받은 돈에서 수수료를 떼기 때문에 개인 사업자 성격이 강하다는 거죠. 그래서 저희들은 보험 혜택도 하나도 없어요.

개인 사업자라고 하는데, 물론 많이 버는 사람도 있죠. 제가 일하는 곳에는 마흔 명 정도 교사가 있는데 수입은 천차만별이에요. 80만 원 버는 사람도 있고 300만 원 버는 사람도 있어요. 많이 벌자면 토요일, 일요일 관리하고 밤마다 11시까지 해서 300만 원 버는 거예요. 보통 일하면 120만 원 정도 벌어요. 이 정도 받아도 의료보험이라든지 차 기름값이라든지 이런 지원이 없어서 나가는 돈이 많죠. 멀리 수업을 나가는 분들은 기름값이 20, 30만 원 들어요. 이 일 하는 데 쓰는 돈이

나 점심값은 개인이 모두 지출해야 해요.

기본 업무가 밤늦게 끝나니까 아이 있는 여성들은 일하기 힘들어요. 늦게 들어오면 11시인데, 아이들을 돌보는 게 힘들죠. 기본 업무가 고된데다, 여성들이 산전휴가, 생리휴가까지 바라지 않더라도 월차 휴가도 없고 하니까 다치거나 아프면 혼자 서럽고 힘들죠. 5년, 10년을 일하면 자연스럽게 직급이 올라간다든지 해야 되는데 5년을 일해도 갓 들어온 교사랑 다를 게 없어요. 오래된 교사가 새로 온 교사보다 월급이 적은 경우가 많아요.

일상적으로 폐휴회 업무가 굉장히 큰 스트레스로 작용해요. 신입 회원이 들어오고 나가고 하는 게 업무 성과로 평가되어서 급여가 나오고 관리 대상이 되는 거죠. 맡았던 학생들 중 그만둔 친구가 다섯 명이고 시작한 학생들이 네 명이라면 마이너스 1이라고 해서 한 명이 적게 되잖아요. 그러면 많은 지점에서는 토요일 강제 업무를 하고, 밤 10시, 11시까지 휴회 안정화라고 해서 그동안 못 본 회원들을 관리하게 하고, 여럿이 모인 가운데 모욕적인 언사를 해요. "그 따위로 하려면 나가라. 안 맞는 거 아니냐. 맞지 않으니까 다른 일 찾아봐라." 평상시 그만두는 교사들의 70~80퍼센트는 입회 휴회 스트레스가 크죠.

저는 저 자신이 힘들어서 운 적은 없어요. 사회적 지위가 싫어서 그렇지, 가르치는 일이 저한테 잘 맞는 것 같아요. 힘들었던 것은 입휴회 때문에 그만두라거나 성폭행이나 다름없는 소리를 들었을 때, 정말 슬프다기보다는 분노 때문에 싫었어요.

저는 아이들한테 엄한 교사로 유명한데, 제가 가르쳐서 아이들이 바꿰고, 6년 동안 가르친 아이들이 예의바르게 잘하고 제 아들딸은 아니지만 반듯하게 자라는 것을 보면, 나도 얼른 아이를 낳아서 잘 키워야지 하는 마음이 들어요. 열심히 한다고 하지만 어느 때는 습관처럼 가르치고 짜증내는 때도 있는데 스승의 날 같은 때 선물을 받으면 부끄럽죠. 중간중간에 그만두고 싶다는 생각을 한 적도 있지만 지금은 노조 때문에 하고 있고 다른 일도 힘들겠지 하며 자위해요.

후배가 자전거를 타고 다니며 일하다가 차에 치여서 일을 그만두는 상황이 되었는데, 회사 측은 2주 이상 병원에 누워 있으면 권고사직을 시키죠. 몸이 아픈 것도 서러운데……. 저희들은 각자 일이 있으니까 차갑게 대하고, 그만두게 된 상황에서 보상도 없고, 지금도 그 친구를 만나는데 만날 때마다 마음이 안 좋아요. 저도 대체로 만족하면서 지냈지만 3년차에 노조 동료가 사고를 당해서 그만두는 걸 보니, 회사가 아픈 당사자에게 눈물나게 하는 일은 바꿔야 되겠구나, 우리의 현실이 안됐다고 생각했어요.

저희 여자들이 밤에 다니다 보니까 월말에 회비를 받아서 가져오다가 강도를 당하는 경우도 있어요. 접질리거나 층계에서 넘어지거나 부상당하는 일은 종종 있어요. 일을 그만두려면 45일 전에 그만둔다고 말해야 해요. 그러면 회사는 새 교사를 충원해야 하는데, 적절하게 신입 교사가 구해지지 않으면 서너 달도 하게 돼요. 안면도 있고 거절도 못하고, 그렇게 일하다가 유산을 하는 경우도 있어요.

교통사고가 나거나 개한테 물리는 경우 상해보험* 1000만 원쯤 드는 게 있어요. 개인 상해보험 1000만 원을 드는 거, 그거 외엔 보장받을 수 있는 게 없어요. 퇴직금도 없구요. 우리들에게도 의료보험을 인정해달라고 하고 싶어요.

우리가 법적인 위치는 특수 고용직, 개인 사업자로 되어 있는데, 특수 고용직인 골프장 캐디, 레미콘 노동자도 다 같이 법적으로 노동자성이 인정되면 회사에서도 할 말이 없을 거라고 생각해요. 기본적으로 정규직화가 되어야 해요. 일하는 시간이야 감수한다고 해도, 열심히 일하다가 크게 다쳐서 누워 있으면 퇴직금 하나 없이 나와야 하는 현실이니까요. 정규직처럼 휴가를 받고, 여자들도 결혼해서 아이를 가지면 제대로 휴가를 받았으면 좋겠어요.

여자가 살아가는 게 아직까지 피해의 연속인 것 같아요. 우리 어머니도 팔 남매에서 아들 넷은 대학을 나왔는데 어머니는 무학이세요. 남편 어머니도 마찬가지고. 아들들은 좋은 대학 나왔는데 딸들은 다 무학이죠. 저희 때 들어와서는 큰딸일수록 학력이 낮아요. 저는 셋째라 대학을 나왔는데.

저는 아직까지도 아들을 낳고 싶어요. 어떤 분들은 여자로 태어난 것이 행복하다고 하는데 아이를 가진다면 아직까지 아들을 낳고 싶지 않을까 생각해요. 저도 남자였으면 좋겠다는 생각을 가끔 해요. 여자는 행동에 제약이 많죠. 여행을 다닐 때도 여성이기 때문에 위협을 느낄 때가 많아요. 남자라면 맞으면 그만인데, 여자는 폭력을 당하면 평

---

* 산업재해보상보험법의 개정에 따라 학습지 교사, 골프장 캐디, 레미콘 차 소유기사, 보험설계사는 2008년 7월부터 산재보험에 가입할 수 있게 되었다. 그러나 자진 탈퇴를 강요하는 회사 분위기 때문에 실제로 거의 적용되지 않고 있다.

생 정신적 고통을 느끼며 살아야 해요. 회식을 한다든지 술을 먹게 되었을 때, 남자들은 화가 나면 은연중 폭력적인 것을 보이는 것 같아요. 술을 먹게 되면 그런 모습을 보게 돼요.

저는 주변에 여성들이 많아서 그런지 몰라도, 정말 열심히 사는 여자 분들이 많아요. 똑같이 활동을 하더라도 여성들은 자식도 돌봐야 되고 몇 배를 치열하게 하시는 것 같아요. 여성들에게 훨씬 많은 초점을 맞춰야만 동등한 시각으로 보게 되지 않을까요.

일한 만큼
대가를
받고 싶어요

송은영(가명) | 웹디자이너

저는 충무로에서 인쇄와 관련되어 있는 디자인 일은 대부분 해요. 처음엔 우리 일 자체가 화려하다고 생각했죠. 하지만 텔레비전 같은 데 나오는 것처럼 인테리어가 고급스런 회사에서 일하는 사람들은 충무로에 별로 없어요. 충무로에는 작은 기획사 사무실이 많아요.

저는 작은 사무실의 직원으로 시작했는데 자유롭지 못하고 일 자체가 한정되어 있었어요. 이직률이 높은데, 보통 자기가 사무실을 내서 일을 하는 게 낫다고 생각해서 나오죠. 저도 준비된 상황에서 프리랜서로 나온 건 아니에요. 회사 규모 자체가 직장 생활하면서 믿고 일하기가 너무 열악한 거죠. 고용주의, 뭐라 그러지, 일에 대한 착취도 있구요. 손님들이 충무로에 싸다는 것 때문에 오는데 눈은 그렇지 않아요. 고급 리플렛 수준으로 요구하지만 금액은 아주 최저가로 하고, 그걸 만드는 사람들이 저희들이에요.

처음엔 꿈도 있었고, 돈 벌려고 하는 일이 아니었는데 일을 하다 보니까 생계 수단이 되었네요. 평생 직업으로 생각하며 하다 보니까 생계 수단이 되었어요. 직업이 되니까 하기 싫은 면도 있어요.

제 주위에 잘 받는다고 하는 사람은 6, 7년 일하게 되면 200만 원 정도 받아요, 100만 원 받는 사람도 있어요. 아이비엠은 덜 받고 맥킨토시는 더 받고. 150만 원 정도 받아요. 프리랜서로 일하면 150만 원보다 더 벌 때도 있어요. 그렇지만 회사에 묶여 있으면 여러 가지가 사무실에서 해결되는데, 프리랜서는 하다못해 휴지, 전기세, 임대료 따위를 혼자 해결해야 되니까 부수적으로 들어가는 비용을 빼다 보면 회사에 있는 경우보다 좀더 나은 정도죠. 직장 다니는 것보다 자유로운 건 직장 상사 눈치 안 보는 정도예요.

충무로에는 비수기가 있어요. 여름에 일이 하나도 없을 때도 있어요. 고정 거래처가 다달이 일을 주는 곳이 있으면 덜한데 비수기 때는 놀아야 돼요. 반대로 일이 있을 때는 밤을 새우는데, 일이 몰릴 때는 내 능력으로는 안 될 정도로 많을 경우도 있죠.

일할 때 모니터만 보니까 시력이 안 좋아져요. 손목 관절이 아파서 파스를 붙이고 일해요. 밤샘 작업을 하고 그러니까, 제가 아직 삼십대 중반 안 되었는데 하룻밤 새우면 정말 몸이 힘들어요. 하지만 심각하게 그만둔다 생각은 안 하고, 아프다 아프다 하며 일을 하죠.

우리 쪽 일은 자기 계발을 신경 써서 많이 해야 하는데 잘 안 되죠. 같은 일 하는 사람끼리 모임이 있을 법한데 없어요. 일이 오면 기획을

잡고 의논하면 좋을 것 같지만 짬이 없고, 사실 모임을 갖기는 힘들어요. 경쟁이 있어서 서로 공개하지 않지요. 한둘이 같이 일할 때 서로 힘든 것 들어주는 것은 있지만.

우리가 프리랜서로 활동해서 요구를 못하는 의식에도 문제가 있는데, 일에 대한 대우가 사회적으로 없는 것 같아요. 4대 보험도 못 받아요. 그런 사람들끼리 모이면 되는데 왜 안 되는지 모르겠어요. 개개인 하나가 일에 지치고 그래서 모이기 힘들지 않나 싶어요.

일을 해도 법적인 보호 장치가 없죠. 예를 들어 거래처에 일을 해줬는데 결제를 못 해주겠다 그러면 증거 자료가 없어서 못 받는 경우가 많아요. 제가 개인 사업자 등록을 한다고 해도 마찬가지고, 문서상으로 근거 자료가 있다한들 못 받을 때는 대책이 없어요. 프리랜서한테 일을 주는 사람들 형편도 열악해서, 이렇게 일하는 데 위험이 있어요. 그런 거 생각하면 하루 먹고 하루 산다고 봐도 무리가 아닐 거 같아요. 금액 자체가 작아서 따로 계약하기 번거로울 때가 있어요. 어지간하면 서로 믿고 일하려는 거죠. 현실적으로 프리랜서에 대한 보장이 없어서 돈을 못 받아도 감수해야 하고 차라리 잊어버리는 게 마음이 편하죠.

저희 일이 노동력이 많이 들어가는데 그만한 대가를 못 받아서 굉장히 스트레스 많이 받죠. 상황이 열악하면 보람의 정도가 줄어들어요. 충무로에서 일하는 사람들의 문제죠. 보람 있게 일을 해야 하는데 실망도 크고 고급 일 쪽으로 가고 싶은데 그렇지 못한 경우가 많고. 일을 시키시는 분들은 너 자유롭게 일하라고 하지만, 일을 해놓고도 후회가 많이 남는 일이 이쪽 일이에요. 스트레스는 친구들 만나서 술 한잔 먹으면서 얘기한다든가 텔레비전을 본다든가 하는 걸로 풀죠. 우리가 바라는 점보다는 일에 맞춰 가는 거예요.

저 같은 경우, 애를 낳고 한 달 만에 나와서 일했어요. 오는 일을 돌려보내기가 쉽지 않아요. 다음을 생각해서 오는 일은 무조건 받아야 해요. 애를 낳고도 봐줄 사람이 없으면 정말 힘들어요. 저같이 애를 낳고 일하는 여성들이 충무로에 많은데, 보육시설 탁아소가 구청에 있긴 하지만 이렇게 작게 작게 일하는 여성들에게는 혜택이 없어요. 저 같은 경우 시어머니께서 돌봐주시니까 모두 복 받았다고 그러죠.

충무로에서는 정시 출퇴근이 안 돼요. 사원을 뽑을 때도 아침 9시에서 저녁 7시까지지만 일이 오면 밤을 새워서라도 해야 한다고 하죠. 그런 게 있으니까 애를 탁아소에 아침 8시에 맡기고도 찾아가기는 밤 9시 넘기기가 쉽고, 직장에 맞춰야 하니까 상사에게 눈치가 보여요. 애가 아프다거나 애를 봐주는 사람이 없으면 애를 데려와야 되는데……. 애 있는 아줌마들이 많이 있지만 직장 상사들이 배려하는 경우는 못 본 것 같아요.

아이는 평일에는 시어머니가 봐주시고 주말에는 저희가 보는데 어려워요. 어떤 때에 저는 며칠 동안 명함을 한다 스티커를 한다 일해서 금요일날 넘겼는데, 주말엔 애들을 데리고 납품을 해야 했어요. 거래를 하면 해달라고 하는 시간 안에 처리해줘야 하는 거죠. 엄마라는 자리가 애들을 잠깐 놓고 슈퍼에 갔다 오는 데도 불안할 수밖에 없어요.

남편이 가사를 도와준다고 하지만 아직까지 여자들에게 가사노동이 필수이고 남자들은 선택이라고 여기죠. 해준다고 하는데 많이 부족해요. 남자들은 해준 거에 대해 뿌듯해해요. 여자들은 안 한다고 하지만 완벽하게 못 할 뿐이지 신경이 다 거기 가 있는데, 남자들은 10퍼센트 정도 하면 본인들은 70~80퍼센트 해줬다고 생각하는 거 같아요. 내 입만 아프니까 포기할 부분은 포기하고 아이들 있으니까 힘든 티를 안 내려고 하는데 쉽지 않네요. 짊어져야 할 상황이 있으니까 티가 나요.

무엇보다 일한 만큼의 대가를 정확하게 받기를 원해요. 그래야 일할 맛도 나고 그러잖아요. 어떤 일을 하든 보상이 있고 일한 만큼 결과가 있었으면 좋겠어요. 그러니까 결제가 문서상 확실할 수 있는 조치가 있어야겠어요. 또, 여자들이 일을 많이 하니까 가사라든가 아이 문제를 해결해줄 수 있는 보육 시설이 있었으면 좋겠어요. 그리고 이런 일을 하는 사람들끼리 모임이 있었으면 좋겠어요. 일 자체에 보람을 느끼고 잘 해보려는 모임이 있었으면 해요.

똑같이
평범하게
살고 싶어요

이영애(가명, 19세)

저희 집이 일산이었거든요. 중학교 때 한참 학교에 클럽 그런 게 유행을 했어요. 중학교 1학년에 클럽에 들었는데, 클럽을 이어가기에 우리가 돈이 조달이 안 되는 거예요. 그러니까 오빠들이 여자애들을 뽑아서 다방에 소개시켜주고 "반팅을 하자, 클럽에 얼마 내고 너희 얼마 써라." 그래서 처음 시작하게 됐어요.

거기는 저녁부터 다방을 하는 데였어요. 우리 같은 경우 저녁 5시에 시작해서 새벽 6시에 끝났거든요. 아가씨들은 일고여덟 명이었는데 다 제 또래 미성년자였어요. 안에서 화장하고 밥 먹고 8시 되면 노래방 같은 데다 광고한다고 배달 차 돌리고 여관에는 티슈를 다 돌려요. 그러면 꽤 시간이 들어와요. 다방이라고 커피배달 해주는 게 아니라 우리가 다 시간을 나가는 거예요. 노래 부르고 술 마시고, 여관에서 부르는 건 2차를 주 목적으로 부르는 경우예요.

노래방 시간 2만 원, 그 외는 다 3만 원씩 하는데 저한테 5000원 떨어졌어요. 밤 10시면 모두 시간 나가 있어요. 끝날 때까지. 어떤 날은 다음 날 12시까지 풀로 돌릴 때도 있고. 그때는 막 혹사시킨다는 생각은 못 했어요. 겉으로 볼 때 주인 오빠가 저희한테 되게 잘 해줬어요.

설거지를 하면 "아, 절대 안 된다", 어딜 가도 카맨(운전수)한테 "야, 니가 가야지, 왜 쟤네를 시키냐" 하니까 '아, 우리 엄마보다 낫네. 와 정말 나를 사랑해준다' 생각하니까 내가 일을 해도 이게 일을 하는 것 같지 않고. 그때 당시에는 내가 돈에 대한 관념이 없잖아요. 돈을 떼먹힌다는 생각도 없었어요. 오빠가 옷을 사주고 화장품을 사주고 용돈을 주면 그게 가불로 올라간대요. 달이 끝나면 삼사십만 원 주는 게 다예요. 엄마가 딸한테 용돈을 주듯이 오빠가 그렇게 줬어요. 이 사람이 좋은 사람이구나, 우리 엄마랑은 다르게 그렇게 생각했어요.

저는요, 어렸을 때부터 엄마랑 사이가 별로 안 좋았어요. 저희 엄마는 돈이면 다 해결되는 스타일이에요. 엄마는 항상 돌아다니고 집에 없고, 그런데도 엄마가 대학을 못 나온 것에 자격지심이 있어서 나는 진짜 새벽 2시까지 학원을 기본 8, 9개씩 다녔어요. 중학교 1학년 때까지요. 그게 한번 확 폭발을 하니까 학교 클럽에서 오빠들이랑 놀고 이렇게 재미있는 거도 세상에 있구나, 알고. 엄마는 항상 집에도 없고, 학원비 식탁에 있고, 아이스크림 값 식탁에 있고. 돈만 주면 행복한 줄 알았나 봐요. 딱히 나한테 "힘들었니?" "숙제했니?" 이런 말 해준 적이 없어요.

　3년 일하다 아는 다른 오빠네 가게로 가는데 처음에 100만 원을 땡겨갔거든요, 수입은 반씩 나누기로 하고 들어갔어요. 15일 됐는데 번 걸로 갚고도 빚이 450만 원인 거예요. 그만두려고 하다가 빚 있는 걸 알고 오빠랑도 싸우고 술을 진짜 많이 마셨어요. 다른 다방을 찾아갔는데 거기서 너희 민짠(미성년자)지 몰랐다 하면서 소개업자한테 저희를 넘긴 거예요. 그 소개업자가 다른 업소에다 자기가 엄마라고 하면서 저를 츄라이(업주와 여성이 처음 만나 소개받는 일)를 보게 한 거죠. 그 빚을 제가 두 달 동안 해서 다 깠거(갚았거)든요, 그런데 저를 계속 기본 한두 달로 다른 가게들에 돌리는 거예요. 그러면서 선불 땡긴 거 같은 건 다 자기가 갖고 가는 거예요. 일하면서 저는 돈을 받지 못했어요. 소개업자가 용돈도 안 줬어요. "너한테 나중에 내가 가게를 차려주겠다, 아니면 차를 사주겠다." 그때는 그게 진짠 줄 알았어요. 내가 갖고 있는 것보다 맡겨놓는 게 더 좋다고 생각했어요.

　소개업자는 제가 차비가 없으면 "택시 타고 와" 해주고 "어, 너 밥 안 먹었어? 돈 부쳐줄게 기다려" 그랬어요. 같이 일하는 언니들도 보면 다 자기를 챙겨주는 사람 없고, 따뜻하게 사랑해주는 사람 없고, 한데 나한테는 그런 사람이 있는 것처럼 좋았어요. 나중에 보니 모아 준다는 돈도 없고, 저한테 오히려 돈 받을 거 있다면서 말도 안 되는 영수증을 갖고 왔어요. 얘가 오늘 피시방 비를 5000원 가져갔다, 옷값을 3만 원 가져갔다, 빌려주지 않은 돈까지 전부 삼사백을 갚으라 하며 쭉 갖고 왔는데 보니까 이게 한 종이에 한번에 쓴 거예요. 나는 진짜 나를 사랑해준다고 생각했는데 그게 다 내 빚이었던 거예요.

다방이나 술집이나 처음에는 어떤 느낌이 드냐 하면요, 마이킨(선불)을 땡기고 차용증에 계약서를 사인할 때는 내가 연예인이 된 거 같아요. 기획사랑 꼭 계약을 하는 듯한 느낌이 들어요. 그리고 가게마다 의상실이 정해져 있어 그 사람들이 코디네이터 같아요. 기사들이나 카맨이나 주방이모가 내 매니저 같아요. 항상 받들어주고 예쁘다, 예쁘다, 너 정말 인형 같아, 정말 예쁘다 이런 소리만 하니까 정말 좋은 거 같은데, 그건 처음이에요. 어느 다방이든 처음만 그래요. 너 예쁘다, 괜찮다, 멋지다, 밥 먹고 해, 힘들지, 챙겨주는 것 같다가도 스스로 내가 내 자신을 포기하게 만드는 곳인 것 같아요.

처음엔 '진짜 날 사랑하나 보다. 저 사람이 혹시 우리 친엄마가 아닐까' 하는 생각도 할 만큼 잘해주는 것 같은데 이상하게 저 사람이 나를 사랑하면 손님 앞에서 "(2차) 나가, 진짜 좋은 사람이야" 이런 소리를 할까, 점점 머리가 커져가며 생각을 하는 거예요. 우리 엄마라면 저렇게 안 했을 텐데. 저 사람이 나를 그냥 물건으로 보는구나, 돈 벌어주는 기계지, 아, 이왕 이렇게 된 거 안 나가면 빚이 생기고 일하다 보면 나도 모르게 또 빚이 생기고 그러다 보면 어쩔 수 없이 자꾸 내 인생을 포기하게 되는 거예요.

내가 세상에서 제일 못난 것 같고 내가 제일 불쌍한 것 같고 다시는 못 나갈 것 같고, 여기서. 나는 빚이 있으면 불안해요. 무슨 일이 있어도 까야 돼요. 빚이 있으면 진짜 하루에 2차를 열 번을 나가도 빚을 까야 돼요. 안 그러면 나를 섬으로 넘길 것 같고. 들어본 소리가 있잖아요, 아가씨들 나중엔 섬으로 팔려간다, 백령도, 흑산도 이런 데가 세상에서 제일 무서운 데라고 생각했어요. 나중에 정말 섬으로 팔려가면 어떡하지 하다 보면 정말 비참한 게 남자가 나한테 커피 1500원짜리 하나 사주면서 별의별 욕을 다하고 함부로 할 때 내가 점점 더 불쌍해지고, 자기자신을 사랑할 수 없게 되는 거 같아요. 포기를 하게 되는 거죠.

업주는 우리를 너무 막 대하고 마음에 안 들면 그만 넘겨버리고. 너무 빡빡하게 정말 일하는 개미들도 아니고 자기 돈은 자기 돈인데 우리 돈은 종이예요. 그렇게 생각하는 거 같아요. 애들 도망가면 죽여버린다 어쩐다 하고 말을, 우리한테 하면 괜찮은데, 집에까지 찾아가서 부모랑 딸이랑 싸잡아서 욕을 하는 걸 보면 나중에 뭔 벌을 받으려고 저렇게 사나 이런 생각도 들고.

제가 마지막에 왜 신고 전화를 했냐 하면 그 소개업자가 소개시켜준 또 다른 소개업자가 찾아온 거예요. 돈을 달라면서. 못 준다고 하니까, 그렇지 못하면 백령도로 넘어가라, 짐 싸라, 그래갖고 신고를 한 거죠. '백령도 가면 나올 수는 있을까, 한두 달 있으면 빼준다는데 저 사람이 과연 빼줄까. 빚은 얼마나 될까? 천만 원 늘까? 천만 원을 어떻게 까지? 어, 나 어떡하지' 막상 딱 데리러 오니까 이게 아니다 싶었어요. 그때 옆에서 누가 알려준 대로 청소년 긴급전화 1388로 연락해서 선생님이 찾아왔죠. 전화하기 전에 고민을 많이 했어요. 왜냐하면 다칠 업주들이 너무 많잖아요.

막상 조사를 받아보니까 업주들은 다 하나같이 거짓말을 하는 거예요. 저를 쓴 적도 없고 본 적도 없고 나 혼자 벙찐 거예요. 내가 언제 너한테 그랬냐는 듯이. 소개업자랑 대질할 때는 책상 밑에 들어가 조사 받았어요. 얼굴 안 보려고. 무서웠어요. 처음에는 떨려서 안에 들어가지도 못했거든요. 정말 다리가 부서지는 줄 알았는데. 소개업자는 끝까지 아니래요. 얼마나 벌이 받기 싫으면 저럴까, 그렇게 살지 말지, 싶은데 아직도 거짓말하고 있어요.

사람들은 자기네만의 선입견으로 우리를 판단하려고 해요. 우리가 잘못했다 잘했다고 판가름하는 건 아닌 것 같고, 그것 땜에 우리를 도와줘야 한다 아니다 말할 수 있는 입장들은 아닌 거 같아요. 성매매 방지법 중에서 선불금은 무효라는 건 좋은 거 같은데 아직도 성매매 피해 여성들한테 벌금이 떨어진다거나 보호처분이 떨어지잖아요. 그런 건 잘못된 거 같아요.

피해당한 여성한테 어떻게 벌을 내려요. 그리고 성매매 피해 여성들이 돈이 어디 있겠어요. 다시 그런 일 할 수밖에 없는 거예요. 그 돈이 갑자기 어디서 생겨요. 업소에서 나오는 자체부터가 일단은 두려워요. 입주가 두렵고, 언제 찾아올지 모르겠고, 안 줘도 될 돈이지만 어쨌든 빚이잖아요. 업주도 보통 업주들도 아니잖아요, 업주들이 자유롭게 돌아다니는 그것만으로도 마음이 무거운데 어떻게 그동안 다른 직장을 구해 일을 해서 벌금을 갚고, 솔직히 그건 아닌 것 같아요.

인신매매랑 인신매매가 아닌 걸 구분하기가 정말 제 생각엔 애매한데 사람들은 딱딱 떨어지나 봐요. 저 같은 경우는 소개업자가 강제로 저 데려간 적 한 번도 없어요. "차에 타! 타! 타!" 협박을 한 거죠. 협박을 했기 때문에 제가 차를 탄 거지 그 사람이 끌고 넣은 적은 없거든요. 한 사람이 다른 사람을 생각할 수 없도록, 합리적인 판단을 할 수 없도록 정신적인 혼란을 가져오게 한 다음에 결정을 내리게 하고 다방에 들어가게 하고 술집에 들어가게 인신매매로 떨어뜨렸잖아요. 전 그것도 인신매매라고 생각해요. 제정신이 아닌 상태에서 데려가는 거잖아요.

손님들은, 성구매자들은 정말로 자기가 돈 주고 하는 거기는 하지만 너무 우리를 사람이 아닌 것처럼 대해요. 자기가 마치 왕처럼 너무 당연한 듯, 나한테 너무 커다란 돈을 줬다는 듯 대하고. 어떤 손님들은 우리한테 돈을 안 줬어도 이미 너는 우리보다 낮은 애들이야, 내가 밟아버려도 되는 애들이야, 하는 사람들 많아요. 그래도 우리는 할 수밖에 없잖아요. 나는 그런 남자들이 집에 가서 자식 교육을 어떻게 시킬까 하는 생각을 해요. 그러니까 남자들 보면 그런 거 같아요.

자기 집에 있는 여자들은 다 여왕이고 바람 피면 안 되고 항상 조신해야 하고 이런 데 나와 있는 여자들은 자기네가 원하는 만큼 발랑 까져줘야 되고, 자기네 개가 되어줘야 하고, 자기 발에 밟혀줘야 되는 그런 여자라고 생각을 해요.

일단은 우리 말을 먼저 믿어야지, 막말로 사람들 성매매 하면 사창가에서 몸 파는 거라고 생각하잖아요. 자세하게 다른 부분은 모르잖아요. 그러다 보니까 더 신고를 하고 싶어도 못 하는 경우도 있고. 방송에선 이슈를 만들어내려고 하고 '업주는 나쁘냐, 때렸냐, 맞았냐, 좋았냐' 이런 것만 물어보려고 하고 앞으로 어떻게 살 거냐, 뭐가 필요하냐, 어떻게 해줬으면 좋겠냐 이런 건 하나도 물어보지도 않고, 우리한테 정말 중요한 건 그건데.

저는 다방에 다녔기 때문에 공부를 할 수가 없는 상황이었어요, 학원도 없었거든요. 이렇게 안 살고 다시 살면 잘할 수 있을 것 같아요. 나이에 맞게 사는 게 좋은 거 같아요. 제가 경험을 하지 않아도 될 일을 경험했잖아요. 쉼터에서 검정고시를 쳐서 통과했는데, 중학교도 졸업하고 고등학교도 제대로 졸업하고 그렇게 살고 싶어요. 좋아하는 가수가 있어 공연장에 가면 다 제 나이 또랜데 올 때 다 교복을 입고 와요. 근데 저는 교복이 없는 거예요. 그래서 교복이 너무 입고 싶어요. 저는 재벌이 되고 싶은 생각도 없고 돈을 많이 벌고 싶지도 않은데 다만 남들하고 똑같이 평범하게 기준에 맞게 그렇게 살고 싶어요. 내 자신이 떳떳할 수 있게 평범할 수 있게.

■ 이영애(가명) 님은 쉼터에 머물면서 법적인 문제들을 해결하고 다시 공부를 시작해 작년에 대학교를 졸업했습니다. 지금은 새롭게 할 일을 찾고 있습니다.

우리는
개미같이
일해요

정은희(가명) | 야쿠르트 배달원

야쿠르트 배달은 특별한 일이라 아침 8시 정도에 직매소에서 야쿠르트 받아서 자기 구역으로 가서 배달하는데 오후 두세 시면 끝나요. 나는 새벽 5시부터 준비해서 6시면 일을 시작하죠. 휴가는 여름에 3일 정도고 보통 토요일까지 일하고, 일요일까지 넣어줘요. 야쿠르트는 없으면 찾으니까.

일한 지는 4년 됐어요. 가정 형편 때문에 일을 시작해야 했는데 갖고 있는 자본도 없고, 구르마지만 제복 입고 가는 게 멋있게 보여서 할 자리가 없냐고 물어서 시작했죠. 야쿠르트 회사에 직원이 되려면, 판매원으로서 수금을 하니까 300만 원 선에서 두 사람의 보증인이 들어가요. 야쿠르트 이익금에서 돈 벌어서 생활비로 쓰고 살아요. 저축할 수 있을지도 모르는데, 집이 쫄딱 망해서 무일푼 밑바닥에서 일하니까 집의 부채 갚는다고 생활한 거죠.

제가 마흔이 넘었는데 30대 주부는 힘들어서 안 하려고 그러고 주로 하시는 분들은 30대 후반, 40, 50대가 많아요. 야쿠르트 아주머니들 애들이 공부를 잘한대요. 열심히 사는 모습을 보니까. 남자들은 없죠. 하나 팔면 10원, 20원 남는데 남자들은 팔지 않을 것 같아요. 보통 하루에 평균 120개 정도 파는데, 개인별 특성이 있어요. 80개일 때도 있고. 150개가 넘는 경우는 없어요.

일할 때는 힘들죠. 무게가 만만치 않아서 들 때 허리를 다친다든지 쑤시고 아프고 중노동이랑 마찬가지예요. 언덕을 올라갈 때 힘들어요. 보통 무게가 아니에요. 한겨울에는 길이 미끄럽잖아요. 엉덩이 다치고 손목이 삐고 무게 때문에 날마다 하는 일이니까 쑤시고 아파요.

생활에 필요한 돈보다 못 나올 때도 힘들죠. 내가 원하는 게 100만 원이다. 그런데 그 달에 그런 금액이 안 나올 때는 짜증나죠. 5일날 회사 입금 마감인데 수금이 안 될 때는 자기 돈이 들어가죠. 미수금 깔려 있는 거는 내가 마감해줘야 하니까. 그렇게 입금해 주면 판매한 총액, 입금한 돈의 20퍼센트 정도를 회사에서 6일날 우리 통장으로 보내 줘요. 수금을 못 하면 모인 돈이 100만 원 안 될 때도 있어요. 입금할 돈은 500에서 100만 원 정도인데 가정에서 돈이 없다고 "다음에 드릴게요" 하고 미루면 내 주머니에서 내야 해요.

당장 나한테 돈이 없으면 힘들어요. 하다 보면 주머니에 남는 게 없는 느낌이 들죠. 손에 잡힌다기보다 허망할 때도 있어요. 1년은 천방지축으로 보냈어요. 그날그날 계산 안 하면 계속 빈 것 같죠. 애로가 있어요. 나는 야쿠르트 배달하고 8개월 동안 오후에 네다섯 시간 우유 배달도 했는데 나중에 지치더라고요. 두 가지는 힘들어서 그만뒀어요.

저녁 6시, 7시까지 길에서 야쿠르트 파는 아주머니들 봤을 거예요. 회사에서는 많이 파는 게 좋으니까 자꾸 더 맡기죠. 회사에서 요구하는 것과 야쿠르트 여사님들이 파는 것이 차이가 있어요. 내가 100개가 필요한데 200개를 팔아라 그러면 너무너무 화가 나죠. 그 양을 자기가 소화를 해야 하니까 스트레스를 받아요. 남겨서 들어오면 신선한 제품을 전달해야 하는데 다음날 전달하기가 어려우니까 늦게까지 파는 거죠. 그러니까 규칙적으로 퇴근하는 게 아니고 다 팔려고 하다 보면 늦는 거죠. 길에 놔두고 아이들이 집어가고 소실되는 게 있어요.

회사에서 내가 팔고 싶을 때보다 많이 줄 때 "왜 이렇게 미느냐." 책임자한테 화도 내고 그랬어요. 회사측에서는 강제라고 하지 않을 거예요. 최선을 다해서 팔아라, 남은 것은 빼드립니다 하지만 못 팔면 집에도 가져가고 실제로 내가 원하는 돈보다 적은 금액을 가져가요.

보험 혜택은 없어요. 잘 모르겠어요. 개인별로 지역 의료보험에 들어가든지 그래요. 내가 수입에서 세금을 떼고 쓰는 거니까 의료보험을 안 해주는 것 같아요. 사고가 나면 회사에서 보상해주는 것이 아니고 개인이 내야 하죠. 전동 카 작동할 때 차하고 부딪히면 개인이 치료하고 그런 거 같아요.

야쿠르트 일하면서 내가 살림을 하고 있는 여잔가 싶어요. 시간이 없으니까 살림을 엉망으로 하게 됐어요. 맛있는 음식도 해서 애들한테 주고 싶고 잠시라도 야외에 나가서 머리 식히고 살아야 하는데 다음날 일 나가기 때문에 어느 날부터 일 생기는 거, 나가는 거 꺼리게 되더라고요. 내가 주부인가? 주부도 아니다라는 생각을 하고 쫓기며 살아요. 일요일이면 다음날 나갈 마음의 준비를 해야 해요.

집안 형편이 어려워져서 일을 하게 된 건데, 그동안 살림만 해서 내가 할 수 있는 일이 어떤 종류가 있는지, 계획한다든지 하는 게 없었어요. 아기 키울 때는 정신적으로 어려웠구요. 기저귀 빨아야 되고 그럴 땐 내가 뭔가 회의가 들었어요.

40대가 되니까 여자도 끊임없이 공부하고 배우고 해야 할 것 같아요. 내가 할 수 있는 일을 선택할 수 있다면 좋겠어요. 형편이 되면 살림만 하는 것도 좋겠지만 다른 일 하고 싶어요. 자기 전문직이 없으면 나중에 일하기가 어려워요.

딸애들한테는 "공부 잘해라, 점수가 이게 뭐냐" 하고 다그치게 돼요. 자기가 하고 싶은 일을 해야 행복하게 잘사는 것 같더라구요. 인간관계 형성하면서 실수도 하고 실패도 해보고 자기가 하고 싶은 일 했으면 좋겠어요.

물론 이 일도 열심히 잘했고 건강해졌구나, 열심히 하면 된다고 긍정적으로 생각하는 편이죠. 배달하면서 처음에는 눈물 날 정도로 자존심 상할 때도 있었는데 내가 끝까지 친절하게 하면 그쪽이 돌아서서 반성할 수 있는 거고 기분 좋게 열심히 일하려고 해요.

힘든 일이니까 옆에 사람이 힘들어해도 부드럽게 도와주지 못하는 게 안타깝죠. 잘 표현들 안 하니까 어떻게 지내는지는 모르겠고요. 각자 열심히 사는 힘이 있어서 헤쳐나가더라고요. 아침에 만나서 잠깐 얘기하고 "직매소에서 제품을 많이 내니까 힘들다" 이런 얘기 하고 한 달에 한 번 정도 술자리 하면서 얘기도 해요.

여자로 힘들다고 생각하면 한이 없으니까 일 자체를 즐거운 마음으로 해야 된다 생각하면 너끈히 할 수 있어요. 돈도 벌 수 있고 많은 사람들의 생활사도 배우게 되고 나를 비춰보면서 나는 그래도 건강하니까 행복하구나 그런 것도 배우고. 나와서 일하더라도 거기에 맞는 보수가 따라준다면 어떤 일이든 즐겁겠죠.

야쿠르트는 개인 사업자이기 때문에 노조가 없어요. 일본에서 시작해서 들어왔는데 개인별로 어려움이나 하고 싶은 말도 많을 텐데 회사에서 피할 길을 만들어 놨겠죠. 퇴직금제도는 없구요, 판매한 돈의 십분의 일을 2년 동안 저축했다가 그만둘 때 자기가 맡긴 돈을 가지고 나와요. 2년 후에는 보험회사에다가 회사에서 반을 부담해서 보험료를 내줘요.

한번 시작하면 1년은 금방 가요. 하시는 분들은 5년, 6년, 10년씩 다녀요. 요즘 사람들 힘든 거 싫어하니까. 10년 이상 하신 분들도 많아요.

회사 목표도 있고 경영자 입장도 있겠지만 여사님들은 좋은 회사에 다니고 있다고 생각하는지. 복지 문제라든지 보람되게 일할 수 없을까 의심스러워요. 야쿠르트 여사님들이 판매해서 수금해서 돈을 벌어 주는 건데, 그 돈이 중간분들 월급으로 지급되고 연구개발비로 운영되고 사용료로 쓰이고. 여사님들 힘이 막강한 거예요.

개미같이 일해서 그분들이 벌어준 돈으로 운영되기 때문에 밑에 있는 사람들 의견이 반영되었으면 좋겠어요. 노조가 있었으면 좋겠다는 사람들도 있지만 개인 사업자라서 안 되죠.

■ 정은희(가명) 님은 상도동에 있던 집이 강제로 철거된 후 야쿠르트 배달 일을 그만두고 지하철에서 판매 일을 시작했습니다. 가장으로서 딸 둘을 기르고 살고 있습니다.

다시 태어나면
큰 회사에
다니고 싶어요

이영옥 | 봉제업

충남 예산에서 1941년 7월 3일에 태어났어요. 오빠 넷, 언니 하나 해서 육남매의 막내예요. 아버지가 구식만 따지고 딸은 학교 안 보내서 밭일하고 삼 같은 것 심고 목화밭에서 솜틀 타서 물레로 짜서 옷해서 입었죠. 결혼해서도 시골서 애들 업고 나무하러 다녔다니까.

먹고살려고 서울 올라와서 일이라고 생긴 거 돈벌이 된다는 건 다해 봤죠. 미국에 수출한다는 장화, 신발 만드는 곳에서 청소하고 새마을 일도 다녔어요. 박정희 때 개천 판판하게 하는 거 있잖아요. 아침에 가서 노래하고 일 시작했지, 울퉁불퉁한 것을 판판하게 삽으로 하려니까 힘들었죠. 1973년돈가 영등포 국회의사당 지을 때 거기도 일 다녔어요. 국회의사당 때 입히고 호스로 물도 주고 돌 깔 적에 돌을 리어카로 끌고 이고 다녔어요. 그렇게 나간다고 그래도, 애들하고 먹고살려면 한푼이라도 더 벌어야 하는데 여자벌이 쥐벌이라고 얼마 못 벌어요. 힘만 들지 얼마 벌지 못해.

집에 일감을 가져와서 많이 했는데 돈벌이 안 돼서 나가서 또 했죠. 실밥 따는 것, 바늘로 수도 놓고 뜨개질도 하고 안 해본 것 없이 다 했어요. 보자기도 만들었고 밥보자기 상 덮는 거. 노는 새가 없이 조금씩이라도 늘 했어요.

이사 와서 춥고 김칫거리도 어찌 비싸던지 배추 주워다가 김치해 먹었어요. 세 다니면서도 고생 많이 하고, 애들 학교 다닐 때 학교에서 해오라고 그러면 해보내지 못한 게 항시 걸려요. 애들 사달라는 거, 제대로 해먹이지도 못하고. 나는, 아파서나 집에 있을까, 살기 어려우니까 한푼이라도 벌어서 쓰려고 쉬지도 못했어요. 애들이 어려서 시골에서 이사 와서 얼마 안 돼서 어떻게 애들 먹이고 입히고 남부럽지 않게 할까, 이게 한이 되었어요.

80년대에 냉면공장에서 냉면 얼려서 비벼서 말려서 저울에 달아서 포장도 하고 다니다가 옷 만드는 데 다녔어요. 시다 같은 일을 하면서 여기저기 다녔어요. 지금 다니는 데는 한 3년 됐는데, 미싱을 배우고 싶어도 눈이 안 보여 바늘을 낄 수 없어서 허드렛일 해요.

우리 아저씨(남편)는 구청 미화원으로 23년 동안 일하고 지금은 퇴직했어요. 아저씨 번 것은 통장으로, 내가 번 것은 생활비로 쓰고. 살림에 보탬이 되니까 먹고 노는 것보다 낫죠. 그래서 1980년대에 집을 사가지고 세는 면했어요. 애들 가르쳐가면서 얼마 안 썼어요. 우리 아저씨 퇴직하고 나서 지금은 경기도에 있는 전기회사에 아는 사람 소개로 다니는데 힘든 일이더라고요. 불이 뜨거워서 장갑 끼고 하고, 놀 수 없으니까 나가고 해요. 정년퇴직자라고 월급도 많이 안 주죠. 그래도 호되게 아프지 않으니까 다니는데 아프면 일 못 다니죠. 다니다가 말다가 나가다 또 가고 그래요. 거기는 의료보험이 된대요. 우리집 아저씨는 미화원 할 때도 그렇고, 의료보험이 다 됐어요. 나는 조그마한데 다녀서 의료보험이 안 되고, 아저씨는 그런데 다니니까 좋더라고요. 그래 벌어서 4남매 길러서 큰아들하고 딸은 시집 장가 갔고 이제 막내가 서른 넘었어요.

내가 몸이 안 좋아요. 힘들게 가위질하고 그러니까 어깨가 아프더라고요. 일 다니다가 무리해서 오십견이 와서 한 3년 다니다가 또 쉬었죠. 인대가 늘어나서 그렇다고……. 인대는 쉽게 낫지도 않고 지금도 힘들게 무리하면 아파요. 침 맞고 병원서 찜질하고 양의 한의도 가고 그랬는데 오래가더라구요. 지금도 힘들게 하면 아파요. 오십견 앓은 뒤로 아프더라구요. 일 안해도 몸이 안 좋으면 더 아프구요. 아파도 뭐, 회사에서 보험이 안 되니까 그냥 나 혼자 병원 다녔어요.

지금 일 다니는 데는 9시 출근하고 7시 퇴근하는데, 급하면 10시까지 일해요. 큰 기업체나 빨간 날 놀지 작은 데서는 일해요. 회사가 밖에다 신임을 얻어서 그런지 일이 항시 많아요. 보험 그런 거는 없어요. 한 달을 하루도 빠지지 않고 다녀야 월급 나오지, 일요일 빠지면 그만큼 월급에서 빼고 그래요. 안 빠지고 다니면 80만 원 정도 되는데 내가 일요일 교회 간다고 빠지니까 돈이 빠지죠. 일당은 얼만지 모르겠어요. 저녁 7, 8시 넘어 10시까지 일하게 되면 식당에서 밥 먹고 8시에 떡 먹는데 일을 가외로 해도 돈을 더 주는 건 없어요. 식사는 거기서 줘요.

피곤하지, 10시까지 하면 피곤하지. 사장하고 사모하고 남자들 둘 있고 모두 16명이 있어요. 재단하고 미싱사들은 아줌마들이에요. 점심시간에 같이 모여서 사는 얘기하고 그러죠.

더울 때는 에어컨 있고 할 만해요. 먼지는 많지, 저녁 때는 신고 간 양말이 새까매져요. 먼지가 앉으니까 숨쉬면 속으로 들어가겠지, 많이는 안 들어가겠지. 하루종일 불 켜놓고 일해요. 캄캄해. 큰 건물에 지하라 캄캄하죠.

나는 시다일 하면서 일요일 하루는 교회 다니느라고 쉬어요. 제가 생전 살 거 같으면 회사 안 빠지고 그러겠는데 내가 죽잖아요. 회사에서도 일요일은 다른 사람은 다 해도 나는 안 오려니 해요. 교회 다닌 지는 40년이 다 돼 가요, 둘째 아들이 돌 지나서 젖을 빨지 않으니까, 수양어머님이 교회 다니라고, 잘못하면 애 죽인다고 해서 교회 나갔어요. 애는 괜찮아지고 그때부터 나갔어요. 애 살리려고 나갔어요.

바라는 건 애들이 막내까지 취직이나 잘해가지고 결혼해서 잘사는 걸 보는 거죠. 앞으로도 내가 벌어 하는 게 떳떳하지 애들한테 달라고 하면 지들도 사는 게 어려운데 그렇게 하겠어요, 애들한테 손 벌리겠어요? 이대로만 유지해나가면……

나는 일 나가니까 집안일을 저녁에 와서 하느라 제대로 못 치우고 다녔죠, 저녁에 밥 먹고 피곤하니 자고. 힘들게 다녀도 많이 받는 것도 아니고 앞으로 한 2년 할까. 그래도 집에서 쉬면 일이 없어 심심하잖아요. 한푼이라도 번다고 나가고 또 나가고 그래요. 일하면서 좋은 건 그냥 사람들하고 얘기하고 돌아다니면서 일하는 보람이 있잖아요, 집에 있는 것보다도 보람 있어 좋더라고요.

나는 인생 다 살았죠. 살아야 얼마 더 살겠어요, 팔십 산다면 18년 더 살면 다 산 건데 건강하게 살다가 가는 게 소원이에요. 나 어릴 적만 해도 아버지 말 한마디면 설설 기었죠. 죽으라면 죽는 시늉이라도 했으니까. 나는 딸이라고 집에서 일이나 하고 학교 안 보내고, 부뚜막 일 하는데 공부가 무슨 소용이 있냐고 하는 그게 항시 한이 되었어요. 딸이라고 세상을 원망하랴 내 부모를 원망하랴 하는 노래도 있었는데 생각하면 부모가 잘못 산 게 아니라 세상의 환경이, 허허…….

지금 어디 가서 글씨 쓰고 하는 걸 보면 부러워요. 옛날 밭 매고 할 때 애들 학교 다니는 거 보면 나는 언제 가방 매고 학교 다녀보나 했어요. 지금 생각하면 내가 시대를 잘못 태어났어요. 조금 늦게 태어났으면 공부 좀 했을 텐데. 그때 시대는 공부는 남자들이나 하는 것으로 알았지 여자는 공부하면 큰일 나는 줄 알았어요. 아버지가 말만한 년이 어디를 다니냐고 시장도 못 다니게 했어요. 바가지와 여자는 내돌리면 깨진다고 했어요.

지금은 식당엘 가도 친목계하는 여자들이 주로 있고 그걸 볼 때 차이가 많죠. 우리 시대엔 어디라고 여자가 사먹으러 다녀요, 여자들이 바깥에 나가면 집안 망한다고 못 다니게 했어요. 뒷바라지 살림이나 하면 최고라고. 지금은 국회에도 여자가 있고 여자도 다 하잖아요. 지금 태어났으면 좋겠어, 그런 거 못 봐서. 나는 평생 맨 그저 일이었지,

내 손에 없는 거 찾아서 낮이나 밤이나 찾으러 다닌 거지.

다시 태어나면 공부 많이 해가지고 남처럼 살고 싶어요. 돈 많이 주는 직장, 그저 완전한 직장 잡고 싶죠, 큰 회사 같은 데 다니고 싶어요.

■이영옥 님은 지금도 봉제공장에서 일하고 남편도 일을 계속 하고 계십니다. 평소 바라던 것처럼 막내아들까지 장가보내고 새로 손주를 보았습니다.

이대로
일하게만
해주세요

박선숙(가명) | 청소용역

새벽 4시에 일어나 준비해서 4시 반이나 5시에 학교에 와요. 계약상으로는 아침 7시에 오는 거지만 해야 할 일이 너무 많고 또 학생들이 오기 전 청소를 해놓아야 하니까 새벽에 나오게 되죠. 화장실 먼저 청소하고 교수방들을 일일이 열어 보고 청소하고 복도를 치우면 아침 8시 반이에요. 밥 먹고 또 일하는 거죠. 우리가 엄마들이라 집에서 하는 것같이 청소하려 한다고요.

오후 4시에 퇴근하니까 하루에 11시간씩 일하죠. 한 사람이 450평이 되는 구역을 청소해야 하니까 허리 아프고 고단해요. 한 달에 57만 원(2004년 당시)을 받아요. 연·월차 휴가나 생리휴가는 꿈도 꾸지 못하지요. 아파트 청소는 9시 출근해서 3시 반까지 하고 60에서 65만 원을 받는다는데, 학교는 새벽 4시에서 오후 4시까지 일하고도 60만 원이 안 돼요.

몇 년 전에는 학교가 직접 고용을 했다고 하는데 지금은 용역 회사가 해요. 용역 회사는 낙찰되면 어떻게든 더 이문을 남기려고 하니까 물품도 제대로 안 줘요. 물품 조금 아끼면 이득이 남는다고 청소도구나 세제도 제대로 안 줘서 청소를 쉽게 할 수 없다고요. 또 물품 같은 거 없어지고 잃어버리면 우리보고 사오라고 해요. 그러면 우리가 물어내야 하죠. 학교는 용역에 주고 일체 신경 안 쓰고, 안에서 어떻게 일이 돌아가는지 전혀 모르죠.

감독은 하루 열 번도 왔다 갔다 감시하면서 잠시 앉아 있으면 "다 했어? 뭐 해!" 반말 찍찍 하면서 노예같이 대하죠. 말이라도 "쉬엄쉬엄 하세요" 그렇게 점잖게 하면 좋은데, 일하다가 힘드니까 엄마들이 몇 마디 나누면 "일이나 하지, 왜 떠들어. 시끄러워!" 하고 소리지르죠. 반장이면 총장이나 되는 듯이 반말하면서. 우리가 노예예요? 팔려왔냐고. 우리가 "당신 마누라도 이런 일 시켜보라고!" 하죠. 한손에 손가락도 길고 짧은 게 있는데 어떤 날은 청소가 좀 전날보다 못하면 감독이 당장 "당신 모가지야!" 그런다고요. 어떻게 사람이 일하고 있는데 그런 말을 할 수 있어요? 학교도 그렇고, 어떻게 지금 다니는 사람보고 60이 넘었으니 자른다, 자른다 소리를 그렇게 할 수 있어요?

60세 넘은 사람이 대부분인데, ○○대학이 이번 용역계약에서 60세 이상은 해고시키겠다고 해요. 그럼 다 자르겠다는 소리죠. 여기가 영업집도 아니고 학교인데도 그렇게 하겠대요. 또 청소일을 3부제로 바꾼다고 하더라고요. 아침 6시에서 오후 2시, 오후 2시에서 밤 10시,

밤 10시에서 아침 6시로 이렇게 바꾼대요.

우리가 오후 4시에 퇴근하고 일주일에 6일을 일했는데 그러면 토요일 일요일도 없이 빨간 날도 없이 계속 일해야 하는 거죠. 그렇다고 사람을 더 쓰는 것도 아니고 그 안에서 교대제로 시키는 거예요. 그러면 7만 원인가 더 주겠대요. 우리가 가정이 있고 새끼들 위해야 하고, 영감 챙기고 친척 챙겨야 하는데 어떻게 24시간 밤낮을 바꾸며 이 일을 할 수 있어요? 학교는 무조건 밤낮없이 계속 청소만 시키면 깨끗해지는 줄 알아요. 이봐요, 우리가 새벽에 나오면 화장실 미리 청소해서 바닥을 말려 놓는데, 거기다 대고 온종일 물청소를 해대면 오리가 뒤뚱뒤뚱 지나간 것 같이 발자국이 나서 더 더러워질 거예요.

이 학교가 부자라고 하더라구요. 건물도 계속 짓고. 그런데 직영으로 하지도 않고 어떻게든 싸게 종일 부릴 생각만 해요. 우리도 사람인데. 선생들은 고생을 안 해봐서 청소를 어떻게 하는 줄도 모르고. 내가 1년 일하니까 무릎이 아파 서 있지를 못하겠어요. 병원에 갔더니 무릎 연골이 다 닳았다고 그래요. 병원에서 하라는 대로 12만 원 주고 약 사먹고 세 차례 더 먹고 그래 나았어요. 우리도 집안에 가면 다 어른이고, 부모예요. 다들 벌어서 새끼 학교도 보내고 하는데, 반말 들어가며 이렇게 일하는 거죠. 등록금으로 학교 운영하는 거잖아요. 높은 사람들 자기들이 돈 내서 하나요? 다 우리 새끼들 대학 등록금으로 하는 건데 학교가 우리한테 그러는 거죠.

여자들이 노동을 하고 나이 들어 한푼이라도 벌려고 애쓰고 있는 거예요. 경기 나쁘고 먹고살아야 하니까 우리가 집 팽개치고 밥상도 제대로 못 치우고 새벽부터 나와서 일하는 거지. 젊은 청소부가 이 똥구덩이에서 일할 수 있을 것 같아요? 못 해요. 남이 태운 것, 싼 것 그 속에서 싫단 소리 없이 묵묵히 치우는데. 어제 복도에 가 보니 파티를 했는지 케이크, 맥주 개락을 해놓아 파리가 몰려들고 말이 아니에요. 유한 락스로 그거 오전 내내 청소하니 정말 힘이 다 빠져 오후 일 하기가 힘들 정도예요. 화장실 변기에 용변 본 것에 휴지 풀어 막아놓아, 물 내리면 넘쳐서 다 청소해야 하고. 사람들이 제대로 버리고 그런 의식이 없는 것 같아요. 담배 버린 거, 가래침 뱉은 거 물청소 다 하고. 정말 뼈 빠지게 일하죠.

새벽 4시에 나오건 6시에 나오건, 각자 나오는 건 자윤데, 지금 근무 시간을 그대로 해줬으면 좋겠어요. 버스비도 올라가고 물가 올라가는데, 일한 만큼 정당한 대가를 받았으면 좋겠고요. 고대 뒤편에 살다가 재개발 때문에 경기도 시흥으로 이사 간 사람도 있어요. 버스비도 오르는데 오가는 것도 큰일이죠.

학교가 직접 하면 물품도 충분히 주고 이렇게까지 하지 않을 거예요. 직영이 되었으면 좋겠어요. 학교를 더 청소해야 한다고 3교대로 만들어 24시간 엄마들을 돌릴 게 아니라, 새벽 4시에서 4시까지 하는데 자기들이 인건비를 좀더 주고 2시간 더 일하라고 할 수도 있잖아요. 자기들은 주5일 근무하면서 우리보고 쉬는 날도 없이 주야 근무 번갈아 해라, 너무한 거예요. 외국 사례가 어쩌고, 교수들 다리 떡 붙이고 앉아 말만 늘어놓는데 지금 우리 나라는 외국하고 멜 게 아니에요. 지금 일하는 사람들은 죽네 사네 하고 일하는 건데.

이대로 하게 해주세요. 다 그만두고 우리가 나가더라도 다른 사람이 들어와도 마찬가지예요. 남편 새끼 팽개치고 주야 일해서 한 달에 60만 원 받으면서 한 주는 낮에 일하고 담 주는 밤에 일하고 아예 학교에서 살라는 소리죠. 기업체는 5일 일한다는데 청소부는 뻘건 날 쉬지도 말라는 얘기죠. 우리는 아이들도 키우지 말고 청소만 하라는 소리예요. 이대로 일하게만 해주었으면 좋겠어요.

■ ○○대학에는 2004년 7월 1일 청소용역노조가 결성되었습니다.

내 마음대로
안 되는 게
많아요

김영은(가명) | 학원 강사

학원 강사로 일한 지 햇수로 3년째예요. 처음에는 중학생 영어를 가르쳤고 지금은 중학생과 고 2학년까지 가르쳐요.

처음 학원 강사를 시작할 때는 적응이 안 되었어요. 담임제인데 반 아이 관리나 출석부 정리, 부모 상담이 어려워서 두 달도 못 했지요. 다음 학원에선 1년 반 했고, 또 옮겨서 지금까지 하고 있어요. 주5일 제에 자기 시간을 가질 수 있다는 게 좋아요. 오후 4시 반에 출근해서 10시까지 근무해요. 가서 한 시간 정도 업무 준비하고 5시 30분에 중학 생을 가르치기 시작해서 8시 30분까지 수업하고 나머지 시간에 고등부 를 가르치죠. 시험 기간이 되면 한 달 전부터 토요일 일요일에도 나와 서 일해요. 그런 주말에는 아침 11시나 12시에 나와서 오후 6시까지 가르치고.

저는 인복이 있어 좋은 원장을 만난 편이에요. 다른 학원 강사들 말 들어 보면 나쁜 원장은 월급을 잘 안 올려 주고, 사람 귀한 줄 모르고 부리고 학원일 외 가욋일도 시키고 인간적으로 막 대하는 경우도 있대요. 만약 나한테도 월급을 안 주는 일이 생긴다면 당장 달라 그래야죠. 그 다음날 당장 신고를 해서라도 받아내야죠. 학원은 적자 날 일이 거의 없어요. 못 버는 학원도 원장은 500~600만 원씩 번다는데 절대로 손해볼 일 없어요.

학원 강사는 4대 보험이 없고 퇴직금도 없어요. 학원에서 강사 채용했다고 노동부에 신고를 안 하니까 우리는 직업이 없는 상태죠. 통장으로 월급을 넣어 주면 서류 증거가 남아서 그런지 모르지만 월급은 다 현금으로 줘요. 그럼 비정규직인 셈인데 왜 내가 노동자가 아닌지 모르겠어요. 교육직이라고 알고 있는데……. 우리는 카드도 못 만들어요. 재직증명서가 없고 통장에 돈 들어오는 게 없어서 웬만한 은행 대출도 어렵고 그냥 공식적으로는 실업자죠.

남자 선생님이 거의 없고 여자가 많아요, 학원마다 차이는 있지만. 남자 선생님은 수학, 과학 과목을 맡고 언어 쪽은 여자 선생님이 많아요. 남자 선생님이 적은 건 학원 강사가 비정규직이라 그런 것 같아요. 학원 임금이 남자에게는 적지요. 솔직히 학원 강사에 대한 인식이 안 좋구요. 직업이 나쁜 게 아니라 지나가는 직종이라 많이들 생각하죠. 학원 선생님들도 열심히 하는데 평생 해야지 하는 생각은 없는 것 같아요. 비중 있게 생각 안 하고 나도 한번 해볼까 하는 사람들도 많고.

하지만 할수록 나도 많이 배우고 내가 좋은 사람 되어야겠다는 생각이 들어요. 아이들한테는 학교 선생이라고 더 중요하고 학원 선생이라고 덜 중요한 게 아니니까. 저는 신길, 난곡, 영등포에 있는 학원에서 일을 했는데 애들 가정환경이 안 좋고 부모와 떨어져 할머니, 할아버지와 사는 애들이 참 많아요. 의욕 없고 주눅 들어 있는 걸 보면 불쌍한 마음이 들죠. 그 아이들은 지금 단어 하나 외우는 게 중요한 게 아닌 것 같아요. 사교육 문제 때문에 학원을 단속한다고 요즘 심각한데 복잡한 문제라는 생각이 들어요. 결국은 좋은 대학을 가려는 경쟁 때문에 이 난리를 치는 거죠.

저는 지방에 있는 대학교 졸업하고 관세사 시험 준비를 했죠. 그때 돈 많이 버는 직종으로 변리사와 관세사가 꼽히던 시절이었거든요. 참 이점이 많아서 도전해볼 만하다고 느꼈죠. 대학교를 다니면서 관세사 1차 시험 합격하고 서울에 올라와 2차 시험을 준비하며 공부했어요. 대학교를 다니면서 혼자서 잘 공부했고 처음 시험에 합격을 해서 자신감에 차 있었어요.

저는 낙천적이고 상황에 잘 적응하는 편인데, 서울에 올라와서는 참 어려웠어요. 돈이 없어 카드 처음 만들 때인데, 카드로 생활비 쓰기 시작하고, 장당 9000원짜리 논술 첨삭 아르바이트를 했더랬어요. 돈이 너무 없으니까 학원을 다닐 수도 없고, 공부할 돈이 없으니까 내가 그때 얼마나 괴로웠는지 몰라요. 고등학생들이 쓴 글 첨삭하면서 내가 지금 이거 할 때가 아닌데 내 공부 해야 하는데, 그걸 하고 앉았으니 거의 시간을 다 잡아먹어요. 그때는 또 서울에 올라와 너무 외로웠어요. 애들은 핸드폰 있는데 난 핸드폰 살 돈이 없으니까 연락도 안 되고, 완전히 노량진에 혼자 동떨어진 상태에서 공부를 하니 되겠어요? 점점 공부하는 시간이 줄어들고, 텔레비전 보면서 시간을 자꾸 버리면서 자신을 괴롭히게 되었어요.

대학교 때는 내 마음대로 됐거든요. 거의 대부분이. 나 혼자 도서관에서 공부할 때도 외롭지 않았어요. 소속감이 있잖아요. 서울 오니까 정말 안 되는 거예요, 1년 정도 그렇게 보냈어요. 그러다 무역회사에 취직해 경리일 하면서 아홉 달을 다녔죠. 다니면서 2차 준비를 마저 했어요. 1차에 합격되면 2차를 볼 기회가 두 번 주어지는데 첫 해 떨어지고 다음 해에도 안 됐어요.

그 동안 카드를 많이 썼어요. 돈도 없었고, 그 동안 돈을 너무 못 썼고 돈에 너무 갈급해서 사고 싶으면 그냥 샀어요. 살 수 있잖아요, 카드는. 대학교 때도 아르바이트 하면서 힘들게 살아서 그런지 돈을 쓰고 싶다는 생각이 많아져서 여러 가지 생활용품도 사고 책도 많이 사고, 친구 만나도 내가 사주게 되고. 카드값 나올 때마다 괴로웠죠. 이자가 이자를 부르고 해서 불어난 돈이 많아요. 돈이 주는 고통이 얼마나 큰지 몰라요. 참 습관이라는 게 무서워요. 돈은 한번 쓰기 시작하면 그 씀씀이가 줄지를 않거든요.

무역회사를 그만둔 게 3월이고 그해 9월에 학원 일을 시작했어요. 그 당시 내가 스물여덟이었는데 열아홉이나 스물도 아니고 이제 직업을 고민하는 게 착잡했어요. 지금 내 나이에 밑바닥부터 힘들고 휴일도 없는 일은 안 되겠다 싶어 학원 강사를 시작한 거죠. 빚 갚을 때까지 5년 정도 하겠다, 처음에는 쉽게 생각하고 뛰어들었지만 지금은 더 열심히 노력하고 있어요. 사람 가르치는 일이 쉽지 않더라고요.

작년에 관세사 1차를 다시 쳤는데 또 합격했어요. 2차를 보려 해도 작년에는 학원 강사를 계속하고 있었으니까 공부를 제대로 할 수 없었어요. 작년도 안 되고 올해 시험칠까 싶었는데 원서 접수 기간이 끝나 이제 끝이에요. 시험을 긴 시간 준비하는 건 이제 못 하겠다는 생각이 들어요. 또, 지금은 그때랑 상황이 다르죠. 처음에 시험 준비할 때만 해도 관세사가 얼마 없어서 월급도 대우도 좋다고 들었죠. 다음해에 응시생이 엄청 몰렸어요. 백 명씩 뽑고 해서 이젠 흔해빠졌죠. 그리고 여자 관세사는 잘 안 쓴대요. 옛날에는 적으니까 사람들이 관세사를 찾아왔는데 지금 워낙 관세사도 많고 하니까 업체를 따야 해서 관세사가 영업하러 다니는 거예요.

미래에 사회복지사 해볼까 하는 생각을 해봐요. 노인 정책이 세워지고 노령화 시대니까 복지사 업무나 관리 같은 일이 앞으로 전망이 있는 거 같아요. 서른세 살쯤 되면 빨리 사회복지 대학원이나 관련 공부를 해서 자격증을 따고 싶어요. 2박 3일 해외 여행 같은 거도 한번 하고 싶어요. 그런데 크면서 깨달은 것 중에 하나가 내 마음대로 안 되는 게 많구나, 내 생각대로 살아지지 않는구나 하는 거예요. 앞으로 모습은 장담 못 하죠. 누가 알겠어요?

학원에서 수업하고 얘기하고 나오고 하다 보면 시간이 금방 가요. 그게 너무 좋아요. 다른 친구들은 서른 넘어 시간이 천천히 갔으면 좋겠다지만 오히려 저는 시간이 늦게 가는 게 싫어요. 금전적으로 어려우니까 빨리 해결되었으면 좋겠어요. 하고 싶은 일을 하려면 시간이 지나야 하니까, 저에게는 나이보다 시간이 더 급하죠. 살면서 자신이 저지른 행동에 책임을 진다는 것, 그게 어른이라는 걸 뼈저리게 깨닫고 있어요. 어른이 된다는 게 쉽지 않다는 걸 말이죠. 저처럼 힘든 친구들이 많다고 생각해요. 그래도 누굴 원망하지 말고 이런 경험도 독이 아니라 득이라고 생각하면서 이겨내야 할 것 같아요.

■ 김영은(가명) 님은 서울에서 학원일을 하다가 지금 고향에 내려가 학원에서 아이들을 가르치며 자립해서 살고 있습니다.

필요한
사람이라고
느끼고 싶어요

박미숙(가명) | 가내 부업

제가 지금 집에서 하는 일은 고무판에서 원통형을 따기만 하는 거예요. 용도는 몰라요. 그쪽에서 일감을 갖다주고 다 한 건 가져가는데 양은 가지가지예요. 쌀가마니 아시죠, 그걸로 하나 가득 가져올 때도 있고⋯⋯. 한 가마니 가져오면 이틀 정도 일해요.

애가 있어서 하루에 많이는 못 하고요, 아침에 일어나서 집안일 하고 잠시 하다가 애가 일어나면 놀아주고, 낮에는 놀이터에서 놀아줘야 하고 애가 낮잠 자면 또 하다가, 저녁에 애가 자면 밤에 붙들고 새벽 두어 시까지 하죠. 부업이라는 게 욕심이 들면 집안일을 놓게 돼요. 애가 놀아달라고 해도 가끔 못 놀아줄 때도 있고요. 이게 온종일 붙잡고 있어도 하루 만 원 정도, 그것도 엄청 많이 하는 거고, 하루 하면 보통 7000원 정도예요. 저는 한 달에 10만 원 벌어요.

그 돈은 아이한테 쓰는 경우가 많아요. 먹는 거 입히는 거 해주고, 모아서 책 같은 거 사주기도 하고, 공과금 내기도 하고. 일 붙잡고 있으면 시간은 빨리 가요. 다람쥐 쳇바퀴 돌 듯 습관적으로 하게 돼요. 이게 없으면, 뭐 하나 안 하게 되면 시간이 안 가요. 뭔가 하고 있어야지만 조급함이 안 드는데, 가만히 있으면 맘이 조급해져요.

힘든 건 금액이 적다는 거 하고, 나중에 손 같은 데 아프니까 힘들죠. 그럴 땐 달리 방법이 쉬는 거밖에 없어요. 손 놓고 있다가 하기도 하고……. 아픈데, 바보같이 하면 안 되죠.

제 상황이 나가서 일할 수 없어서 붙잡고 하는데 가끔씩 화날 때가 있어요. 어쩔 수 없어 하는 일이긴 하지만 이렇게 긴 시간 일하는데 돌아오는 건 얼마 안 되니까. 힘들게 일하는 만큼 몇 분의 일이라도 돌아왔으면 하는 바람이에요. 제가 힘들게 한 만큼 쥐어주는 게 있어야 하는데 그런 게 없으니까 그렇죠.

이 일이 지금 겉으로 드러나는 게 아니잖아요. 알려진 것도 아니고 집에서 가내수공업으로 하는 일이라 밖에서 활동하는 직장인과 다르게 저는 혜택 같은 게 없어요. 문제점 같은 게 전혀 드러나지 않는 상황이기 때문에 뭐라 해야 하나. 음…… 아무것도 없는 상태잖아요. 시간 투자에 비하면 아무 대가 없이 자기 노동력을 빼앗기고 있다는 느낌이 가끔 들기도 해요.

이런 일을 하다가 다칠 수도 있고 개중에 뾰족한 것도 있어서 애가 갖고 놀다 보면 크게 다치는 때가 있는데 보상을 받는다든가 그런 거는 들어보지 못했어요. 4대 보험 같은 거 없죠. 다치면 알아서 해결해라, 그래요.

결혼하기 전에 회사에 다녔는데 애 갖고 일곱 달째 다니다가 그만두고 애 키우고 있어요. 지금 상태에서 취직은 쉽지 않을 거라 생각해요. 회사에서 주부들 기피하잖아요. 나가서 일을 하게 된다면 전문적인 일은 못할 것 같구요. 하게 되면 일반 회사의 사무직 경리사원으로 들어가겠죠. 자기가 특별하게 배운 지식이 없으면 쉽게 일자리를 못 찾을 것 같아요.

결혼하게 되면 당장은 괜찮은데 애를 낳게 되고 그렇게 되면 애를 맡겨야 되는데 시설들이 없어요. 위탁시설 없다면 어쩔 수 없이 엄마가 키워야 되는데…… 맘 놓고 맡길 시설이 없는 게 안타까워요. 시설이 있었으면 직장 생활 했을 거예요. 지금은 아이가 서너 살 넘겨야 직장 생활을 할 수 있어요.

결혼 전엔 그냥 사회생활하고, 집안의 귀한 자식이고 그랬는데, 막상 결혼하니 내가 어떤 사람인가, 왜 이렇게 살아야만 되는가 한번씩 돌아보게 돼요. 여자들이 살면서 남자들보다 많은 걸 느끼게 되는 것 같아요. 결혼하고 나니 남자들이 여자한테 바라는 게 많더라구요. 같은 생각을 하고 똑같은 일을 겪는 게 아니고, 저 같은 경우 여자들한테 엄마가 돼주길 바란다는 느낌을 받았어요. 모든 것을 다 해주길 바라더라구요.

제가 앞으로 직장 생활을 하겠다고 맘먹은 게, 남자들은 여자들이 집에 있으면 아무것도 없고 능력도 없고 생활도 안 한다고 느끼게 만들거든요. 저도 집에 있으면 아무 쓸모없는 사람이구나 하는 생각을 하게 돼요. 결혼 전처럼 나가서 회사에서 일하고 싶어요. 필요한 사람이구나 인정받고 싶고 느끼고 싶어요.

딸을 낳아서 키우지만 여자 아이가 살아가는 데 남자 아이보다는 힘든 게 많잖아요. 처음에 예쁘다 이런 거보다는 내가 살아보니까 앞으로 애도 힘든 일들 겪게 되겠다는 생각이 들어서 한편으로 슬프다 그런 느낌 받았어요. 그만큼 남자보다 여자들이 살아가기 힘드니까……. 여자로 태어났기 때문에 슬프지만 그래도 딸이어서 예쁜 면이 많죠. 제 딸이 커서 저 같은 느낌 안 받았으면 좋겠고 여자로 딸로 태어난 것이 행복하다는 느낌 받으며 살았으면 좋겠어요. 바꿔나갔으면 좋겠어요.

딸한테 결혼하지 말아라 그래요. 결혼이 불행하다 행복하다 말하기 그렇지만 자기 능력껏 살아가라고. 애한테 장난처럼 그러는데 "너는 결혼하지 말고 살아라. 혼자 살아라. 굳이 힘들게 이런저런 거 겪을 필요 없이 능력껏 생활하다가, 아기 갖고 싶으면 아기 갖고 굳이 결혼 안 해도 된다." 결혼하면 또 다른 부가된 일이 많아지는데 그런저런 일에 신경 쓰지 말고 혼자 자기 애 키우고 살았으면 좋겠어요.

일을 다니고 싶어요. 사회생활 하는 거잖아요. 밖에서 여러 가지 많은 일을 겪게 되니까 사람이 달라져요. 집에 있으면 위축된 기분이 드는데 밖에 나가면 많은 것을 보고 듣게 되는 거니까. 저 같은 경우는 일 다녔던 때가 행복했던 것 같아요. 애하고 생활하는 게 나쁘다는 게 아니고, 저만 생각한다면 그때가 행복했어요.

■박미숙(가명) 님은 지금 시골로 내려가 아이를 기르고 계십니다.

내가
근로자가 아니라고
누가 정했을까

박혜경(가명) | 텔레마케터

텔레마케터 일을 하는데, 처음에는 일반 상담직 업무를 했고, 지금 하는 건 보험 파는 일이니까 세일즈죠. 사회에서 인식이 많이 좋아졌다지만 사실 보험 일에는 '정말 할 게 없었구나' 하는 선입견이 있거나, '할 일이 없어 마지막으로 갔구나' 하는 생각도 있기 때문에 사람들이 "뭐 해요?" 물으면 "일해요" 하지 "보험 팔아요"라고 말은 못 해요.

나는 이걸 꼭 해야겠다는 생각이 아니고 그냥 아는 사람이 추천하는 거니까 한번 해보자, 너무나 쉽게 시작을 했어요. 회사에 소속돼서 일하는 게 아니라 자영업 형태로 따로 소득세를 내고, 4대 보험은 적용이 안 되고, 그래서 회사에서 복지도 다른 사규로 적용돼요. 한 지 1년 조금 넘었어요.

주변에서 어렵게 직장 구하다 소개로 들어오는 경우가 많아요. 일반적인 경우는 인터넷이나 지면에서 모집을 하더라구요. 모집을 해서 1, 2차 면접을 통해 뽑는 경우가 대부분이죠. 일반 용역회사, 채용 업체가 의뢰를 받아서 대신 소개를 해주는 거예요. 그러니까 좀 잘못 알고 있는 건, 인터넷 모집 광고에서 '정규직' '비정규직' 일자리가 구분되어 표시되는데 실제로 소속이 각 보험사, 소속사다 보니까 정규직으로 나와 있는 경우가 많거든요. 보통 바로 학교 졸업하고 오는 친구는 말 그대로 정규직으로만 알고 들어오는 경우가 있기 때문에 들어와서 혼선을 많이 겪기도 하죠.

출퇴근 시간이 좀 정확하니까 장점은 있는데 어려운 점은 실적제다 보니까 회사에서 계속 고용 형태는 유지된다 하더라도 실적이 유지되지 못하면……. "영업이 인격이다" 하는데 실적이 뒷받침되지 않으면 아무리 분위기가 좋다 하더라도 오래 견디기가 힘들지요.

이 일이 싫다는 사람은 석 달 안에 다 그만두게 돼요. 석 달이 지나면 그 일이 좋고 나쁘고를 떠나서 적응이 되고, 자기가 할 만하기 때문에 유지가 되는 거거든요. 그런데 슬럼프가 오면 그땐 참 일하기가 힘든 것 같아요.

이 업종에서 일하는 사람들은 그만두고 쉬었다가 다시 시작하는 경우가 많아요. 나도 요즘 슬럼프인데, 잘 해봐야겠다는 생각마저 안 들 때는 '아, 내가 이 일을 정말 그만 해야겠다, 드디어 한계가 왔구나, 더 못하겠다.' 싶어요. 실적이 안 나오면 나도 힘들지만 회사에 눈치가 보이기 때문에 그만두어야 한다는 생각이 드는 거죠.

우리 같은 경우 기본급에 실적이 들어가는 상태라 임금 편차가 굉장히 심한 편이에요. 기본급이 정말 얼마 되지 않는 금액이라 다들 열심히 하기는 하는데, 회사 처지에서는 영업 관리 하다 보면 "오늘은 최저 몇 건, 두세 건 이상은 꼭 해야 한다, 안 되면 한 시간 정도 더 일을 해 봐라" 하죠. 퇴근 시간이 정해져 있는 상태에서 건수가 안 돼서 더 일하라 하면, 내가 내 돈 받는데 너무 짜증난다 하는 경우가 많지요.

내가 일하는 스타일은, 보통 사람들 경우 전화를 하고 조금 쉬다가 다시 콜을 하는데, 나는 쭉 해버리는 성격이에요. 통화 끝나고 바로 들어가고. 그렇게 하니까 주변 사람들이 그러더라구요. 그렇게 하면 6개월도 못 버틴다, 그만큼 기가 빠지는 일이기 때문에. 남들 설득하고 내 얘기를 전달하기까지는 기가 필요하기 때문에 쉬엄쉬엄하라고. 난 어차피 일하는 거 열심히 하는 게 낫지 않나 싶어서 쭉 했는데, 그러니까 1년 못 되어 체력에 한계가 오는 거예요.

우리는 목을 많이 쓰고 말을 많이 하는 거니까 목이 상하죠. 난 어릴 때부터 소리 아무리 질러도 목 안 쉬었는데 요즘은 아침 되면 목이 굉장히 잠기고……. 난 아직까지 후두염 같은 건 안 생기는데 목이 약한 분은 염증 같은 게 생기거든요. 그런 거는 감기 오면 거의 백 프로 같이 걸리기 때문에 이비인후과나 내과 같은 데 가는 경우가 많아요.

우리는 급여 명세서에 의료비로 달마다 3만 원 포함되더라구요. 일반 회사랑 다르지요. 명목상으로 있겠지만 3만 원 주는 그걸로 치료하라 그러고. 거의 자비로 치료하죠. 따로 추가 지급이 없기 때문에. 일반 상담직은 고객들이 전화하면 민원 건 많이 발생하고, 싫은 소리 계속 들으면 성격도 안 좋아지고, 스트레스 많이 받아요. 인간적으로 무시하는 사람도 많잖아요. "니가 뭔데" 하고. 그러면 순간 혈압이 확 오르죠. 인간 대 인간으로 무시하는 거니까. 그렇다고 내가 회사 입장에서 같이 쌍소리 못 하거든요. 그래서 성격이 과격하게 바뀌는 거 같아요.

텔레마케터는 여자가 거의 99퍼센트예요. 여자는 남자보다 목소리가 부드럽고 유연성 있게 말을 한다고 보니까요. 또 여자 입장에서는 이 일을 하는 데 학력에 대한 차별이 일단 없다는 거, 그런 게 딱 맞춰진 것 같아요.

지치니까 이직률은 높을 수밖에 없다고 봐요. 또, 그만둬도 그쪽 일을 또다시 할 수 있기 때문에 쉽게 그만둘 수 있어요. 일반 회사는 그만두면 다른 일을 할 수 있을까 걱정되잖아요. 이직률이 높기 때문에 수요가 높은지, 수요가 있기 때문에 이직률이 높은지 모르겠지만 그만둬도 이 일은 최소한 할 수 있겠구나 생각해서 이직하게 되죠.

둘째, 실적이 쌓인 경우는 좀더 나은 조건을 찾아가게 돼요. 예를 들면 내가 경력이 쌓였는데, 그 경력을 인정해주고 조금 더 나은 대우를 해주겠다 하면 그쪽에 가는 거죠. 한 명이 이직해서 다른 사람한테 같이 가자 하는 경우엔 친구 따라 강남 간다고, 똑같은 일을 하는 거면 내가 친한 사람하고 일을 하고 싶다, 그런 생각으로 가는 경우도 있고요. 체력에 한계가 와서 쉽게 지치고 다른 일을 찾고 그런 게 대부분인 거 같아요.

실적이 안 받쳐주면 회사에서 직접적으로나 간접적으로 말을 하거든요. 그렇게 되면 어쩔 수 없이 나와야 해요. 고용보험을 적용받는 일터에서 1년 이상 근무한 분은 보통 회사에서 해고당하면 6개월이나 3개월 정도 실업급여 혜택을 받잖아요. 우리는 그런 보험이 없기 때문에, 내가 원해서가 아니라 회사 정책에 따라 그만두라는 경우도 아무 혜택을 못 받지요. 그럴 땐 내가 고용보험 안 되는 회사 다녀서 불이익 받는다는 생각이 들어요.

우리는 자영업이라 하지만 보통 회사를 다닌다고 생각하거든요. 나도 결혼할 때 대출을 알아봤는데, 근로자가 아니어서 실질적으로 해당이 안 되더라구요. 같이 일하는 여성들 중엔 배우자가 회사를 그만두거나 살림이 어려워져서 일하러 나오는 분들이 굉장히 많아요. 결혼한 지 5년, 10년 돼도 연령이 40대 넘어도 입사를 원하는 분이 있거든요. 그분들한테도 근로자 신분을 인정해 대출 부분 같은 걸 감안해주면 다들 좋아하지 않을까 싶어요. 내가 막상 그런 일을 당하고 나니까 그런 생각이 들더라고요.

내가 이전 회사에서 근로자로 일했을 때, 사실 4대 보험 안 해도 좋으니 월급에서 조금만 떼면 좋겠다고 생각했거든요. 막상 내가 남들 다 받는 혜택 못 받고, 의료보험증도 딴 사람들은 직장의료보험이라 이름이 들어가는데 나는 못 받고, 카드 만들 때도 대출받을 때도 불이익을 당하니까 근로자가 참 좋구나 생각했어요.

우리 일하는 건 정규직이든 비정규직이든 일반 회사에 소속된 분들하고 똑같다고 생각하거든요. 그런 부분은 참 애매해요. 누가 정했는지 모르겠지만 사실 일하는 사람들이 항상 그걸 생각하고 일하는 게 아니라, 아, 내가 들어간 회사가 4대 보험이 되는구나 해서 혜택받는 거고, 아, 내가 들어간 회사가 무슨 이윤지 모르겠지만 소득세만 떼고 4대 보험이 안 된다고, 내가 돈을 지급하려고 해도 따로 시정되는 게 아니구나, 왜 그런 부분이 안 되는지 잘 모르겠어요.

우리 같은 경우 여자만 있는 세계에 있다 해도 간혹 팀장이나 슈퍼 바이저로 발탁되는 경우가 있는데, 그 이면엔 친분 관계가 있죠. 일반 회사 관리직이 다 남자고, 여자는 별로 없어요. 회식 자리에서도 그 사람들하고 좀 친하고 개인적인 친분이 있어야 "팀장 한번 해보는 게 어떻겠냐" 하고 제의받을 수 있지요. 일을 무조건 잘한다고 받기 어려운 게 현실이고 그래요, 우리 업계에서는. 그래서 회의가 많이 들어요. 일반 회사 같은 경우는 훨씬 더 심하겠지요. 나 옛날에 있어 보니 그렇더라고요. 급여도 그렇고, 승진도 그래요.

여자가 결혼할 생각 전혀 없고 결혼할 기미도 없고, 본인도 일에 대한 열정이 너무 충만해서 각종 회식이나 모임에 끝까지 남아 있고 그럴 때, 남자들 같은 경우 겉으로는 "누구 씨, 정말 능력 되고 성격 너무 좋고" 하다가 뒤에서는 "걔가 여자냐? 독해, 독해, 아주 독해" 얘기해요. 반대의 경우 타고난 미모, 아양으로 회식에서 비위 맞춰주고 여자가 그러면 역시 인간적으로 이해해주기보다는 "아, 이 여자 정말 별로다"라는 둥. 남자는 여자에 대해 굉장히 이분법적인 생각을 갖고 있는 것 같아요.

저는 결혼한 지 6개월 됐는데, 어머니 말씀이 그렇잖아요, "여자 팔자 뒤웅박 팔자"라고. 예전에는 남자 능력 돼서 여자 집안일만 하면 시집 정말 잘 갔다 하잖아요. 지금도 집에서 살림만 하는 친구들 보면 어떨 땐 그게 너무 부러워요. "아, 정말 능력 되기 때문에 살림만 하는 구나. 나 능력 안 되서 사회생활 하거든." 농담으로 이렇게 말해요. 하지만 지금 생각은 내가 집단 사회 속에 소속이 되어 있고 그 사람들과 만나고 규칙적인 생활을 할 수 있잖아요. 그게 좋은 거 같아요. 난 그래서 사회생활 하려구요, 그게 어떤 형태이든. 지금은 스트레스 덜 받는 안정적인 직업을 갖고 싶은 마음이 있지요.

내가 임신할 생각을 하니 갑갑해요. 집안일 나눠서 둘이 그렇게 도란도란 살고 직장 생활도 맞벌이로 적응하고 있다가 아이를 갖게 되면 다니기 너무 힘들 거 같아요. 임신을 하면 내 몸도 지치지만 제일 힘들 거 같은 게, 아, 이 아이를 낳으면 누가 키울 것인가, 내가 과연 이 아이를 키우면 우리 집의 생계는 어떻게 될 것인가, 부모에게 맡기지 못하는 상황이면 내가 탁아소나 육아 시설을 알아봐야 하는데 미덥지 못하고. 사실 원만한 사회생활을 바란다 해도 그런 부분이 해결되지 않으면 힘들 것 같아요. 그래서 이런 부분은 사회적으로 지원되어야 하는 부분이고, 이렇게 얘기하지만 현실에 반영이 될까, 그건 꿈에 불과하고 우리끼리 하는 푸념에 불과하지 많은 도움은 안 되겠구나 하는 생각도 들어요. 분위기가 바뀌면서 여자들이 일하기 좋아졌다고 말은 하는데, 아직도 여러 가지로 힘들고 생각지도 못한 부분에 불이익을 받는 경우가 많거든요. 아직 내가 아이를 안 가져서 그런지 모르지만 내가 문제의식을 가지고 생각하면 언젠가 방안이 나올 거고 커가는 아이도 내 푸념을 듣고 아, 이럴 수 있지 않을까, 더 나은 세상을 만들 거라고 믿어요.

마지막으로 솔직하게 이야기하자면 내가 하는 일에 대해서, 직업에 귀천이 없다고 하지만 사회적 인지도는 무시할 수 없거든요. 내가 텔레마케터 일 하는 거 친정 식구들은 아무도 몰라요. 판매, 보험 세일즈는 요즘 남자 설계사도 많고 이미지 변신이 많지만 아직까지 안 좋은 인식이 상당히 많은데 그런 부분이 한시라도 빨리 개선이 됐으면 좋겠고, 그래서 사람들이 "무슨 일 하세요?" 하고 물으면 좀 자신 있게, 자긍심 가지고 "저 이런 일 해요"라고 말할 수 있는 시간이 왔으면 좋겠어요.

■ 박혜경(가명) 님은 텔레마케터로 일하다가 첫아이를 가진 후 일을 그만두었습니다. 지금은 집에서 전업주부로 지내면서 여섯 살, 세 살 난 두 아이를 기르고 있습니다. 이제 아이들을 어린이집에 맡기고 자신의 일을 다시 찾아보려고 합니다.

바느질을 계속하고 싶어요

최순미 | 가내수공업

저는 집에서 한복 만드는 일을 해요. 여기 지하는 본래 부모님 집 주차장인데. 장판 깔고 문 달아서 작업실로 쓰고 있죠. 매장에서 한복 치마를 주문하면 제가 여기서 만들어서 갖다 줘요. 저는 친구들보다 편하게 일하는 편이에요.

이 일을 한 지 6년째 되니까 실수를 해도 놀라거나 하지 않고 여유로워진 것 같아요. 그전에는 울 뻔했어요. 공정하느라 드라이해야 하는데 음식물 같은 얼룩이 안 지워지는 경우가 있어요. 처음에는 힘들었지만, 지금은 요령이 생겨서 수습할 수 있으니까 괜찮아요. 그런데 옛날에는 모르니까 용감하게 했는데 지금은 예쁜 옷도 많이 봐서 그런지 겁도 나고, 옷이 잘 안 나오면 6년씩이나 했는데 왜 잘 안 나올까 맘이 많이 쓰여요. 눈에 보이는 부분이라 잘해야죠.

전문대에서 의상디자인을 전공했는데 2학년 때 한복을 잠깐 다뤄봤을 뿐이에요. 처음 취직은 헬스복 만드는 데 했어요. 강사들이 입는 헬스복 같은 거 디자인하는 덴데, 실장이 일본에 가서 그쪽 옷을 한 보따리씩 사 가지고 온대요. 그럼 디자인하는 분들이 똑같이 베끼고, 자체 공장에서 그대로 제작해서 신상품을 금요일마다 납품해요.

옷을 새로 디자인한다기보다 사 가지고 오는 옷을 내보내는 거죠. 사는 분들도 일본 옷과 똑같다는 것을 알고 사가요. 사장, 실장은 그런 거에 신경 쓰지 않더라고요. 디자인보다는 판매에 주력하시더라고요. 그땐 시키는 대로 가리지 않고 했어요. 매장에도 나가고, 돌아가며 일하다가 힘들어서 집에 와서 운 적도 있어요. 디자인하려는 사람으로서 여기까지구나 싶어 석 달 근무하고 그만뒀어요. 진로가 확실하면 견디겠는데 안 돼서 나온 거예요.

두 번째 직장은 남성복 바지, 티셔츠 하는 곳인데 디자인은 별로였어요. 일주일에 하루 이틀은 백화점에 시장조사를 내보내요. 본 대로 똑같이 옷을 만드는데, 공장은 청계천에 있었어요. 가 보면 환경이 열악해요. 통풍도 안 되는 곳에서 일하는 그분들한테 급여라도 많이 드려야 되는데 사장님은 급여를 기자재비 명목으로 깎더라고요. 염색하는 분들은 한여름에 단추를 1000개, 2000개씩 끓는 물에 염색하는데, 사장님은 2000원, 3000원밖에 안 줘요. 저는 디자인하려고 들어갔는데, 50만 원씩 주면서 심부름도 막 시키고 지하실에 출근하고 사장님이 1000원 한 장 따지는 게 힘들어서 아홉 달 하고 나왔어요. 어떻게 그렇게 버텼는지 몰라요. 그때 일하던 지하가 떠올라, 지금은 지하철

타는 것조차 싫어해요.

나와서 무엇을 해야 할까 석 달 동안 고민 많이 했어요. 그때 사직동 쪽 도서관에 가서 하염없이 걱정하다 문득 신사임당 동상을 보게 된 거죠. 신사임당이 한복을 입고 있었는데 '그래, 내가 왜 양장만 하려는 걸까, 저걸 한번 해보자' 하는 생각을 했어요. 그때부터 시작했어요. 후회는 안 되는데 힘들더라고요.

한복 일을 배울 땐 시간에 쫓겨 잠도 못 자고, 씻지도 못하고, 화장실도 못 갔어요. 일주일씩 집에 못 가고 그렇게 일하다 어떤 친구는 병원에 입원했어요. 그때 '아, 내 몸이 튼튼하구나' 느꼈죠. 주변에 보니까 엄마가 하다가 딸에게 며느리에게 물려주는 경우가 많더라고요. 이런 분들은 할 만하죠. 저희처럼 맨땅에 헤딩하는 식으로 아무것도 없이 하면 힘든데.

한복 치마 하나 만들어 주면 2만 5000원 받아요. 하루에 두 개 정도면 하기에 적당해요. 일이 몰려 서너 개씩 만들어야 할 사정이면 몸이 힘들죠. 전 매장에 내니 임금이 센 편인데, 시장에 내시는 분들은 임금이 박해요. 하나에 9000원 받는데, 그런 분들은 하루에 열 벌씩도 만들어요. 일하는 날짜를 그쪽에서 다급히 당기면 또 바빠지고.

저는 바빠도 영화도 보고 했는데 매장일 하면서 처음 맡은 거라 두 달 동안 사생활이 없었어요. 밥 먹고 잠자는 것말고는 없어요. 잠은 하루에 네다섯 시간 자고 피곤하면 여섯 시간 자요. 거기 매장에서 처음 일감 서른 벌 정도 약속 받고 일했는데, 마흔 벌 들어와서 지난 달은 좀 많았어요. 한 벌에 2만 5000원이면 만든 한복 수 곱하기 2만 5000

원 이렇게 계산해서 받죠. 여름 같은 경우는 한복집은 어디 가나 비수기여서 적자예요. 감수해야죠. 그래서 여름은 많이 힘들어요. 작년 같은 경우 여름에 옷 한 벌도 못 했어요. 경기가 좋지 않으면 저희 같은 경우 생필품이 아니기 때문에 감소가 커져가지고 많이 힘들어요. 1년에 넉 달이 비수기고 나머지 기간이 돌아가는데 3, 4월이 바빴어요.

매장 분들은 일을 가지러 직접 오라 하세요. 매장 왔다 갔다 하는 시간이 계산이 되지 않아서 저는 불편하죠. 매장에서 일을 네 군데로 보내는데 서로 어디서 하는지 모르기 때문에 미묘한 경쟁이 있어요. 일감도 줄기 때문에 사람을 키우지 않으려고 하죠.

저는 치마를 하는데 저고리는 익숙치 못해요. 오래 바느질 하신 분들이 저고리 하는데 저 같은 신참이 들어갈 틈이 없어요. 아는 언니가 가르쳐준다고 해서 배우려고요. 저도 가서 도울 수 있는 자잘한 일이 있대요. 제가 하는 거를 언니가 봐주고, 그렇게 해서 둘이 돕고 있어요. 그래도 저는 일이 늘어난 편이죠. 밥을 먹는 시간이 많이 걸리지 않는데, 차리고 치우고 하면 한 시간이 걸려요. 준비하는 시간이 아까워서 밥을 굶을 때도 있어요. 화장실 갈 시간도 없이 일했어요. 지금은 잘된 편이라, 감사하고 …….

지금은 혼자서 부모님 집에서 일하는 거니까 괜찮아요. 결혼을 아직 안 해서, 돈이 정 없으면 부모님이 도와주실 때도 있고. 전체적으로 두 달은 수입이 없구나, 싶어서 다른 쪽으로도 배워볼까 생각중이에요. 이쪽은 조각부 쪽이 뜬다고 하더라구요, 조각천을 기워 만드는 거요. 거기엔 일이 많이 있다고 하니까 조각부를 배워보고 싶어요.

집에서 혼자 하는 일이라 외로울 때가 있죠. 결혼한 사람은 남편도 같이 하거나 공장처럼 하는 경우도 있는데 전 지금 혼자니까. 친구랑 했으면 싶어 알아보고 있는데, 집과 거리, 이것저것 따지다 보면 마음 맞는 친구랑 하는 게 쉽지 않아요. 하지만 같이 하고 싶다는 생각이 있죠.

작업실에서 쪼그리고 일하면 다리가 붓고 아프죠. 이런 쪽 일하는 사람들이 방에다 일감을 펼쳐 놓고 하기 때문에 시설이 안 좋아요. 가내 수공업이라는 걸 모르고 일하는 사람들이 대부분이에요. 작업대에 앉아 있으면 다리가 붓는다는 느낌이 들고, 저고리 하는 언니는 손발이 저리다고 그러더라구요. 반지를 끼고 하면 아파 가지고 반지를 빼고 일한대요. 제가 다리미 고장 나서 고치러 갔더니, 먼지를 많이 먹어서 고장이 난 거라길래 '아, 내가 나쁜 공기를 먹고 사는구나' 싶었어요.

시설이 갖춰졌다면 힘들지 않을 텐데, 그러려면 사업자 등록이 있어야 하는데 그런 것이 없는 것 같아요. 30, 40년 되신 분들도 그런 것은 괜찮다고 지나가고요. 보험까지 들어야 되나? 그런 개념은 없어요. 일을 많이 하면 보약을 먹는다는 분들은 계셔도 특별히 어디가 안 좋다고 치료받는다는 얘기는 못 들었어요. 몸이 힘들어지면, 오래 하신 분들께 어떻게 하면 좋은지 물어보는데 별말이 없어요.

무엇보다 금전적인 거, 이게 제일 힘든 거 같아요. 일이 많을 때는 돈을 버는데, 일이 불규칙해서 풀기가 어려워요. 오래 하신 분들도 그런 얘기해요. 그걸 극복하는 게 문제죠. 여름이 문제예요. 저는 아직 혼자 있으니까 괜찮지만 이게 생계랑 직결되면 날카로워지겠죠. 일은 줄었고 힘드니까 새로 취업 들어오지 않아서, 저희 쪽에 젊은 사람들이 없어요.

　바느질하는 사람들을 하대하는 경향이 있는 것 같아요. 저는 잘 몰랐는데 친구한테 내가 이런 일을 한다니까 "삯바느질하는구나" 하는데, 뉘앙스가 안 좋게 들리더라구요. 또, 예전에는 그러지 않았는데, 어느 순간부터 바느질하는 사람들이 매장 쪽에 가져가고 가져오는 것을 다 하더라고요. 그런데 이게 잘 안 바뀌어요. 지난해까지 그랬어요. 올해는 싫어 가지고 요구를 했어요. 보내주는 배달비는 그쪽에서 부담하고, 보내는 것은 내가 부담하기로 했는데 마땅찮게 생각하시죠. 바느질하는 사람들을 예우해줬으면 좋겠어요. 저고리 하는 분들한테 동정을 안 줘서 만드는 사람들이 사야 해요. 저한테도 치마 위에 대는 감을 안 줘서 제가 사야 하죠.

　바느질만으로는 아주 힘든 걸 못 느끼거든요. 아주머니들이 많으니까 여자가 하는 부업 정도로는 괜찮다고 그러더라고요. 스스로 일에 대한 인식도 괜찮은데 남들이 바라보는 그런 거……. 일하는 사람들의 환경이 좋아졌으면 좋겠고 월급을 적정 금액으로 많이 받았으면 좋겠어요. 매장에서 받는 만큼 받았으면 좋겠어요. 조금씩 나아지면 좋을 것 같아요.

　우리는 다른 사람 만날 일이 별로 없어요. 다행히 한복 하는 사람들이 좋더라고요. 양장 쪽은 조그만 기술 같은 것도 가르쳐주지 않는데 우리는 친구한테 얘기해줘요. 너도 한번 이렇게 해봐라, 서로 알려주고. 제가 일한 곳이 고생한 데라 챙겨주고 그러더라고요.

　결혼하면서 그만두는 사람들이 많아요. 힘들어서 못 하겠다고 하니까요. 일이 하고 싶어 하는 거지, 힘들어요. 바느질로 한복을 한다고 하시는 분들 중에 바느질을 못하는 분들이 많아요. 매장을 가도 바느질 안 하는 분들이 많아요. 바느질은 한복의 기본이라고 생각해요. 그분들도 바느질을 해봤으면 좋겠어요. 저는 바느질을 계속 할 생각이에요.

꿈은, 서른부터는 좋은 분들하고 같이 좋은 환경에서 일했으면 하는 거예요. 바느질을 같이 하며 꾸려 갔으면 좋겠어요. 그렇게 바느질을 20년 정도 하면 되지 않을까요. 전문대 나와서 학사 준비도 하고 있는데, 그때쯤 학교도 가고 싶어요. 나이가 쉰이 되면 후배들에게 일을 가르쳐 주면서 예쁘게 늙어갔으면 좋겠어요.

■ 최순미 님은 한복을 만들면서 상담에도 관심을 가지고 공부하다가 건강가정지원센터에서 계약직 건강가정사로 잠시 일했습니다. 지금은 강원도에 있는 도서관에서 평생교육사로 일하고 있습니다. 한편 자신의 매장을 여는 꿈을 간직하고 있습니다.

네 시간 일해서
만 원 벌어요

민서(가명)와 서연(가명) | 아르바이트생

우리는 혜화동에 있는 패스트푸드점에서 아르바이트 일을 해요. 여기 근처 상업고등학교 같은 반 친구구요. 학교 마치고 바로 와서 옷 갈아입고 일해요. 오후 5시 반부터 밤 10시까지, 하루 4~5시간 이상 일해요. 시급은 2510원(2004년도 당시 기준)이고, 토요일, 일요일도 자기가 신청하면 나와 일해요. 주말에는 더 일찍 나오죠. 하루 7시간 이상은 일 못 하게 되어 있어요. 여기는 보통 10대하고 20대 초반이 아르바이트해요.

집안 사정이 좋은 편이 아니어서 돈을 벌려고 하는 거예요. 여기는 대학로에 있어서 날마다 하면 힘들다고 하루 걸러 일을 줘요. 연달아 일할 때도 있지만 어쨌든 일주일에 다는 안 해요. 그래서 한 달 다 해도 10만 원 벌어요. 그 돈은 차비와 학교 준비물 같은 거 사는 데 써요.

열심히 하고, 다른 거 안 사고 하면 그렇게 쓸 돈이 돼요. 돈을 아껴 쓰게 되죠. 먹는 데 날릴 수 없잖아요. 돈 버는 게 어렵다는 걸 알게 되니 부모님한테 더 잘하게 돼요. 형편이 그러니까 오랫동안 일할 생각이에요.

햄버거 만드는 거, 청소하는 거, 주문받는 거 하는데 하루에 여러 가지를 돌려서 해요. 청소는 힘들고 그릴(카운터 뒤 주방) 일은 그래도 재미있고. 다른 애가 그릴에서 햄버거 만들면 내가 라비(쓰레기 치우는 일)하고. 번갈아 가며 해요. 솔직히 모르는 사람은 라비에 서 있는 거 쉬워 보이거든요, 가만히 있으니까. 그래도 보기보다 쉽진 않아요.

햄버거는 주방에서 한 번 가르쳐 주고 바로 만들어보라고 시켜요. 직접 부딪히면서 일을 배워요. 첫날은 잘 못 만드니까 햄버거를 거의 다 버려요. 첫날이 가르쳐주는 시간인데, 처음엔 영어가 너무 많아서 당황했어요. 모르는 단어들이잖아요. 처음 만나는 사람들인데 목소리도 크게 내야 하고. "안녕하십니까, ○○○○입니다." "감사합니다, 안녕히 가세요." 손님들 오면 이렇게 하라고 교육받는데 처음엔 뻘쭘해서 못 해요. 언니들 하는 거 보고 그 안에 있다 보면 입에 배는 거죠.

목은 카운터에서 일하는 사람이 더 아플 거예요. 계속 권해서 판매해야 하고 물어봐야 하고. 배우는 순서는 카운터가 마지막이에요. 사교성 좋고 말 잘하는 사람들이 해요. 햄버거 종류 다 알아야 하고, 시간 맞춰 말도 잘해야 하죠.

초보들은 햄버거 만들다 실수로 태우거나 찌그러뜨려서 많이 버려요. 오래갈수록 실수하면 더 혼나죠. 한 개 주문 들어왔는데 잘못 듣고 세 개 만들기도 하고요. 햄버거는 10분 지나면 버려야 하니까 맞춰서 해야 해요. 속에 든 양상추가 시들어 보랏빛으로 변하면 못 먹잖아요. 속에 들어갈 불고기(페티)는 미리 만들어 양념해놓고, 최대한 빨리빨리 주문받는 대로 만들어내죠. 손님들이 많을 때는 계속 와요. 일요일, 휴일 같은 날 많고 평일 오후 6~7시 사이에 많죠. 대학로라 학생, 직장인, 아줌마…… 다양해요.

여기서 10명쯤 같이 일하나? 여기저기 시간대별로 흩어져 있어서 확실히는 몰라요. 30분 쉬는 시간이 있어서 돌아가며 쉬어요. 먼저 와서 바빠서 휴식 못 한 사람은 다른 사람 오면 쉬고. 아르바이트생을 크루라고 하거든요, 크루 룸이라고 쉬는 휴게실이 있어요. 쉴 때 밥 먹고 (저녁으로 햄버거가 제공됨), 서 있으면 다리 아프니까 다리 쉬고, 수다 떨고. 일하다 보면 배고파요. 구두 신어서 다리도 아프구요. 여기 규정이 구두 착용이에요. 운동화는 먼지 날리고 구두는 덜하니까 그런 것 같아요. 일 마치면 운동화 갈아 신고 가지요.

패스트푸드점에서 청소년한테 야간 근로 시키고 줘야 할 돈도 안 줬다는 걸 텔레비전에서 봤어요. 저는 그렇게 당한 적은 없는데, 보면서 '점장이 나빴구나, 시간 할애하는 매니저가 나빴나 보다, 똑바로 안 했거나.' 그러니까 사람을 잘 만나야 한다고 생각했어요.

매니저가 아르바이트생한테 일할 시간을 정해주는데, 일 잘하는 사람은 새로 온 사람보다 일을 더 많이 한다고, 일주일에 고정 시간이 있는데 그런 사람은 시급을 더 줘요. 새로 그런 규정이 생겼어요.

점장은 매장 관리, 사원 관리 총책인데 가끔 와요. 매장 이미지 높이는 거, 시간 배치 지키는 거 교육하죠. 저도 시간은 지켜야 된다고 생각해요. 늦게 오면 다른 사람이 내 몫까지 해야 하니까 힘들잖아요.

상고 계열은 어려운 애들이 많다 보니 패스트푸드점 같은 데서 아르바이트 많이 해요. 거의 여자애들이 이런 데서 많이 일하죠. 남자들은 이런 일 학생 때 안 해요. 하게 되면 남자들도 하는 일 자체는 똑같아요. 시급은 다른 아르바이트도 거의 다 2500원 그래요. 다른 데랑 시급은 똑같은데, 여기는 일하면서 올라가는 게 달라요.

저희는 그냥 손님들이 깨끗이 먹고, 너무 더럽게 안 해 놓고 가는 게 좋죠. 오서서 괜히 화풀이하시는 분들도 있어요. 아이스크림콘이 조금 모양이 안 예쁘게 나오면, 버려야 할 정도 아닌데도, 손님이 어디서 화가 나서 왔나 봐요, 그걸 꼬투리 잡아서 화내요. 이상한 손님들 되게 많아요. 오래 하다 보면 아무것도 아닌 일에 화를 내는 손님들 있어요. 좋은 말로 지적해주는 손님이 있는가 하면 이상한 걸 꼬투리 잡아서……

기분 나빠도 계속 웃어줘야 하잖아요. 솔직히 그때 그 상황에서는 내가 왜 웃어야 되는지 짜증난다, 이런 생각 들어요. 하지만 나중에 생각해보면 화냈더라면 일이 더 크게 벌어졌을 테니 잘 참았다 싶어요.

요즘에는 많이 변했는데 옛날에는 어른들이, 학생들이 뭔 아르바이트냐 하며 나쁜 짓 하러 다니는 거 같이 생각했어요. 그게 아니고 배우는 게 정말 많아요. 솔직히 아르바이트가 나쁘지 않다고 생각해요. 우리가 용돈 받아 쓰는데 그 돈이 어떻게 만들어지는지 모르잖아요. 전에 ○○○○에서 일했을 때 시급이 바뀌기 전인데, 1시간에 2300원 받았어요. 네 시간을 일해도 만 원이 안 벌어지는 거잖아요.

네 시간 처음 일해보면 너무 힘들잖아요. 너무 허탈한 거예요. 생각해보면 거짓말해서 부모님한테 용돈 만 원씩 뺏던 거, 그 만 원이 내가 열심히 일해도 벌지 못하는 돈이라는 거 알잖아요. 그 뒤로 그거 잘 못하겠어요. 죄송해요. 저는 학생이어서 이렇게 일해서 만 원을 벌지만, 어른들은 돈을 벌기 위해 더 많은 일을 한다는 거 알기 때문에 더 돈 벌기가 어렵고 중요하다는 걸 알게 되죠.

내 일을
찾고 싶어요

손창엽 | 주부

1999년에 결혼했고 아들이 둘인데 지금 큰애는 여섯 살이고 작은애는 네 살이에요. 7시에 일어나 아침 해서 식구들 깨워요. "오빠, 일어나요. 출근해요. 애, 일어나. 어린이집 가야지." 일어나면 같이 밥 먹고 씻기고 입히고, 큰애는 오빠가 회사 가는 길에 어린이집에 데려다주고 나는 집에서 작은애 밥 마저 먹이고 그릇을 설거지통에 담가 넣고 두 시간 텔레비전을 봐요.

늘 똑같죠. 11시쯤 청소하면 점심 때가 되고, 작은애 점심 먹이고 놀이터에서 놀아주고 놀다 보면 큰애 오고, 오면 또 씻기고 옷 갈아입히고 저녁 먹고, 애들은 텔레비전 보다 재우고 오빠 오면 가끔 야참도 먹고 손님 오면 밥 먹고 술 먹고. 애 키우기 힘들다고 돈도 많이 든다고 그러는데 예방접종도 보건소에서 공짜로 하고 모유 먹이고 천 기저귀 쓰고, 옷도 친척들한테서 물려받아 입고 돈은 생각보다 안 들어요. 애들이 순해가지고 울음소리도 안 나고 잘 자라주고. 애가 있어 못 하는 건 있지만 애들이 크면 하면 된다고 생각하니까 힘들지 않아요.

일찍 결혼하고 싶었어요. 집이 싫어 가지고 아빠한테 농담으로 "나 스무 살 되면 결혼할 거라고." 아빠가 "스무 살에 무슨 결혼을 하냐"고 그랬지만 정말 스무 살에 결혼을 했어요. 다행히 좋은 사람 만나 일찍 해서 불편한 것도 있지만 좋은 점도 많잖아요. 사람이 일단 좋고, 후회한 적 한 번도 없고 의지도 많이 되고. 불편했던 건 결혼 초기 때 시댁에 살아서 많이 못 돌아다닌 거예요. 어른들 밑에 있었으니까. 지금은 다 괜찮아요. 애들도 조금만 더 키우면 걱정 안 해도 될 것 같고.

지금도 친정집이 별로 안 좋은데 어릴 때도 집이 싫었거든요. 그래서 빨리 시집갈 거니까 딸내미한테 신경 끄라고 했던 거예요. 엄마는 나 어릴 때 돌아가셔서 얼굴을 본 적 없어요. 아버지가 기술 있으셔서 시골에서 집 짓고 하면 벽돌 쌓고 하루 일당 7만, 10만 원씩 평생을 벌었는데 모아 놓은 것이 없으세요. 시골 분이라 노름하시고 집이 어려워서 형님들 뒷바라지하고 막내인데도 제사 모시고, 할머니 돌아가실 때까지 수발하고 아버지가 고생 많이 했어요. 가족만 챙기고 자식인 오빠와 나를 안 돌보신 거예요. 노름하고 안 들어온 날도 꽤 됐고. 만날 아빠 안 들어오고 나는 군불 때고 차가운 방바닥에서 자고. '6남매' 드라마에서 여섯 살짜리 막내딸이 혼자 밥해 먹는 거 보고 내 어렸을 때 모습 같아 많이 울었어요.

우리 친정 오빠도 그거 보고 자기도 내 생각나서 많이 울었대요. 그러고 살았는데, 맞기도 많이 맞았죠. 오빠한테도 많이 맞고 아빠한테도 많이 맞고, 잘못했으니까 맞았겠죠. 어른이 주먹으로 때리니 얼마나 아팠겠어요. 요즘 애들은 안 그렇잖아요. 내가 집안 청소를 안 했다거나, 살림을 일찍 해서 나름대로 나는 해놓은 건데 성에 안 차 때릴 때도 있었고. 집에 안 들어가려고 뒷마당에서 혼자 쭈그리고 자다가 다음날 아빠한테 걸려서 흠씬 맞고. 학교도 많이 빠지고 그랬거든요. 도시락 안 싸 가면 학교 못 가겠고 양말 없으면 학교 못 가겠고 그럴 때가 많았어요.

친구가 없어서 친한 친구도 딱 하나 있었는데 그 애가 서울로 올라와서 나도 사회에 일찍 나오게 된 거예요. 집이 안 좋아서 서울로 올라왔는데 아빠한테 "나 결혼 일찍 할 거예요, 가정 생활하면 나 아빠처럼 안 살 거라고" 그랬어요.

십대 때는 별 생각 없이 돈만 벌고 있었죠. 어릴 때 일찍 사회생활을 했기 때문에 무조건 나는 조용히 커야 한다고 생각했어요. 학교에 안 다니고 사회에 나왔다면 사람들이 뭐라 그러고 손가락질하니까 그런 거 안 받으려고 나름대로 착실하게 회사 다녔어요. 기숙사에 살면서 야학에 다니고 열심히 돈만 벌 줄 알았어요. 계속 시다 했어요. 어리잖아요, 나이가. 아주 잘하지 않으면 경력 3, 4년으론 미싱을 못 타요. 고향 선배가 잘하고 꼼꼼한데 6년 시다 일 하다가 미싱을 탔어요. 나는 5년 일했어요. 열세 살 때 서울 와서 재단 보조, 실밥 뜯고 했는데 열네 살 때 옮긴 공장에서 제대로 시다를 배웠어요. 거기서 3, 4년 일하고요. 아이엠에프라고 기숙사에서 쫓아내서 부랴부랴 방 구하고 힘들었어요.

야학에 다닌 건, 회사 앞 전봇대에 방이 붙었어요. 딱 보고 너무 반가워서 하고 싶은데 가고 싶은데 무서운 거예요. 전화하니 인연이 될라고 오빠(지금 남편)가 상냥한 목소리로 받았어요. 저녁에 가는데 유괴범이면 어떡하나 걱정하니 미싱사 언니가 같이 가줬어요. 오빠랑 면담했죠. 그때 나랑 택시 기사 아저씨 두 명 입학하는데, 많이 사람들이 준비해줘서 고마웠고 안 다니면 안 되겠구나 열심히 공부해야겠다고 생각했어요. 공부가 재밌어요. 잘 가르쳐주고 역사, 영어 어렵게 생각했는데 쉽게 가르쳐주고. 좋은 사람들을 만나게 된 거죠. 공부하고 놀러다니고 운동회 하고 어린 나한텐 꼭 학교 같았어요. 선생님보다 편해서 언니 오빠 그렇게 불렀잖아요. 다니는 게 좋았고 행복했고 모르는 거 알고 법률도 가르쳐 주고 노동법 공부하고, 그런 얘기 듣고 회사 아줌마한테 얘기해주면 "너 야학 다니지 말아라, 이상한 거 가르쳐준다"고 그랬죠.

오빠랑 가까워진 건 뒤풀이할 때 보면 오빠가 혼자 떨어져 술 끝까지 먹고 왠지 옆에서 먹어줘야 할 것 같아 같이 있어주고 먹어주고. 내가 기숙사에서 쫓겨나 이사 가는 날 수표를 잃은 적이 있는데 오빠가 아무것도 모르는 날 데리고 경찰서, 서울교대 앞 법원에 가서 해결해줬어요. 같이 다니면서 그때부터 친해진 거예요. 그때 내가 열아홉 살이었는데 찻집에서 전통술 사주겠다고 오빠가 그랬어요. 열아홉 살 때 술도 처음 마셨죠. 인사동 찻집에서 오빠가 이런저런 얘기하다 "너, 내 색시해라" 그랬어요. 당황해서 다음에 만나 뭔 뜻이냐고 물었는데 대답을 안 해요. 그렇게 사귀게 되었는데 오빠가 서울경기야학협의회 일을 할 때였어요. 나는 어린 마음에 너무 좋았어요. 연애를 한 번도 안 해봐서 오빠 생각만 해도 좋고.

나랑 결혼하고 오빠는 노무사 시험을 봐서 지금 노무사로 일해요. 어려운 사람들 도와주니까 보면 좋고 존경스럽죠. 지금도 나한테 검정고시 공부를 가르쳐줘요. 오빠는 전에 대학을 그만두고 야학 일을 해서, 이제 다시 방송통신대에 다니고 있어요.

지금 나는 뭘 하고 싶은지 뭘 할 수 있는지는 잘 모르겠어요. 공부를 해야겠다는 생각이 드는 게, 나는 세상에 뭐가 있는지 다 모르고 못 살아봐서 고등학교 이과, 문과 그런 얘기도 잘 모르니까요. 조금이라도 알아야 질문을 하는 것처럼, 대학 가면 세상에 뭐가 있는지 이런 거 저런 거 배워보려고요. 중학교 과정 검정고시는 야학에서 선생님들이 가르쳐줘서 통과했고, 지금 고등학교 검정고시를 치고 있어요. 이번 8월에 남은 세 과목을 치면 돼요. 영어, 수학, 과학은 교과서만 본다고 되는 게 아니라서 학원에 한 달 다니기로 했어요. 월요일에서 금요일까지 날마다 오전에 세 시간씩. 한 달 만에 안 되면 내년 4월에 시험이 있는데 더 다니기 어렵죠. 한 달 학원비 12만 원에 교재비, 큰애 어린이집까지 최소 30만 원이 들고 공부하려면 둘째를 어린이집에 맡겨야 하는데 그러면 50만 원이 넘는 거죠. 나 공부하고 싶다고 오빠 월급의 절반이 나가는데 그럴 순 없잖아요. 돈을 지출해야 되니까 가정주부가 쉬운 일이 아니에요. 한 달만 학원 다녀보고 시험쳐서 합격 되면 너무 좋고. 아니면 혼자 다시 공부해야죠.

앞으로 비즈 목걸이 손으로 하는 거 배워보려고, 배워서 작은 공방을 하고 싶기도 하고, 취미로 만들어서 공원에 가서 판매를 해도 괜찮은 거 같고. 컴퓨터 배워서 사무직으로 일하고 싶은 생각도 있고.

인제 나이도 젊은데 계속 아기들만 키우고 평생을 살 순 없으니까 뭔가 내 일을 찾기는 해야겠는데 못 찾고 있는 거예요.

■ 손창엽 님은 검정고시에 합격해 방송통신대에 들어갔다가 여건상 그만두었습니다. 지금은 두 아들을 기르면서 어린이집 보조 교육교사로 일하고 있습니다. 하고 싶은 일에 대해 경험도 쌓고 자격증도 따고 싶어 준비하고 있습니다.

예술하는 사람들도 밥은 먹고 살아야죠

이소영 | 영화 조감독

저는 영화를 전공해서 이쪽 일을 선택했는데 학교 다니면서 단편 작품 작업이 즐거웠고 나랑 맞았어요.

학교에 들어와서 충무로에서 일하는 게 어렵고 힘들다는 걸 알았어요. 특히나 여자들은 한 작품 하고 못 견디고 다른 파트로 옮겨 갔다고 들었어요. 다른 일을 한다는 게 제 성격이랑 안 맞아서 졸업하면서 고민을 했어요. 그 당시 친구들은 바로 현장에 나가는 게 힘들다고 느껴서 공부를 한다든지 편입, 전과, 유학, 시집을 가기도 했죠. 어차피 공부를 하든 유학을 가든 마찬가지로 힘들 테니 한번 부딪혀보자고 생각해서 연출부 생활을 시작했어요.

선배들도 "힘들 거다. 고생할 거다. 각오를 해라" 그래서 긴장하고 갔어요. 부모님과 같이 살았기 때문에 열심히 일해서, 너무 과소비하지 않고 최소한 용돈벌이하면서 손만 벌리지 말자고 긴장하고 갔어요. 지금 생각해보면 어떻게 저런 일을 했을까 싶을 정도로 젊어서 용감했어요. 한두 작품 할 때까지 악으로 버텼어요. 임금을 못 받아서, 회사에서 스태프 잔금을 안 치뤄주고 해서 힘든 때가 있었어요.

회사를 상대로 계약하는 게 아니라 조감독이 계약해서 그 돈을 연출부들이 나눠 갖는데, 처음 했을 때 300만 원 받았어요. 시나리오 다 나온 상태에서 작업에 들어갔기 때문에 연출부들은 후반 작업까지 촬영기간에 프로덕션 단계까지 가야 하기 때문에 10개월 동안 일해 끝냈어요. 다른 친구들이랑 얘기해 보니까 처음 한 것치고 괜찮게 받았다고 하더라고요, 그 당시로는.

기본적으로 처음 연출부에서 받았던 돈으로 1년 동안 버티기에는 턱도 없죠. 저축은 꿈도 못 꿔요. 작업들이 세분화, 전문화되어서 제작이나 연출부는 분장, 의상, 소품, 미술, 특수효과, 특수분장 등 전체 공정을 관여하고 준비하는 입장이기 때문에 프린트 나올 때까지 지켜봐야 되는데, 걸리는 시간이 길어요. 출퇴근은 유동적이에요. 촬영하다 보면 밤샘하기도 하죠. 시나리오, 헌팅, 콘티 정보를 알아야 준비할 수 있기 때문에 일을 챙겨야 하고, 후반 작업도 프린트가 나와야 되고 그에 맞춰 발빠르게 움직여야 하니까 철야로 대기하기도 하고. 어떻게 보면 불규칙한 일정이기 때문에 대기하면서 일해야 해요.

다른 나라의 경우 촬영하면 몇 시부터 찍고 더하면 추가 임금을 받는데, 우리 영화현장에는 그런 게 없어요. 제대로 받아야 할 임금을 100이라 하면 10~20 정도 받는 것 같아요. 밥 같은 것은 회사에서 제공해요. 촬영 때 12시 넘어서 귀가비를 주는데 지급되는 돈이 똑같아요. 지역에 상관없이 줘요.

초반에 시작할 때 보면 장르들이 있는데 액션영화를 찍는다 하면 거기에 만반의 준비를 해야 해요. 소재가 뭐냐에 따라 그 시대를 공부하고 파고들어야 돼요. 공부하고 준비하는 게 방대하죠. 쉬운 일이 아니에요. 나름대로 전문성이 있는데, 턱없는 임금을 받고 있죠.

기본적으로 도제 시스템이 문제예요. 공부한다고 생각해라 하며 조수를 쓰는 건데, 영화가 산업적이면 전문 스태프을 써야지 아무나 데려다가 쓰는 것은 아니잖아요. 요즘은 학교도 많이 생기고 전문성을 띤 새로운 스태프들이 나오고 있는데, 스태프 임금은 그대로 이어져 와요. 한국 영화가 변했다고 하지만 참 이상하게도 스태프의 임금은 부동이에요. 너무나 찔끔 올라가는 추세거든요. 경기가 나빠지면 내려가긴 해도. 어떻게 생각하면 그들한테 밥인 것 같다는 생각이 들어요. 영화가 잘되어두 스태프들이 받는 임금은 비슷비슷해요. 영화 제작 기간이 길면 몇백 만 원 더 주는 그 차이뿐이에요.

옛날에는 예술하는 사람들은 배고파야 된다고 했는데, 예술하는 사람들도 밥은 먹어야 살죠. 정책으로 보조를 안 하고 지원이 엉뚱한 곳으로 새나가고 있다고 생각해요.

주연배우의 몸값은 올라가고 홍보비도 제작비와 맞먹게 쓰는데, 우리 스태프들이 호응하지 않으면 좋은 작품들이 나올 수 없는 거잖아요. 투자 회사들이 생각을 바꿔서 정말 심각하게 생각해봐야 해요. 지금은 대개 많이들 관심 있고 싸워야 되지 않느냐 하는 분위기예요.

저는 정말 걱정되는 게 영화 산업이 흥하면 영상관련 학과가 무수히 만들어지는데, 거기 졸업해서 영화판에 들어오는 학생들은 어떻게 될지 두렵죠. 많은 편수의 영화가 제작되는 것도 아니고 몇백 명, 몇천 명 스태프들이 일하는 게 아닌데, 임금 적게 받으면서 고생을 한다는 게 말이 돼요? 공부는 공부대로 했는데 이런 현장에서 일을 해야 되냐, 이런 것에 대한 대책이 없어요.

우리는 4대 보험 대상에도 안 들어가고 비정규직, 좋게 말하면 프리랜서고 한마디로 무직자로 처리되죠. 영화 하나를 산업으로 생각한다면 거기서 일하는 거의 대부분이 비정규 노동자들인데, 처우라든지 내부에서 권리를 찾자는 움직임이 있지만 나라에서 정책적으로 해줘야 한다고 보거든요.

특히 여성 영화인들은 일이 규칙적이지 않기 때문에 가사 활동을 할 수가 없고 육아 문제는 심각해요. 정부보조금이 나오는 것도 아니고 임금을 받아서 부양할 수 있는 것도 아니고, 가장 큰 문제는 보통 맞벌이를 하니까 탁아 문제죠. 24시간 탁아도 어렵고, 친정 부모에게 맡기고 싶어도 멀리 떨어져 있어서 안 되기도 하고. 어떤 분은 아이 보는 친척이 이사 가면 함께 이사 가요. 힘든 상황이어서 여성 영화인들에게 나라가 정책적으로 보조해야 하는데, 보조도 못 받고 있어요.

현장에 나가면 남자든 여자든 똑같은 것 같아요. 누가 하든 힘든 일이고, 단순하고 쉽게 갈 수 있는데 돌아가는 일들도 많고. 처음 일을 할 때 연출부 한다니까 선배들이 하는 얘기가 여자들은 남자보다 두 배는 일해야지 능력을 인정받는다 소리를 들었어요. 그 얘기를 들었을 땐 상당히 차별을 받는다는 생각이 들었거든요.

힘을 써야 하는 부분이 있어서 사람들이 보기에는 상당히 남성적일 거라고 보통 생각하죠. 여자이기 때문에 지치고 피곤할 때는 있는데, 사실은 어떻게 생각해보면 노동 시간이 정해져 있고 능률을 높여줄 수 있는 환경이 마련되고 임금 부분도 정당하게 받으면 여자여서 힘들고 남자여서 덜 힘들고 하는 것은 아니라고 보거든요.

제가 하는 일 자체는 작품을 만드는 데 감독을 옆에서 확실히 도와 드리는 거거든요. 조감독은 500여 명 정도 있지만 그 가운데 여자 조감독은 5퍼센트 정도밖에 안 돼요. 그 밖에 연출부로 일하는 여성 스태프는 꽤 있어요. 촬영조명부에 한 명씩은 꼭 끼어 있어요. 미술 파트, 연출 파트, 제작 파트 쪽에서 늘어나고 있어요. 점점 평균화 동질화되고 있지요.

저라는 사람은 여자라기보다는 내 이름을 가지고 살아왔고, 창피하게 살지 말아야지 했어요. 그런데 제약이 직접적으로 오진 않지만 여자로서 피해를 입는 일이 있지 않나 그런 고민들이 들기 시작하고, 사회적으로 일을 할 때도 내가 상당히 받아들여지지 않고 있구나 느끼게 돼요. 다른 사람의 경우도 같은 거 같아요. 느끼지 못했다 하더라도 사실 힘들어요. 쉽게 얘기할 수 있는 부분은 아니지만 과도기인 것 같아요.

저는 적극적인 사람이 못 되는데, 일하면서 느끼는 문제점이 심각하고 개선되어야 한다는 생각에 대안을 마련해보자고 같이 노력해요. 저는 경험을 통해 얻은 것을 얘기하는 거고 이걸 해결해줄 수 있는 사람들이 나타나야 하고 몇몇 사람의 힘으로 가능한 일이 아니기 때문에 기본적으로 참여해야 된다면 저도 해야 하고, 얘기해야 한다면 해야 한다고 생각해요.

여성 후배들이 들어와서 이 상태로 계속 일을 하는 거라면 도시락 싸들고 말릴 텐데, 많은 사람들이 힘을 보태서 노력하면 개선될 거라 추천해주고 싶어요. 사실은 각오를 하고 들어왔으면 좋겠어요. 아직은 제대로 된 대접을 받을 수 없기 때문에 살아남기 힘들어요. 여성들은 그런 것 같아요. 여자라고 해서 그만두라는 것은 없지만 여자이기 때문에 각오를 하고 들어와야 하지요.

결혼했지만 사실 저는 충실한 아내는 아니라고 생각해요. 집에서 잔 날보다 밖에서 잔 날이 더 많아요. 세트를 차려놓으면 거기서 살아야 해요. 사전·후반 작업도 그렇고 밤 12시에 들어간 적도 많고 새운 적도 많고 가정주부로서 몫은 한 적이 별로 없어요. 그래서 남편한테도 미안하고. 일하는 여성들이 갖고 있는 딜레마죠. 가사노동 부담을 남자들도 같이 해줘야 한다는 게 맞는 것 같은데, 영화라는 게 휴일이 거의 없거든요. 불규칙한 생활하면서 집안에 신경 쓰기가 어려워요. 근로조건이 좋은 것도 아니고…….

다른 일을 할 수 있을까 스스로 물어 보면 답이 없고, 이 일이 천생연분이다 이런 것도 아닌데, 일 자체가 전문성도 있고 창의적인 것 같아요. 가장 크게 얻은 것은 경험인 것 같아요. 느낄 수 있는 게 큰 것 같아요. 작품 장르들이 다양해서 그때마다 그 장르의 새로운 것을 배우게 되고, 나 자신이 노동으로 소모된다는 생각보다는 많은 공부를 하는 기회라고 생각해요. 내가 감독이 되었을 때 도움이 되고, 여러 가지로 많이 배운다는 생각으로 일을 하니까.

앞으로도 이렇게 살 거예요. 좋은 엄마도 되고 싶고 좋은 며느리도 되고 싶고 좋은 딸도 되고 싶고 그런 욕심은 있는데, 기본적으로 내가 당당하게 하고 싶은 일을 하려고 해요. 만족을 채우기 위해서라기보다는 일을 제대로 해야지 나중에 태어날 아이한테도 그렇고 남편, 시부모님한테도 부끄럽지 않은 사람이 될 수 있을 것 같아요. 저를 사랑해 주는 분들이 있기 때문에 일을 하는 거고. 살아가는 데 확신을 품고 열심히 살아야 하지 않을까요.

■ 이소영 감독님은 지금도 영화를 계속 만들고 계십니다.

남을 도우며
살겠다고
약속했어요

백명주 | 사회복지사

사회복지사로 일한 지 12년째예요. 학교에 입학할 때만 해도 그때는 사회복지학과 나와도 인정 못 받고 복지관도 많이 없던 때라, 사회사업가가 뭔지도 몰랐어요. 80년대 후반에 대학을 다녀 암울한 시기였는데 학교에서 배우는 건 되게 이상적인 학문이었어요. 교수님들이 사회복지 이상을 추구해야 한다고 말하면, 우리가 정치가도 아니고 우리가 뭐라고 누구를 삶의 주류로 끌어들인다는 건가 하는 생각이 들었죠.

그런데 아버지가 나 대학교 3학년 때 돌아가신 뒤로 사고방식이 바뀌었어요. 아버지가 돌아가시면서 하는 말씀이 "내가 부끄럽게 산 게 별로 없는 것 같다. 남한테 싫은 소리 한 적 없고 들은 적 없고 열심히 살았는데 한 가지 걸리는 게 있다면 남한테 베풀지 못한 게 남는다."

아버지는 큰아들이었는데 할아버지가 일찍 돌아가셔서 학교 다니다
포기하고 동생들을 가르쳤어요. 우리가 여섯 형제이고 난 넷째인데 다
배울 만큼 배웠어요. 아버지는 자기 동생들 가르치고 자식들 키워야
하니까 여유가 없었죠. 내가 사회복지학과 갔다고 처음엔 아쉬워하셨
는데 "아마도 내가 못한 거를 네가 대신 해야 되는 건가 보다" 이러면
서 돌아가신 거죠. 그 뒤 내 생각과 행동도 적극적으로 변하고 어떤 위
치에 서야 하는지 고민하게 되고, 기도도 많이 했어요.

1992년도에 졸업하기 전부터 신림10동 빈민 지역에서 일하기 시작
했어요. 난 그때 좋은 병원의 의료사업과에 가기로 되어 있었는데, 교
수님이 연구실에서 전화하다가 "신림동 난곡에서 일하는 목사님이 사
람 찾는데 요즘 애들 이런 데 가려고 하겠니?" 하시는 걸 우연히 듣고
그 자리에서 내가 간다고 했어요. 난 종교를 가지고 있으니까 '다른
사람들이 안 가려는 길을 가게 해주셨으면 좋겠다'고 늘 기도를 했거
든요.

그때 지역운동이 되게 활발했어요. 저는 빈민을 위한 교회 프로그램
에서 사회복지를 담당했어요. 거기서 한 일은, 노인 프로그램, 약물중
독 청소년 상담, 청소년 프로그램과 집단상담, 수련회 하고, 어르신 생
일 잔치 챙기고, 생활 지원하고, 한방 양방 의료지원 했어요. 그때 가
톨릭, 원불교, 기독교는 지역운동에서 힘을 합칠 일이 있으면 종교 떠
나서 모여 회의하고 같이했어요.

진짜 일 열심히 했어요. 무릎에 물이 찰 정도로 열심히 했어요. 가파
른 오르막길을 올라 아침 저녁으로 가정방문 갔어요. 화장실은 한길

가에 가장 목 좋은 데 있어서, 공중변소 앞에 줄 서서 기다리고, 참다가 방광에 염증도 생겼어요. 9시에 가면 6시 퇴근인데 늦게까지도 일하고.

연탄집게로 맞아서 애들이 머리 찢어지고, 어른들이 애들한테 욕을 하는데 무슨 욕인지 통역이 필요한 그런 욕을 하길래, '그래 내가 너라도 본드를 하지. 어떻게 제정신으로 살겠냐' 이해가 되더라구요.

아이들이 왜 본드를 하는지, 왜 밖에 나가 남의 물건을 자꾸만 훔쳐야 하는지 용납은 안 되지만 이해가 되더라고요. 그때 돈이란 게 얼마나 무서운 건가 알았고. 사회복지사가 되고 철들었어요. 우리가 돌봐야 하는 사람들이 대부분 사회에서 버림받는 사람이거나 소외당하는 사람이기 때문에, '사회가 너무 불합리하다' 이러면서 투쟁적으로 변하고 거칠어지고 저돌적인 측면도 생기고. 불 같은 것도 안에 생기고 성격도 변하고. 안 그러던 애가 왜 그러냐고 식구들이 걱정할 정도로 굉장히 바뀌었죠.

지금은 성매매 청소녀 쉼터에서 일해요. 언론에서 '요즘 애들 문제 있다, 메이커 옷이나 신발을 사기 위해 원조교제 한다' 이런 얘기를 주워듣고 비교적 의식이 있다는 나 자신도 색안경을 꼈는데, 가까이서 보니 그게 아닌 거 같아요. 이 아이들은 부모 집에서 머무를 수 없는 상황, 어렸을 때부터 그렇게 자랐기 때문에 극한 상황에 왔을 때 자신을 보호할 능력이 없는 거 같아요. 전문 용어로 위기 대처 능력이나 문제 대처 능력이 떨어지는 거예요. 교육받을 기회를 박탈당한 거예요.

내가 사랑받는 고귀한 존재라는 걸 느끼고, 엄마 아버지가 가정생활

해가면서, 위기를 극복해가는 것, 어려운 일이 있을 때 서로 협력하는 것, 먹을 것이 없을 때 차라리 굶을지언정 어떤 선을 넘지 말아야 한다는 것, 사회 통념상 제대로 사는 어른들을 보고 배워야 하는데, 그게 안 되니까 누가 조금만 잘해주면 오빠, 이러면서 따르고. 자기 자신이 귀하지 않기 때문에, 내가 잘못해도 슬퍼하거나 가슴 아파할 부모가 없기 때문에 몸을 팔아도 아무렇지도 않다고 생각하는 거 같아요.

그런 생활에 젖다 보니까 주기적으로 나가서 술 안 마시면 안 되고 남자랑 자지 않으면 안 되고. 몸에 젖어 있는 것 같아요. 실제로 돈을 쓰고 이런 기술이 안 되어 있어요. 제가 기대하는 건 '3일에 한 번씩 그러던 걸 일주일에 한 번으로, 일주일을 이 주로, 이 주를 삼 주로 어떤 식으로든 미뤄야 된다. 공부하고 대학교 가고 어떤 위치가 될 때까지 미뤄야 한다. 돈 없으면 안 해야 한다' 는 거예요. 이제 아이들은 7시에 맞춰 일어나고 요즘은 일 없으면 바깥에 거의 안 나가요. 나갔다가도 제 시간에 딱 들어오고.

나는 새벽에 일어나 도시락 싸주고 어떨 땐 정말 속옷 빨래도 해주고, 헌신적으로 해요. 내가 자기들을 사랑하고 대접해주고, 위해주고 배려해준다는 느낌이 들게 해요. 아이들도 알고 좋아하죠. 하지만 어떤 행동에 대해서는 단호하게 잘라버려요. 약속했으면 지켜야지 이런 식으로.

나와 정말 다른 사람을 봐줘야 하고 받아줘야 하고 이해해야 하는 게 힘들어요. 나하고 다르면 잘 못 견디고 그랬는데 애들하고 있으면서 많이 고쳤어요. 정책적으로 이 아이들을 보살피고 성매매에서 벗어날 수 있는 동기부여가 확실하게 주어졌으면 좋겠어요.

우리도 국가고시 자격증을 받는 전문가인데 일반 전문직에 비해 열악하죠. 제도권 안에 있는 사회복지사는 근무시간이나 휴일이 잘 지켜져요. 시설에 있는 복지사는 사회적 지위나 보수가 열악해요. 내가 월요일부터 일요일까지 24시간 아이들과 같이 지내는데, 보수가 100만 원이에요.

전문직이 아니라 봉사라고만 생각하고 '월급 받으세요?' 묻는 사람도 있어요. 우리는 4년제 대학 나오고도 상담교육이니 여러 공부도 많이 하는데, 보수는 적죠, 봉사직이라는 미명 아래 일은 많죠. 사회복지사가 무슨 노조야 하는 인식이 그렇고. 장애인 쪽은 노조가 생겼어요. 그런데 사회복지사협회 차원에서 노조가 생긴 게 아니라 각 복지관 단위별로 생겨서 힘이 없어요.

작년에 서울시 사회복지사협회는 집단행동을, 운동을 해서 월급을 6퍼센트 올렸어요. 사회복지사는 일도 되게 많이 하지, 근무하는 시간이 길지, 생활 시설은 더 그렇고. 월차, 보건휴가가 있는데 잘 못 써요. 사회복지직에 종사하는 사람들이 종교에서 운영하는 법인들이 많으니까 봉사, 자비, 희생 이런 거 강조해요. 힘들죠. 학교에서는 너흰 전문직이다, 전문가다 하고 가르치는데 가보면 전문가도 아니고 모든 잡다한 일 다 해야 하고. 사회복지 전담 공무원들은 과로로 죽기도 하고 유산하고 그래요. 폭력에도 많이 노출되어 있어요.

아직 힘든 부분도 많지만 개인적으로 느끼기에 사회복지사란 직업이 좋은 것 같아요. 섬세하고 남을 배려하고, 여성에게 맞는 일인 거 같아요. 20명이라면 16명이 여자예요. 우리 처음 나올 때 여성 대 남성 비가 8 대 2였는데 지금도 만만치 않아요. 남자가 많아지지만 아직은 여자가 많고, 상황이 열악하지만 취업은 잘 되는 편이죠. 현실을 잘 봐야 해요. 이상적으로 생각하면 금방 그만두거든요.

제가 계속 관심을 갖는 분야는 북한 이탈 주민이에요. 1995년도에, 냉전시대일 때인데 '귀순한 사람이 적응 못 해 아파트에서 투신자살을 했네' '재입국하다가 걸렸네' 하고 신문에 났어요. 북녘 사람에게 관심이 없었던 때라 신문 구석에 쪼그맣게 났는데 그게 눈에 띄었어요. 이럴 수도 있겠구나, '문화 충격' '적응에 대한 스트레스' 이런 말이 떠오르며 '나, 이 일 해야겠다' 하고 마음먹었어요.

1999년 이후에 햇볕정책이 나왔는데 그 이전에는 아무 자료도 없었어요. 간첩들이라고만 생각들 했어요. 몇 명이 넘어왔는지 자체가 극비니까 아주 힘들었어요. '북한 이탈 주민 지원 개선 방안'에 대한 논문을 쓰고 2년 동안 가톨릭 단체에서 북한 이탈 청소년 프로그램을 했어요. 청소년 쉼터도 맡았어요. 복지관에서 하는 성인 프로그램, 남한 사회 적응훈련 한 기(6~8개월)를 하고요. 얼마 전까지 북한 이탈 주민 사례 관리를 했지요. 일상, 문화, 취미, 직업, 생활 면에서 욕구 조사를 한 다음 필요한 것들 점검해서 지원했죠. 직업, 생활, 직업상담, 직업훈련, 자원을 연결해주는 일을 했어요.

북한 이탈 주민만 돕겠다 하면 남한 사람들 북한에 대해 냉전주의 사고방식이 있어서 안 도와주려고 해요. 남한 사람들이 잘살기 위해서도 북한 주민을 적응시켜야 해요. 이탈 주민은 문화가 50~60년 정도 차이 나요. 그쪽은 획일주의적 사고를 내재화한 것이 많아 남한 사회에 오면 낯설고 어려워해요. 그뿐만 아니라 가족을 버리고 왔다는 심리적인 거, 남한으로 한 명이 넘어오면 집안에 다 불이익을 주잖아요. 자기 민족을 배반했다는 그 두 가지 때문에 많이 힘들어하더라고요. 서로 많이 이해하고 같이 살아가려는 노력이 있지 않으면 어려워요. 나라에서 정책적으로 이런 것들을 많이 홍보해야 해요.

그리고 진짜 많이 내려와요. 하나원(정부에서 건립한 정착 지원 시설)에 보통 100~150명씩 입소가 되어 있어서 달마다 50명씩 나와요. 베트남, 캄보디아, 중국에 떠도는 북한 사람들 수를 헤아릴 수 없어요. 그 사람들 목적은 하나, 남한에 들어오는 거예요. 그러니까 그 전에 제도적으로 대책을 마련해야 하고 남한 사람들에게 준비를 시켜야 해요. 우리하고 어떻게 다르고 어떤 사고방식을 갖고 있는지. 그러니까 우리가 어떤 걸 배려하고 이해해야 하는지. 그 사람들은 자기 목숨을 담보로 넘어온 건데. 통일 되면 좋지만 그 전에 문화 통일, 의식의 통일이 중요하고. 어쨌든 사람들이 넘어오면 같은 시장에서 음식을 사고 같은 학교를 다니고 같이 살을 맞대고 사는 사람들은 일반 시민들이란 말이에요. 또 경제적인 자립이 궁극적인 자활이니까 이탈 주민들의 취업 방안이 마련되어야 해요.

결혼은 늦어졌는데 남자에게 그런 걸 따지게 돼요. 그릇이 얼마만큼 되지? 상대방이 하는 일에 얼마만큼 애정을 갖고 있을까? 사회에 대해 어떤 책임감과 사고방식을 갖고 있을까? 여자가 애정을 가지고 하는 일을 부업 정도로 생각하고, "사회사업요? 그런 거 돈 많은 사람들이 하는 거 아니에요?" 이런 식이면 안 되죠. 내가 삶을 위해서 피땀어리게 투자하고, 말이 안 통해도 돕겠다고 속을 다 삭이고 참는 거는 내 속에 진짜 뭔가 있어서 그러는 건데……. 앞으로는 내 삶 속에서 실천을 하고 싶어요. 입양에 대해 구체적으로 생각하고 있어요.

사회복지일 하면서 사명감은 만날 흔들리는 거예요. 그런 건 의미가 없다고 생각해요. 컨디션에 따라서 하루에 열두 번도 그만둬야지 생각되는 어려운 길이니까. 하지만 갈등과 고비 끝에서도 아버지하고 신과 약속했던 거 못 버리는 거지요.

■ 백명주 님은 지금 종합사회복지관에서 지역주민들을 위해 일하고 계십니다.